LES FEMMES
DE
H. DE BALZAC

Types, Caractères et Portraits

NOTICE BIOGRAPHIQUE PAR LE BIBLIOPHILE JACOB

QUATORZE MAGNIFIQUES PORTRAITS

gravés sur acier d'après les dessins de

G. STAAL

PARIS

Mᵐᵉ Vᵛᵉ LOUIS JANET, LIBRAIRE-ÉDITEUR

59, rue Saint-Jacques, 59.

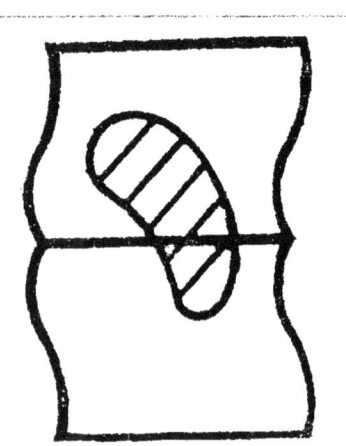

Début d'une série de documents en couleur

(TYPOGRAPHIE)

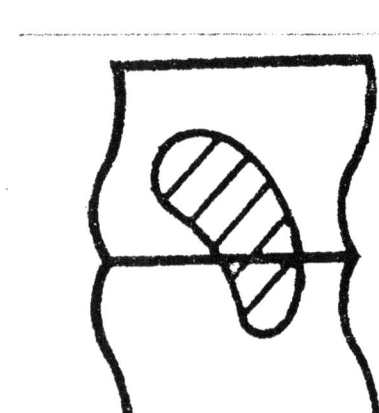

Illisibilité partielle

VALABLE POUR TOUT OU PARTIE DU DOCUMENT REPRODUIT

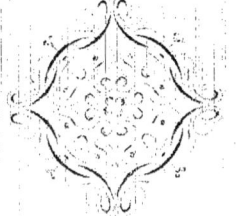

PARIS. — IMPRIMERIE BONAVENTURE ET DUCESSOIS,
55, quai des Grands-Augustins.

LES FEMMES

DE

H. DE BALZAC

PARIS. — IMPRIMERIE BONAVENTURE ET DUCESSOIS
55, quai des Grands-Augustins.

LES FEMMES
DE
H. DE BALZAC

Types, Caractères et Portraits

PRÉCÉDÉS D'UNE

NOTICE BIOGRAPHIQUE PAR LE BIBLIOPHILE JACOB

et illustrés de

QUATORZE MAGNIFIQUES PORTRAITS

gravés sur acier d'après les dessins de

G. STAAL

PARIS
Mme Ve LOUIS JANET, LIBRAIRE-ÉDITEUR
→ 59, rue Saint-Jacques, 59. →

Table des Matières

La Fosseuse. 1
Mme de Langeais. 11
Pierrette. 21
Modeste Mignon. 35
Les Filles du père Goriot. 47
Mme de Mortsauf. 65
Mme de Grandville. 79
Mlle Guillaume. 91
La Femme de Trente ans. 103
Pauline. 119
Mme Marneffe. 135
Marguerite Claës. 147
Véronique. 161
Eugénie Grandet. 179
Armande d'Esgrignon. 197
Séraphita. 205

Liste des Vignettes

I.	La Fosseuse.	1
II.	La Duchesse de Langeais.	11
III.	Pierrette.	21
IV.	Modeste Mignon.	35
V.	Les Filles du père Goriot.	47
VI.	Mme de Mortsauf.	65
VII.	Mme de Grandville.	79
VIII.	Mlle Guillaume.	91
IX.	Pauline	119
X.	Mme Marneffe.	135
XI.	Marguerite Claës	147
XII.	Eugénie Grandet.	179
XIII.	Armande d'Esgrignon.	197
XIV.	Séraphita.	205

NOTICE BIOGRAPHIQUE

SUR

M. H. DE BALZAC

HONORÉ de Balzac est né à Tours, le 16 mai 1799. Son père, voyant un heureux présage dans le hasard qui avait fait naître cet enfant le jour de Saint-Honoré, voulut qu'il portât ce nom. Son enfance fut charmante: il était beau, vif, joyeux; l'ensemble de sa physionomie, déjà fort remarquable, captivait les regards. Dès ses premières années, il se montra fier, énergique, sensible, surtout observateur. Au milieu des joies expansives du jeune âge, il avait des heures de calme et de rêverie. Bien qu'il n'eût pas conscience des observations qu'il faisait dès-lors, elles ne s'en gravaient pas moins d'une manière indélébile dans sa mémoire, qui était vraiment étonnante : plus d'un portrait, plus d'un caractère de la *Comédie humaine*, sont dus aux souvenirs de cette époque de sa vie. Souvent on l'entendait dire qu'il ferait parler de lui, qu'il deviendrait célèbre; sa conviction, à cet égard, était si entière, si absolue, qu'elle devint le thème éternel des railleries de sa famille.

Il resta sept ans au collége de Vendôme, où il était entré en

1806. La première partie du livre de *Louis Lambert* est l'histoire fidèle de ce qu'il y a souffert. Dans ce livre tout est vrai, sans en excepter ce *Traité de la volonté*, qui fut détruit alors et qu'il regretta toujours comme un monument de sa vocation naissante.

A treize ans, une singulière transformation s'opéra dans son esprit. Il se concentra en lui-même et devint étranger à tout ce qui se passait autour de lui, à ce point que les directeurs du collége craignirent l'idiotisme, ne comprenant rien à cette espèce de réplétion d'une jeune intelligence, qui avait dévoré tous les livres de leur bibliothèque. L'enfant se faisait mettre au cachot pour n'être point troublé dans ses lectures. Le travail d'assimilation qui s'accomplissait sourdement en lui absorbait toutes ses forces vitales, et sa famille fut navrée en retrouvant un pauvre être muet, aux yeux de somnambule, au rire hébété, à la place de l'enfant gracieux et spirituel qu'elle avait envoyé au collége. L'habitude de vivre dans les livres avait transporté cet enfant dans un monde tout exceptionnel, et il ne savait rien de celui où il se trouvait, pas même d'où provenait le pain qui le nourrissait et le drap dont il était vêtu. Ses yeux semblaient ne s'être jamais abaissés sur la terre, tout absorbé qu'il était par les idées qui bouillonnaient en lui. Plus tard, se souvenant de ces phénomènes psychologiques, il les comparait à ce qu'il avait lu dans les traités de philosophie. Sa prodigieuse mémoire ne lui laissa donc perdre aucune des innombrables observations qui révélaient déjà son caractère distinctif et qui devaient être la source de son talent.

Le foyer paternel lui rendit bientôt la plénitude de ses facultés : il sortit enfin des théories imaginaires pour se mêler à la vie réelle; mais, bien que certains éclairs de génie eussent dû faire pressentir à ses parents tout ce que promettait une si précoce intelligence, on attribuait au hasard seul certains mots heureux et profonds, qu'on ne supposait pas avoir été dits sciemment par un enfant de quatorze ans, dont personne ne soupçonnait la rare organisation !

M. de Balzac père ayant été nommé directeur des subsistances de la première division militaire, Honoré vint à Paris avec sa famille et y acheva ses classes. On le plaça d'abord chez MM. Beuzelin, Sganzer et Andrieux; puis, chez M. Lepître, au Marais. Ne trouvant plus dans ces pensionnats les moyens de satisfaire sa passion pour la lecture, son ardeur se tourna vers les langues anciennes, et, dans l'espace de quatre ans, il acquit une parfaite connaissance du grec et du latin. Il revint encore une fois au logis paternel, à l'âge de dix-huit ans. Son père, après l'avoir fait recevoir bachelier et licencié ès lettres, lui fit suivre le cours de l'École de droit. Mais cette étude, tant soit peu aride, ne suffisait pas à la soif d'apprendre qui le tourmentait : il suivait, en même temps, les cours de la Sorbonne et du Collége de France, si justement célèbres par leur haut enseignement et par les noms des professeurs illustres qui occupaient les chaires de littérature, d'histoire et de philosophie, MM. Villemain, Guizot et Cousin.

En rentrant chaque jour chez son père, Honoré de Balzac donnait carrière à sa passion pour les livres, et il achetait sur les quais, à bas prix, quelques éditions, rares et précieuses, d'anciens auteurs : tels furent les commencements de cette excellente bibliothèque qu'il a formée avec amour, et qu'il eût léguée à sa ville natale, si cette ville ne lui avait pas témoigné tant d'indifférence et même tant d'hostilité.

Pendant qu'il faisait son droit, son père le plaça d'abord chez un avoué, ensuite chez un notaire. Cette circonstance explique comment l'illustre romancier a si bien peint, d'après ses souvenirs, plus d'un intérieur d'étude, et comment il a montré partout dans ses ouvrages une véritable science des lois et de la procédure.

Le notaire chez lequel on plaça Honoré de Balzac était l'obligé du père de celui-ci. Voulant rendre au fils ce qu'il devait au père, ce bon notaire pensait à laisser un jour son étude à son jeune clerc. Mais quand cette question s'agita sérieusement dans la famille de Balzac, Honoré se révolta et dit nettement à ses parents qu'il ne serait jamais notaire, « parce qu'il se sentait une tout autre vocation et qu'il la suivrait. »

— « Et que veux-tu donc être? » lui demanda son père.

— « Je serai *auteur!* » répondit Honoré.

Le père haussa les épaules, en disant que, dans cette carrière ingrate et difficile, il fallait être roi pour n'être pas goujat.

— « Eh bien! je serai roi! »

M. de Balzac père fit comprendre à sa femme, très-effrayée de la détermination de leur fils, qu'ils devaient se résoudre à subir l'inévitable tragédie classique de tout rhétoricien qui a fait des classes brillantes et qui veut poursuivre au théâtre ses succès de collége; mais, disait-il, il y avait mille moyens de dégoûter leur écolier en révolte de cette absurde fantaisie.

En 1820, M. de Balzac prit sa retraite et alla vivre à la campagne. Le futur auteur, qui était resté à Paris, s'installa dans une mansarde, rue de Lesdiguières, avec le mince équipage d'un poëte du xviie siècle. Il avait choisi lui-même ce quartier, afin d'être plus à portée de la bibliothèque de l'Arsenal, où il allait travailler. Rien n'égalait la rapidité avec laquelle il lisait : en le voyant lire, on eût pu croire qu'il feuilletait seulement le volume qu'il avait entre les mains; mais ce qu'il retenait de cette lecture prouvait, d'ailleurs, qu'il avait tout lu et que la sûreté de son coup-d'œil lui avait permis de prendre dans chaque page ce qu'elle contenait de bon et d'essentiel.

Au bout de quelques mois, il vint, comme l'avait prédit son père, lire triomphalement à sa famille une tragédie intitulée : *Henriette d'Angleterre*. Un grand auteur, consulté sur la valeur de cette tragédie, déclara, d'un air de prophète, que le jeune homme n'aurait jamais de talent.

Après cet échec, le pauvre garçon retourna dans sa mansarde, sans humeur ni découragement. Pendant dix-huit mois, il supporta une misère réelle, sans plainte ni révolte; mais, s'il eut à souffrir à ce régime de privations, il y gagna de pouvoir sympathiser avec toutes les souffrances matérielles, parce qu'il les avait éprouvées. De là, les peintures si vraies et si touchantes qu'il a faites de ces douleurs intimes qui n'ont que Dieu pour témoin, et que nul écrivain n'a su analyser comme lui. Ainsi que tous les hommes d'avenir, il avait la foi, et sentait en lui ce *quelque chose* qui est l'instinct du génie.

Son père finit par lui donner deux chambres dans le pied-à-terre qu'il conservait à Paris, rue du Roi-Doré, au Marais. C'est là qu'Honoré de Balzac écrivit, pour des libraires faméliques, quarante volumes de romans qu'il ne signa pas et qui furent son début. Le premier fut vendu 200 francs ; le second, 400 ; le troisième, 800 ; le quatrième, 1,200. Toutes ces sommes, réglées en billets, furent mal payées, et l'auteur se sentit profondément humilié de voir qu'à vingt-cinq ans son travail ne lui suffisait pas pour subvenir à ses dépenses personnelles. Dans un accès de honte, il essayait de se nier à lui-même la réalité de sa vocation. Voyant les hommes et les circonstances ligués contre lui, il résolut de chercher d'autres moyens d'arriver à l'indépendance : de là, le malheur qui pesa sur toute sa vie.

Un ami lui prêta les sommes nécessaires pour publier de nouvelles éditions de Molière et de La Fontaine, chacune en un seul volume, dont il écrivit les notices biographiques ; mais les libraires ne favorisèrent pas la vente de ces éditions faites sans leur concours, et celles-ci ne se vendirent pas. Le prêteur, inquiet de son argent, ne vit rien de mieux que de prêter une nouvelle somme au jeune homme, pour le mettre en position de s'acquitter du tout. Celui-ci acheta une imprimerie, avec l'aide de son père qui fournit 30,000 francs, dans l'intention de *donner un état* à son fils. Le romancier devint donc imprimeur, rue des Marais-Saint-Germain, dans un temps où l'autorité suscitait mille tracasseries aux imprimeurs, afin d'entraver les envahissements de la presse. Il jeta dans son imprimerie cet esprit ardent qui ne trouvait plus d'emploi ailleurs : il monta douze presses, au lieu de six avec lesquelles il eût été plus sage de commencer ; il créa une fonderie qui l'entraîna dans de grands frais. Il eût fallu 50,000 fr. de fonds de roulement pour faire marcher à la fois les deux établissements, et il ne les avait pas. Il tenta bien des démarches auprès des banquiers pour se procurer cette somme : elles furent toutes infructueuses. M. de Balzac père subvint pendant quelque temps aux dépenses hebdomadaires de l'imprimerie et de la fonderie; mais ne comprenant pas le mécanisme des affaires commerciales, il eut peur, et ne voulut pas hasarder les sommes nécessaires à la prospérité de cette entreprise, qui fût devenue une véritable source de fortune pour toute sa famille. Las et découragé, Honoré vendit à vil prix ces deux beaux établissements, qu'il avait créés avec tant de sacrifices, et qui firent la fortune de ses successeurs; en renonçant à recueillir le fruit de ses espérances et de ses travaux industriels, il avait compris la perte irréparable qu'il faisait dans l'avenir, au point de vue de ses intérêts; mais il était sans doute impatient de revenir, quoique plus pauvre qu'auparavant, à ses chères occupations de littérateur. Faut-il donc le plaindre d'avoir échoué dans son entreprise typographique, et ne devons-nous pas à cette circonstance, si fâcheuse qu'elle fut pour sa fortune, tant de belles œuvres que les soucis du commerce eussent peut-être empêché de germer et d'éclore dans ce cerveau fécond!

Il retourna donc à sa plume, sous le poids d'une dette écrasante, qui s'était augmentée de tous les efforts qu'il avait tentés pour y faire face. Ainsi, il a fallu que la jeunesse de M. de Balzac fût remplie d'amertumes de tout genre, pour que son génie prît l'essor et trouvât sa voie! Il a fallu qu'il expérimentât l'humanité dans des phases diverses, pour qu'il parvînt à peindre le cœur humain, d'une touche si habile et si sûre! Seulement, il est à regretter que les difficultés de la vie matérielle et les chagrins qui en résultaient l'aient porté à ne voir souvent que le côté sombre des choses de ce monde.

C'est en 1829 que commença la véritable carrière littéraire de M. de Balzac. Il y débuta par *le Dernier Chouan*, qui fut bientôt suivi de *la Physiologie du Mariage*, un de ses chefs-d'œuvre. Il a fait aussi bien depuis, mais il ne s'est pas surpassé, le propre du génie étant d'être égal à lui-même. Cet ouvrage philosophique, d'une profondeur mal appréciée, à cause de sa forme didactique, qui est pourtant admirablement appropriée au sujet, nous paraît destiné à marquer la place de son auteur à côté de Sterne. Il témoigne d'une grande connaissance du monde et d'une rare puissance d'observation. Bien des lecteurs superficiels n'ont saisi que le côté drolatique de l'œuvre, sans en deviner la haute moralité.

Le travail incessant de Balzac ne diminuait point sa dette, car il fallait bien vivre, tout en payant des intérêts usuraires qui absorbaient la meilleure partie de ses livres. Il se sentait pris souvent de tristesses affreuses, quand il venait à désespérer de pouvoir s'acquitter jamais; il a raconté depuis, que, plus d'une fois, le soir, en traversant les ponts, il avait été tenté de chercher dans la Seine le repos que la terre semblait lui refuser. Il était détourné de ses projets de suicide par un sentiment de probité, car, d'après sa manière de voir, il appartenait corps et âme à ses créanciers, qui n'avaient d'autres gages que son intelligence; il tenait à honneur de les payer, et, afin d'y parvenir, il travaillait jour et nuit, employant le café à hautes doses pour vaincre les exigences du sommeil : funeste abus, dont il porta bientôt la peine. Il a souvent déposé dans un cœur dévoué le secret de ces luttes intérieures, où par moments il croyait perdre la raison. Ses féroces créanciers, le voyant se donner une heure de loisir, lui criaient impitoyablement : — « Chacune de vos heures est cotée, et toutes celles que vous n'employez pas nous lèsent de la somme qu'elles représentent ! » Comme si l'esprit le plus énergique, la pensée la plus féconde, l'organisation la plus riche, n'avaient pas leurs langueurs, leurs abattements, leurs instants de stérilité.

Toujours tourmenté de l'idée fixe de payer ses dettes, il entreprit plusieurs journaux, comme devant amener ce bienheureux résultat plus promptement, plus facilement que ses autres travaux.

Le Feuilleton littéraire, la *Chronique de Paris*, la *Revue parisienne*, eussent réussi certainement, s'il avait eu les fonds nécessaires pour les alimenter, après les avoir fondés; mais que pouvaient quelques milliers de francs, bientôt dévorés, là où il en aurait fallu 100,000 et davantage? Ces journaux, à la rédaction desquels il avait appelé de jeunes talents encore obscurs, qu'il aimait, ne purent, faute d'argent, arriver à la grande publicité qui eût permis d'apprécier leur mérite. Ils moururent en germe. Cet insuccès accrut encore les dettes de M. de Balzac, qui, sans cesse occupé à chercher un moyen de les éteindre, fut illuminé, dans une de ses veilles ardentes, d'une idée soudaine, qui pouvait se traduire en millions. Il pensa que les anciens Romains, ignorant les procédés chimiques employés aujourd'hui pour opérer la fusion du minerai d'argent, avaient dû laisser, dans les scories des mines qu'ils avaient exploitées en Sardaigne, une quantité considérable de métal. Plein de son idée, il réalise 500 francs et part pour l'île de Sardaigne, qu'il parcourt à pied; en explorant les anciennes mines et en recueillant des échantillons de minerai, qu'il se propose de faire analyser à Paris.

Mais, sur le bâtiment qui le transporta en Sardaigne, il avait rencontré un Gênois, avec lequel il s'était entretenu, sans la moindre défiance, de l'objet qui était sa préoccupation exclusive. Il était loin d'imaginer, dans sa probité naïve, qu'un homme incapable de lui prendre sa bourse ne se ferait aucun scrupule de lui voler son idée. Quand M. de Balzac demanda au gouvernement sarde l'autorisation d'exploiter à nouveau, en Sardaigne, les mines d'argent abandonnées, il avait été devancé, et cette autorisation venait d'être accordée à un autre!

Il revint encore une fois à sa plume, et il fit bien, pour sa gloire, sinon pour sa fortune. Il publia, presque sans interruption, cette incroyable quantité d'ouvrages, que nous ne voulons pas citer tous ici, mais qui tous ont laissé trace dans la mémoire de ses lecteurs assidus. Entre tant de créations originales, en est-il une qui puisse donner, à elle seule, une idée complète de ce génie multiple ? Faut-il accorder la préférence au roman d'*Eugénie Grandet*, le modèle du genre analytique, cette monographie désolante de l'avarice ? au *Père Goriot*, cette élégie de l'amour paternel, qui est sublime jusque dans ses aberrations ? au *Médecin de campagne*, cette idylle où il a prodigué les trésors de son âme ? au *Curé de village*, cet hymne en l'honneur de la charité évangélique, de la miséricorde et du repentir ? au *Lys dans la vallée*, cette œuvre morale, où la grande figure du chef de la famille domine toutes les autres, en dépit des imperfections de l'homme ? à *la Recherche de l'Absolu*, ce bijou ciselé avec un art si exquis ?

Mais l'infatigable romancier excellait surtout dans la peinture du cœur de la femme. Quelle puissance d'intuition lui révélait le mystère d'émotions profondes qui n'eurent jamais d'écho ni de confident ? Il fallait avoir, comme M. de Balzac, un cœur rempli de délicatesses infinies, pour surprendre, pour interpréter, chez la femme qu'il observait, la moindre contraction dans les traits, la plus légère altération dans la voix, le tressaillement le plus involontaire, l'impression la plus fugitive. Aussi, *la Femme de trente ans, la Femme vertueuse, Madame de Mortsauf, Madame de Langeais*, etc., sont de véritables portraits d'après nature ; et cette noble *Madame Claës*, et *Véronique*, et tant d'autres !

Dans tous les romans de Balzac, il y a science et philosophie : la fabulation n'est souvent qu'un prétexte à l'idée, un moyen de la mettre en action, de la développer, et de lui imposer une forme vivante. Il ne faut donc pas lire ces ouvrages comme ceux d'un autre auteur, ni courir en hâte au dénoûment ; chez lui, tout se tient, tout est conséquent, tout se déduit logiquement, tout offre un égal intérêt. On se prend à ses livres, on s'y rattache, on ne peut les quitter dès qu'on les a ouverts : ils sont meilleurs à la seconde lecture qu'à la première, tant la finesse des aperçus demande d'attention pour être bien saisis et bien compris ; à la vingtième lecture, on aurait encore quelque chose à y découvrir et à y admirer. Les amis qu'il consultait quelquefois lui ont reproché cette *ténuité* d'idées dans laquelle il se complaisait si volontiers : ils lui disaient alors que, tout en s'adressant aux intelligences supérieures, aux esprits plutôt encore qu'aux imaginations, il ne devait pas négliger de se rendre intelligible à tout le monde. Impatienté de rester obscur pour ceux-là mêmes qu'il croyait les plus aptes à le comprendre, il s'écriait brusquement :— « Je n'écris que pour les intelligences d'élite ! » Mais ce n'était qu'une boutade de dépit, et, avec cette candeur qui ajoutait tant de charme à ses relations intimes, il revenait sur son idée, il l'élaborait de nouveau, il s'appliquait à l'éclaircir et il la ramenait par degrés à des proportions plus saisissables, qui la mettaient à la portée du plus grand nombre.

Certains critiques, jaloux de sa merveilleuse fécondité, l'ont accusé de *tirer à la page*. Jamais accusation ne fut moins méritée. Tous ceux qui ont connu sa manière de travailler savent qu'il procédait le plus souvent, au contraire, par élimination, dans la composition de ses œuvres ; car ses idées et ses formules étaient si abondantes, qu'il lui fallait retrancher le lendemain la moitié de ce qu'il avait écrit de premier jet la veille. On lui a reproché, comme à Walter-Scott, la longueur de ses mises en scène, c'est-à-dire le cachet distinctif de son talent. N'est-ce pas pourtant cette minutieuse description des lieux et des personnages qui permet au lecteur de s'identifier parfaitement avec eux, et de s'associer en quelque sorte au drame dans lequel ils se trouvent placés ? M. de Balzac pensait que le roman ne saurait pas plus que le théâtre se passer de décoration et de costume.

Le style de M. de Balzac a été vivement critiqué : on l'a dit lourd, faux, prétentieux, incohérent. M. de Balzac s'indignait avec raison qu'on osât pousser l'injustice jusqu'à lui contester son rang parmi les premiers écrivains de notre époque. Mais l'opinion de ses plus illustres rivaux, MM. Victor Hugo, Georges Sand, Sainte-Beuve, Théophile Gautier et autres, a prévalu contre toutes ces basses jalousies. On est d'accord aujourd'hui sur la valeur de ce style si riche, si luxuriant, si varié, si original, et pourtant si correct. Le penseur doit même savoir gré à M. de

Balzac de n'avoir reculé devant aucun néologisme pour rendre l'idée qu'il voulait mettre au jour et qu'il exprimait souvent pour la première fois dans notre langue.

On ne l'a point assez loué, à notre avis, de s'être préservé de la contagion de *l'horrible*, qui avait gagné tous les romanciers français vers la fin de la Restauration, et qui a gâté les plus beaux livres de ce temps-là. Il n'eut jamais recours, pour émouvoir, pour terrifier, à ce sombre appareil d'événements tragiques, à ces sanglants tableaux de crimes et de supplices hideux, que l'abus du romantisme avait mis à la mode; sa touche délicate n'agit que sur les cordes sensibles du cœur. Le comble de l'art est d'amener doucement le lecteur à replier son âme sur elle-même, pour en étudier tous les mouvements.

Jamais une seule goutte de fiel ne tomba de sa plume, qui est restée vierge de toute injure; et cependant, quelles représailles n'était-il pas en droit d'exercer, selon la logique du monde! Mais il puisait son inspiration dans des régions plus élevées. C'est à peine si, dans ses veines humoristiques, il marquait ses petites vengeances au coin d'une épigramme bien frappée; mais il effaçait presque aussitôt avec un sourire la blessure légère qu'il avait pu faire avec un bon mot.

Le beau talent de M. de Balzac ne faussa point, ne dessécha point son cœur. Il disait souvent à ses amis intimes : — « J'ai peur de devenir cerveau! » Mais ce cœur était trop richement organisé pour être supprimé par le travail incessant de l'intelligence.

Rêveur charmant, il croyait toujours être à la veille de cette indépendance pour laquelle il dépensait sa vie en de si puissantes aspirations : « Bientôt je ne devrai plus ni un sou ni une page! » écrivait-il souvent à ses amis avec une joie naïve.

M. de Balzac aimait l'élégance et le luxe. C'étaient là les exigences du poëte : l'homme n'en avait aucune. Lié de cœur avec d'humbles amis, il partagea souvent la médiocrité de leur genre de vie, et il savait se faire heureux de leur modeste bonheur.

Aucune intimité n'offrit plus de charmes que la sienne : il y apportait une simplicité d'enfant, une absence de prétentions vraiment remarquable chez un écrivain d'une telle supériorité ; jamais un air de morgue, jamais un mouvement de fierté ne vint rappeler à ses émules littéraires la distance qui les séparait de lui ; il se plaisait de bon cœur dans leur société, et il la recherchait, comme si c'était lui qui avait à y gagner. Quand ceux-ci lui exprimaient leur affectueuse admiration, il leur disait avec bonté : « Mais vous êtes aussi poëtes que moi ! Je n'ai sur vous que l'avantage du métier. »

Certes, M. de Balzac n'ignorait pas ce qu'il valait comme littérateur, et il avait de lui-même une haute opinion qui n'était que la conscience du génie ; mais, en aucun cas, il ne permit à la vanité de s'interposer dans ses liaisons d'amitié et d'en altérer la douceur. Aussi, est-ce bien à tort qu'on a pris pour un excès d'orgueil les éloges qu'il donnait quelquefois à son œuvre, tant qu'il était encore sous le prestige de la création ; ces éloges, il les modifiait, il les retirait même, quand le temps lui permettait de mieux juger, à distance, avec plus de sang-froid. Lui reprochait-on ses naïfs accès d'amour-propre, il avait coutume de dire : — « Si je n'avais foi en mon œuvre, je ne pourrais écrire. » Quelquefois cependant, cette foi venant à faiblir, le doute s'emparait de lui avec une profonde amertume.

Il travaillait donc ses ouvrages avec un incroyable désir de faire bien et de faire mieux. Aussi, ne manqua-t-il jamais au respect qu'il devait au public et à lui-même. On peut dire qu'il fut toujours de bonne foi en écrivant. Il poussait si loin le scrupule de la vérité et de l'exactitude, qu'il ne dépeignit jamais un pays sans l'avoir visité, et qu'il ne craignait pas de faire un voyage pour voir une ville, une rue, une maison où il voulait placer quelque scène de son drame. De là, les merveilleux tableaux de la maison Grandet, à Saumur, et du logis Rouget, à Issoudun, etc. ; car M. de Balzac était peintre à la manière de Gérard Dow, de Miéris et de Rembrandt. Plein d'indulgence, d'ailleurs, pour les écrivains qui n'avaient ni sa réputation ni son talent, il disait que « toute œuvre achevée, quelle qu'elle fût, méritait l'estime de ceux qui savent ce que coûte une œuvre faite. »

Personne plus que M. de Balzac n'aurait eu le droit d'être fat, et personne ne le fut moins que lui. Son nom excitait une espèce de fanatisme chez les femmes, qui le regardaient comme leur conseiller et leur confident. Sa table était couverte de lettres satinées et parfumées, qui lui apportaient les applaudissements et les enthousiasmes de l'Europe. Parmi ses correspondantes inconnues, il en fut une dont les éloges ingénieux, dénués de tout intérêt personnel, le frappèrent vivement. Cette femme supérieure, séparée de l'auteur par plus de cinq cents lieues, ne pensait pas qu'aucun événement dût jamais les rapprocher l'un de l'autre; et les convenances sociales ne pouvant être blessées par cette liaison épistolaire, elle déposait dans ses lettres les trésors de son âme et de son intelligence, de telle sorte qu'elle se mit bientôt à l'unisson du grand écrivain, en traitant avec lui les plus hautes questions de morale et de philosophie. Le temps, qui change les choses encore plus que les cœurs, devait réunir ces deux natures d'élite et leur permettre enfin de transformer en sainte affection cette amitié toute spéculative. M. de Balzac donna son nom à la femme qui réalisait tous ses rêves, les rêves d'un homme qui avait créé tant de types de perfection féminine ! Mais ce bonheur immense — qui le rendait fou, disait-il à ses amis, — vint seulement adoucir les souffrances de ses derniers jours. Sa forte constitution, minée déjà par le travail, avait été profondément ébranlée par un violent chagrin; une maladie de cœur, s'étant déclarée à la suite de la fièvre danubienne qu'il avait prise en Russie, détermina sa mort. Cette longue agonie témoigna encore de ce grand courage qui n'avait faibli en aucune occasion. La coupe du bonheur se brisa, aussitôt qu'il y eut porté ses lèvres; il vit avec résignation s'éteindre prématurément une existence qui lui promettait tant de jours calmes et rayonnants. Il allait jouir de toute sa gloire; il allait achever son œuvre gigantesque, la *Comédie humaine;* il pouvait désormais travailler à loisir, libre des terribles étreintes de cette impérieuse nécessité qui l'avait poursuivi jusque là! Quels eussent été les chefs-d'œuvre enfantés dans cette nouvelle phase de sa vie et de son talent! Nul ne dira jamais si les infortunes et les douleurs dépassèrent les joies et les consolations qui lui furent accordées. Les palmes de la gloire sont trop souvent les palmes du martyre; mais la victime couronnée a des joies ineffables qu'il n'est pas donné aux profanes de connaître ni d'exprimer.

Voici l'admirable discours que notre grand poëte Victor Hugo prononça sur la tombe de M. de Balzac, le 22 août 1850, en présence de la noble famille des lettres et des arts, réunie aux obsèques de l'un de ses plus illustres enfants.

« Messieurs, l'homme qui vient de descendre dans cette tombe était de ceux auxquels la douleur publique fait cortége. Dans les temps où nous sommes, toutes les fictions sont évanouies. Les regards se fixent désormais, non sur les têtes qui règnent, mais sur les têtes qui pensent, et le pays tout entier tressaille lorsqu'une de ces têtes disparaît. Aujourd'hui, le deuil populaire, c'est la mort de l'homme de talent ; le deuil national, c'est la mort de l'homme de génie.

« Messieurs, le nom de Balzac se mêlera à la trace lumineuse que notre époque laissera dans l'avenir.

« M. de Balzac faisait partie de cette puissante génération des écrivains du dix-neuvième siècle, qui est venue après Napoléon, de même que l'illustre pléiade du dix-septième est venue après Richelieu, comme si, dans le développement de la civilisation, il y avait une loi qui fît succéder aux dominateurs par le glaive les dominateurs par l'esprit.

« M. de Balzac était un des premiers parmi les plus grands, ou des plus hauts parmi les meilleurs. Ce n'est pas le lieu de dire ici tout ce qu'était cette splendide et souveraine intelligence. Tous ses livres ne forment qu'un livre, livre vivant, lumineux, profond, où l'on voit aller et venir et marcher et se mouvoir, avec je ne sais quoi d'effaré et de terrible, mêlé au réel, toute notre civilisation contemporaine ; livre merveilleux que le poëte a intitulé *comédie* et qu'il aurait pu intituler *histoire*, qui prend toutes les formes et tous les styles, qui dépasse Tacite et qui va jusqu'à Suétone, qui traverse Beaumarchais et qui va jusqu'à Rabelais ; livre qui est l'observation et qui est l'imagination ; qui prodigue le vrai, l'intime, le bourgeois, le trivial, le matériel, et qui, par moments, à travers toutes les réalités brusquement et largement déchirées, laisse tout-à-coup entrevoir le plus sombre et le plus tragique idéal.

« A son insu, qu'il le veuille ou non, qu'il y consente ou non, l'auteur de cette œuvre immense et étrange est de la forte race des écrivains révolutionnaires. Balzac va droit au but. Il saisit corps à corps la société moderne. Il arrache à tous quelque chose, aux uns l'illusion, aux autres l'espérance, à ceux-ci un cri, à ceux-là un masque. Il fouille le vice, il dissèque la passion. Il creuse et sonde l'homme, l'âme, le cœur, les entrailles, le cerveau, l'abîme que chacun a en soi. Et, par un droit de sa libre et vigoureuse nature, par un privilége des intelligences de notre temps, qui, ayant vu de près les révolutions, aperçoivent mieux la fin de l'humanité et comprennent mieux la Providence, Balzac se dégage, souriant et serein, de ces redoutables études, qui produisaient la mélancolie chez Molière et la misanthropie chez Rousseau.

« Voilà ce qu'il a fait parmi nous. Voilà l'œuvre qu'il nous laisse, œuvre haute et solide, robuste entassement d'assises de granit, monument ! œuvre du haut de laquelle resplendira désormais sa renommée. Les grands hommes font leur propre piédestal ; l'avenir se charge de la statue.

« Sa mort a frappé Paris de stupeur. Depuis quelques mois, il était rentré en France. Se sentant mourir, il avait voulu revoir la patrie, comme la veille d'un grand voyage on vient embrasser sa mère !

« Sa vie a été courte, mais pleine ; plus remplie d'œuvres que de jours !

« Hélas ! ce travailleur puissant et jamais fatigué, ce philosophe, ce penseur, ce poëte, ce génie, a vécu parmi nous de cette vie d'orages, de luttes, de querelles, de combats, commune dans tous les temps à tous les grands hommes. Aujourd'hui, le voici en paix. Il sort des contestations et des haines ; il entre, le même jour, dans la gloire et dans le tombeau. Il va briller désormais au-dessus de toutes ces nuées qui sont sur nos têtes, parmi les étoiles de la patrie !

« Vous tous qui êtes ici, est-ce que vous n'êtes pas tentés de l'envier ?

« Messieurs, quelle que soit notre douleur en présence d'une telle perte, résignons-nous à ces catastrophes. Acceptons-les dans ce qu'elles ont de poignant et de sévère. Il est bon peut-être, il est nécessaire peut-être, dans une époque comme la nôtre, que de temps en temps une grande mort communique aux esprits dévorés de doute et de scepticisme un ébranlement religieux. La Providence sait ce qu'elle fait lorsqu'elle met ainsi le peuple face à face avec le mystère suprême, et quand elle lui donne à méditer la mort, qui est la grande égalité et qui est aussi la grande liberté.

« La Providence sait ce qu'elle fait, car c'est là le plus haut de tous les enseignements. Il ne peut y avoir que d'austères et sérieuses pensées dans tous les cœurs, quand un sublime esprit fait majestueusement son entrée dans l'autre vie ; quand un de ces êtres qui ont plané longtemps au-dessus de la foule avec les ailes visibles du génie, déployant tout-à-coup les autres ailes qu'on ne voit pas, s'enfonce brusquement dans l'inconnu.

« Non, ce n'est pas l'inconnu ! Non, je l'ai déjà dit dans une autre occasion douloureuse, et je ne me lasserai pas de le répéter, non, ce n'est pas la nuit, c'est la lumière ! Ce n'est pas la fin, c'est le commencement ! Ce n'est pas le néant, c'est l'éternité ! n'est-il pas vrai, vous tous qui m'écoutez ? De pareils cercueils démontrent l'immortalité ; en présence de certains morts illustres, on sent plus distinctement les destinées divines de cette intelligence qui traverse la terre pour souffrir et pour se purifier, et qu'on appelle l'homme ; et l'on se dit qu'il est impossible que ceux qui ont été des génies pendant leur vie ne soient pas des âmes après leur mort ! »

P.-L. JACOB, BIBLIOPHILE.

LA FOSSEUSE

« N'avez-vous pas surpris quelque tristesse dans votre
« cœur, en rencontrant des arbres dont les feuilles
« étaient jaunes au milieu du printemps ?... des arbres
« languissants et mourants pour avoir été plantés dans
« un terrain où manquent les principes nécessaires à
« leur entier développement ? »

La Fosseuse, comme ces arbres, s'étiole, faute de vivre dans le milieu qui lui convient. Ses goûts sans cesse trompés, ses instincts sans cesse froissés, ses désirs sans cesse renaissants et toujours trahis, lui composent de secrètes souffrances qui restent entre elle et Dieu... Peut-elle se plaindre ? elle qui ne comprend ni ne sait analyser ses maux, pas plus qu'elle ne sait maîtriser ni exprimer les pensées tristes et profondes qui ravagent son âme ?

« Son teint est pâle comme l'est l'herbe flétrie ; cette pâleur
« rend sa physionomie intéressante dès le premier aspect ; elle a
« dans ses yeux bleus une expression si douce, dans ses mouve-
« ments tant de grâce, dans sa voix tant d'âme, que l'on recon-

« naît aussitôt en elle une créature tendre et maladive, en proie
« aux malheurs d'une nature contrariée dans ses développe-
« ments!... »

Elle n'est que la fille d'un pauvre fossoyeur de village, et son histoire est bien simple, mais elle intéresse ; car Dieu a donné la faiblesse à la pauvre fille, au lieu de la force dont elle avait besoin pour gagner son pain, et nous ne pouvons pénétrer ces volontés suprêmes ; mais, en voyant de telles prédestinations, est-il possible de ne pas croire à une autre existence?... Son père, nommé le *Fosseur*, en abréviation de *Fossoyeur*, vivait dans un misérable village du Dauphiné, que M. Bénassis (le Médecin de Campagne) devait plus tard changer en un bourg florissant. Ce fosseur mourut quelques années avant l'arrivée de M. Bénassis dans le pays. Il avait épousé par amour la femme de chambre d'une comtesse, dont le château avoisinait le village, une belle femme, nommée la Fosseuse, du nom de son mari, et qui mourut en accouchant d'une fille. Le Fosseur prit tant de chagrin de cette mort, qu'il suivit sa femme dans l'année, ne laissant à son enfant qu'une existence chancelante et précaire. Une voisine recueillit charitablement la petite et l'éleva jusqu'à neuf ans ; mais, à cet âge, comme elle coûtait trop cher à nourrir, la pauvre femme l'envoya mendier son pain dans la saison où il passe des voyageurs sur les routes. « Un jour que l'orpheline était allée
« jusqu'au château de la comtesse, elle y fut gardée en mémoire
« de sa mère, élevée alors pour servir de femme de chambre à
« la fille de la maison, qui se maria cinq ans après. La pauvre
« enfant fut, pendant ce temps, victime de tous les caprices des
« gens riches, lesquels, pour la plupart, n'ont rien de constant
« ni de suivi dans leur générosité. Bienfaisants par accès ou par
« boutades, tantôt protecteurs, tantôt amis, tantôt maîtres, ils
« faussent encore la position déjà fausse des enfants malheureux
« auxquels ils s'intéressent, et ils en jouent le cœur, la vie ou
« l'avenir, avec insouciance, en les regardant comme peu de
« chose....... La Fosseuse devint d'abord presque la compagne

« de la jeune héritière; on lui apprit à lire et à écrire, et sa
« future maîtresse s'amusait quelquefois à lui donner jusqu'à des
« leçons de musique! Tour à tour demoiselle de compagnie ou
« femme de chambre, on fit d'elle un être incomplet; elle prit là
« le goût du luxe et de la parure, et contracta des manières en
« désaccord avec sa situation réelle. Depuis, le malheur réforma
« bien rudement son âme, mais il ne put effacer le désir d'une
« destinée supérieure. Enfin, un jour bien funeste pour la pauvre
« fille, la jeune comtesse, alors mariée, surprit la Fosseuse, qui
« n'était plus que sa femme de chambre, parée d'une de ses
« robes de bal et dansant devant une glace! L'orpheline, alors
« âgée de seize ans, fut renvoyée sans pitié, et la faible et
« indolente créature retomba dans la misère. Elle erra de nouveau
« sur les routes, mendia, travailla et mendia encore. Souvent
« elle pensait à se jeter à l'eau, quelquefois aussi à se donner
« au premier venu. La plupart du temps, elle se couchait au
« soleil le long des murs ou des buissons, sombre, pensive et la
« tête dans l'herbe. Les voyageurs lui jetaient quelques sous,
« précisément parce qu'elle ne leur demandait rien. Elle resta
« une année à l'hôpital d'Annecy, après une moisson laborieuse
« à laquelle elle n'avait travaillé que dans l'espoir de mourir. »

A cette époque, elle revint au village où elle était née. M. Bénassis, providence du pays, la recueillit et assura le sort de cette pauvre créature, dont l'existence exceptionnelle ne pouvait être jugée ni comprise par ses pairs. Il lui donna l'amour du travail, mais du travail possible à sa faiblesse. « Il la soigna
« comme la brebis chérie du troupeau, à laquelle les bergers
« mettent des rubans, qu'ils laissent pâturer le long des blés et
« de qui le chien ne hâte jamais la marche indolente; la Fosseuse
« était sa sœur en souffrance; chez elle, aussi, l'âme tuait le corps! »

Elle avait pour son bienfaiteur une reconnaissance exaltée qui ressemblait à l'amour; mais l'affection toute paternelle de celui-ci sauva la Fosseuse de son erreur. M. Bénassis cherchait, pour elle, un avenir conforme à ses devoirs et à ses goûts.

Écoutons-la raconter les seuls événements et les seuls sentiments de sa vie à M. Bénassis.

« Quand, à seize ans, je fus chassée de chez ma maîtresse, quoi-
« que je fusse malingre, j'étais forcée de mendier mon pain sur les
« routes de la Savoie. Je couchais aux Échelles, dans une grande
« crèche pleine de paille. L'aubergiste qui me logeait était un
« bon homme, mais sa femme ne pouvait pas me souffrir et
« m'injuriait toujours. Ça me faisait bien de la peine, car je n'étais
« pas une mauvaise pauvresse ; je priais Dieu soir et matin, je
« ne volais point, j'allais demandant de quoi vivre, parce que
« je ne savais rien faire et que j'étais vraiment malade, tout à
« fait incapable de lever une houe ou de dévider du coton. Je
« fus chassée de chez l'aubergiste à cause d'un chien. Sans
« parents, sans amis, depuis ma naissance je n'avais rencontré
« chez personne des regards qui me fissent du bien. La bonne
« femme Morin, qui m'a élevée, était morte. Elle a été bien bonne
« pour moi ; mais je ne me souviens guère de ses caresses ;
« d'ailleurs, la pauvre vieille travaillait à la terre comme un
« homme ; et si elle me dorlotait, elle me donnait aussi des
« coups de cuiller sur les doigts, quand j'allais trop vite en
« mangeant notre soupe dans son écuelle. Pauvre vieille !... il
« ne se passe pas de jours que je ne la mette dans mes prières !
« Veuille le bon Dieu lui faire là-haut une vie plus heureuse
« qu'ici-bas, surtout un lit meilleur ! elle se plaignait toujours du
« grabat où nous couchions toutes les deux.

« Vous ne sauriez imaginer comme ça vous blesse l'âme, que
« de ne récolter que des injures, des rebuffades et des regards
« qui vous percent le cœur, comme si l'on vous y donnait des
« coups de couteau. J'ai fréquenté de vieux pauvres à qui ça
« ne faisait plus rien du tout ; mais je n'étais pas née pour ce
« métier-là. Un *non* m'a toujours fait pleurer. Chaque soir, je
« revenais plus triste, et je ne me consolais qu'après avoir dit
« mes prières. Dans toute la création de Dieu, il ne se trouvait
« pas un seul cœur où je pusse reposer le mien !... Je n'avais

« que le bleu du ciel pour ami : j'ai toujours été heureuse en
« voyant le ciel tout bleu. Quand le vent avait balayé les nuages,
« je me couchais dans un coin de rocher et je regardais le
« temps. Je rêvais alors que j'étais une grande dame. A force
« de voir, je me croyais baignée dans ce bleu : je vivais là-haut
« en idée ; je ne me sentais plus rien de pesant ; je montais,
« montais, et je devenais tout aise.

« Pour en venir à mes amours, je vous dirai que l'aubergiste
« avait eu de la chienne un petit chien, gentil comme une
« personne, blanc, moucheté de noir aux pattes : je le vois
« toujours ! Ce pauvre petit est la seule créature qui, dans ce
« temps-là, m'ait jeté des regards d'amitié. Je lui gardais du
« pain ; il me connaissait, venait au-devant de moi le soir,
« n'avait pas honte de ma misère, sautait sur moi, me léchait ;
« enfin, il y avait dans ses yeux quelque chose de si bon, de si
« reconnaissant, que souvent je pleurais en le voyant.—Voilà
« pourtant le seul être qui m'aime ! disais-je. L'hiver, il se couchait
« à mes pieds. Je souffrais tant de le voir battre, que je l'avais
« habitué à ne plus entrer dans les maisons pour y voler des os,
« et il se contentait de mon pain. Si j'étais triste, il se mettait
« devant moi, me regardait dans les yeux et semblait me dire :
« —Tu es donc triste, ma pauvre Fosseuse ?—Si les voyageurs me
« jetaient des sous, il les prenait dans la poussière et me les
« rapportait, ce bon caniche ! Quand j'ai eu cet ami, j'étais
« moins malheureuse. Je mettais de côté tous les jours quelques
« sous pour tâcher de l'acheter au père Manseau. Un jour, sa
« femme, voyant que le chien m'aimait, s'avisa d'en raffoler.
« Notez que le chien ne pouvait la souffrir. Ces bêtes-là ! ça flaire
« les âmes ! et elles voient tout de suite quand on les aime. J'avais
« une pièce d'or de vingt francs cousue dans le haut de mon
« jupon : alors, je dis à M. Manseau :—Vendez-moi votre chien,
« avant que votre femme, qui ne s'en soucie guère, ne dise
« qu'elle le veut pour elle ?—Serrez vos vingt francs, ma mignonne,
« et gardez le chien. Que le ciel me préserve de prendre l'argent

« des pauvres ! Si ma femme crie trop, allez-vous-en. Sa femme
« lui fit une scène pour le chien ; on aurait dit que le feu était à
« la maison ! Et vous ne savez pas ce qu'elle imagina ? Voyant
« que le chien était à moi d'amitié, qu'elle ne pouvait jamais
« l'avoir, elle l'a fait empoisonner. Mon pauvre caniche est mort
« dans mes bras : je l'ai pleuré comme si c'eût été mon enfant,
« et je l'ai enterré sous un sapin. Vous ne savez pas tout ce que
« j'ai mis dans cette fosse !.. Je me suis dit, en m'asseyant là, que
« je serais donc toujours seule sur la terre, que rien ne me
« réussirait, que j'allais redevenir, comme avant, sans personne
« au monde, et que je ne verrais plus d'amitié dans aucun
« regard. Je suis restée enfin là toute une nuit, à la belle étoile,
« priant Dieu de m'avoir en pitié. Quand je revins sur la route,
« je vis un pauvre petit de dix ans, qui n'avait pas de mains.
« Dieu m'a exaucée, pensais-je. Je ne l'avais jamais prié comme
« je le priai pendant cette nuit là ! Je vais prendre soin de ce
« pauvre petit, me dis-je, nous mendierons ensemble et je serai
« sa mère. A deux, on doit mieux réussir ; j'aurai peut-être plus
« de courage pour lui, que je n'en ai pour moi !..

« D'abord, le petit parut content; il lui aurait été bien difficile
« de ne pas l'être : je faisais tout ce qu'il voulait, je lui donnais ce
« que j'avais de meilleur ; enfin j'étais son esclave, il me tyran-
« nisait ; mais ça me semblait toujours mieux que d'être seule.
« Bah ! aussitôt que le petit ivrogne a su que j'avais vingt francs
« dans le haut de ma robe, il me les vola !... et s'enfuit. Un
« enfant sans mains ! ça fait trembler. Ce vol m'a plus décou-
« ragée de la vie que je ne sais quoi. Je ne pouvais donc rien
« aimer qui ne me pérît entre les mains.

« Un jour, je vois venir une calèche qui montait la côte des
« Échelles. Il s'y trouvait une demoiselle, belle comme une
« Vierge Marie, et un jeune homme qui lui ressemblait ; il était
« sans doute son frère. —Vois donc la jolie fille ? — lui dit-il, en me
« jetant une pièce d'argent. Vous comprenez, monsieur Bénassis,
« le bonheur que me causa ce compliment, le seul que j'aie

« jamais entendu; mais le monsieur aurait bien dû ne pas me
« jeter d'argent. Aussitôt, poussée par mille je ne sais quoi qui
« m'ont tarabusté la tête, je me mis à courir, par des sentiers
« qui coupaient au plus court, pour le revoir encore, et me voilà
« dans les rochers des Échelles bien avant la calèche, qui montait
« tout doucement. Je retrouvai donc le jeune homme, et il fut
« tout surpris; moi, j'étais si aise, que le cœur me battait dans
« la gorge; un je ne sais quoi m'attirait vers lui. Quand il m'eut
« reconnue, je repris ma course, pensant que la demoiselle et lui
« s'arrêteraient à la cascade de Couz; lorsqu'ils sont descendus,
« ils m'ont aperçue sous les noyers de la route, et m'ont
« questionnée en paraissant s'intéresser à moi. Jamais de ma vie
« je n'avais entendu de voix plus douce que celle de ce beau
« jeune homme et de sa sœur, car c'était sûrement sa sœur?...
« J'espérais toujours qu'ils reviendraient. J'y pensai pendant un
« an..... »

Ce fut alors qu'elle s'engagea pour la moisson, entra ensuite à l'hôpital et revint dans le bourg.

« Tout agit sur la Fosseuse : si le temps est gris et sombre,
« elle est triste et *pleure avec le ciel;* cette expression lui appar-
« tient... Elle chante avec les oiseaux, se calme et se rassérène
« avec les cieux; enfin, elle devient belle dans un beau jour. Un
« parfum délicat est pour elle un plaisir presque inépuisable.....
« Si l'atmosphère est lourde, électrisante, la Fosseuse a des
« vapeurs que rien ne peut calmer, elle se couche et se plaint de
« mille maux différents, sans savoir ce qu'elle a; la questionne-
« t-on? elle répond que ses os s'amollissent, que sa chair se
« fond en eau... Son cœur est *en dehors d'elle,* pour dire encore
« un de ses mots. Quelquefois, on surprend la pauvre fille pleurant
« à l'aspect de certains tableaux qui se dessinent au-dessus des
« montagnes, au coucher du soleil, quand de nombreux et de
« magnifiques nuages se rassemblent au-dessus de leurs cimes
« d'or.—Pourquoi pleurez-vous, petite?—Je ne sais, répond-
« elle. Je suis là comme une hébétée à regarder là-haut, et

« j'ignore où je suis, à force de voir. — Que voyez-vous donc? — Je
« ne puis le dire! Et vous auriez beau la questionner pendant
« toute la soirée, vous n'en obtiendriez pas une parole; mais elle
« vous lancerait des regards pleins de pensées, ou resterait les
« yeux humides, visiblement recueillie, et ce recueillement est
« si profond, qu'il se communique : elle agit sur vous comme
« un nuage trop chargé d'électricité!

. . . .

« En d'autres moments, la Fosseuse est avenante, rieuse,
« agissante, spirituelle. Elle cause avec plaisir, exprime des idées
« neuves, originales. Incapable, d'ailleurs, de se livrer à aucune
« espèce de travail suivi : quand elle allait aux champs, elle
« demeurait pendant des heures entières occupée à regarder une
« fleur, à voir couler l'eau, à examiner les pittoresques mer-
« veilles qui se trouvent sous les ruisseaux clairs et tranquilles.

. . . .

« La pauvre fille sentit souvent la faim. Humiliée d'accepter le
« pain d'autrui, elle n'avait recours à la charité publique qu'au
« moment où elle y était contrainte par une extrême souffrance.
« Souvent sa honte lui donnait de l'énergie : alors, pendant
« quelques jours, elle travaillait à la terre ; mais bientôt épuisée,
« une maladie la forçait d'abandonner son ouvrage commencé.
« A peine rétablie, elle entrait dans quelques fermes pour y
« prendre soin des bestiaux ; mais, après s'y être acquittée de ses
« fonctions avec intelligence, elle en sortait sans dire pourquoi.
« Son labeur journalier était sans doute un joug trop pesant pour
« elle, qui est toute indépendance et tous caprices. Elle se
« mettait alors à chercher des truffes ou des champignons, qu'elle
« allait vendre à Grenoble. En ville, tentée par des babioles, elle
« oubliait sa misère, en se trouvant riche de quelques menues
« pièces de monnaie, et s'achetait des colifichets, sans penser à
« son pain du lendemain. Puis, si quelque fille du bourg

« désirait sa croix de cuivre, son cœur à la jeannette ou son cor-
« don de velours, elle le lui donnait, heureuse de lui faire plaisir;
« car elle vit par le cœur. Aussi, la Fosseuse est-elle tour à tour
« aimée, plainte, méprisée!... et la pauvre fille souffre de tout,
« de sa paresse, de sa bonté et de sa coquetterie!... car elle est
« coquette, bonne, paresseuse, friande et curieuse!... Enfin, elle
« est femme, et se laisse aller à ses impressions et à ses goûts
« avec une naïveté d'enfant. Racontez-lui quelque belle action,
« elle tressaille et rougit, son sein palpite, elle pleure de joie.
« Si vous lui dites une histoire de voleurs, elle pâlira d'effroi.
« C'est la nature la plus vraie, le cœur le plus franc, la probité
« la plus délicate, qui se puisse rencontrer. Si vous lui confiez
« cent pièces d'or, elle vous les enterrera dans un coin et conti-
« nuera de mendier son pain.........................

 « La pauvre fille aimerait ses enfants à en perdre la tête, et
« tous les sentiments qui surabondent chez elle s'épancheraient
« dans le sentiment qui les comprend tous chez la femme, dans
« la *maternité*. Mais aucun homme de sa classe n'a su lui plaire,
« et elle est cependant d'une sensibilité dangereuse pour elle.
« Aussi, faut-il lui savoir gré de sa sagesse et de sa fierté de
« femme : elle est fauve comme une hirondelle, la Fosseuse ! Elle
« était faite pour être opulente, aimée ; elle eût été bienfaisante
« et constante. A vingt ans, elle s'affaisse déjà sous le poids de
« son âme et dépérit victime de ses fibres trop vibrantes, de son
« organisation à la fois trop délicate et trop forte !.... Une passion
« trahie la rendrait folle !..... »

Qu'ajouter au portrait de cette Mignon de village, aussi poétique que sa sœur, rêvant comme elle une autre patrie, où l'on aime, où l'on est aimé, et où l'on ne voit ni vices, ni souffrances, ni malheurs?...

Cette douce figure reste dans le souvenir : on se dit avec tristesse, en y rêvant, qu'il y a plus d'une Fosseuse en ce monde. Ces pauvres créatures rencontrent-elles toujours des gens qui les comprennent, qui aient pitié d'elles comme le médecin de campagne, cette âme sublime, épurée par le remords et l'amour, qui n'a plus de fête ici-bas que celle que donne le perpétuel dévouement à ses semblables.

Mᵐᵉ DE LANGEAIS

Voulez-vous connaître le plus étrange produit d'une civilisation raffinée, produit particulier du sol parisien !... Voulez-vous connaître cet ange déchu, dont la tête touche au ciel tandis que ses pieds sont dans la boue? cette fleur qui ne s'épanouit qu'à la rosée des larmes de ceux qui la cultivent? ce lutin qui inspire l'amour pour se jouer de l'amour?... la Coquette enfin!... regardez ce portrait.

« Mᵐᵉ de Langeais était une femme artificielle-
« ment instruite et réellement ignorante; pleine de
« sentiments élevés, mais manquant d'une pensée
« qui les coordonnât; dépensant les riches trésors
« de l'âme à obéir aux convenances; prête à braver la
« société, mais hésitant et arrivant à l'artifice par suite de ses
« scrupules; ayant plus d'entêtement que de caractère, plus d'en-
« gouement que d'enthousiasme, plus de tête que de cœur, sou-
« verainement femme et souverainement coquette, Parisienne
« surtout; aimant l'éclat et les fêtes; ne réfléchissant pas ou
« réfléchissant trop tard; d'une imprudence qui arrivait presque

« jusqu'à la poésie, insolente à ravir, mais humble de cœur; affi-
« chant la force comme un roseau bien droit, mais, comme ce
« roseau, prête à fléchir sous une main puissante; parlant beaucoup
« de religion, mais ne l'aimant pas, et cependant prête à l'accep-
« ter comme dénoûment. »

Elle avait été mariée fort jeune au duc de Langeais; celui-ci fit à froid le grand seigneur du siècle précédent, abandonna bientôt la duchesse, en laissant à elle-même « une jeune femme de
« vingt-deux ans, qui avait dans le caractère une épouvantable
« qualité, celle de ne jamais pardonner une offense. Ses vanités
« de femme, son amour-propre, ses vertus peut-être, avaient été
« méconnus et blessés, mais occultement, ce qui donnait à l'ou-
« trage plus de gravité encore. Quand un outrage est public,
« une femme aime à l'oublier, elle a des chances pour se grandir,
« elle est femme dans sa clémence; mais les femmes n'absolvent
« jamais de secrètes offenses, parce qu'elles n'aiment ni les lâche-
« tés, ni les vertus, ni les amours secrètes. » Mme de Langeais était sur ce point plus femme que toute autre.

N'ayant donc rencontré que sécheresse et indifférence chez celui qui aurait dû féconder ce cœur auquel manquait encore la conscience de lui-même, la duchesse eut des pensées de rébellion contre la société qui ne répondait à aucune de ses espérances de jeune fille, et forte de son innocence, elle crut devoir affronter le monde et le punir de ne pas lui avoir fait une part plus large de bonheur. « Elle
« joua le détestable rôle de femme à la mode. Elle pouvait à son
« aise se moquer des hommes, des passions, les exciter, recueillir
« les hommages dont toute nature est avide, et rester maîtresse
« d'elle-même. »

Enorgueillie et des succès que lui valait sa prodigieuse beauté et de la royauté incontestée que son intelligence et ses talents lui avaient créée, elle se prit à mépriser profondément tous les hommes qui l'entouraient, et à s'en jouer comme de créatures inférieures. Avide de domination, elle écrasait de son despotisme, insolemment parfumé, tout ce qui l'approchait. Coquette habile, elle dépensait, au profit de ses glorifications égoïstes, autant de génie qu'il en eût fallu pour gouverner une province; mais sentant le vide dans lequel elle se mouvait, elle en était venue à détester et à maudire son entourage, dont la médiocrité ne lui laissait pas même le mérite d'un triomphe acheté par un combat.

« Depuis dix-huit mois la duchesse de Langeais menait cette
« vie creuse, exclusivement remplie par le bal, par les visites faites
« pour le bal, par des triomphes sans objet, par des passions
« éphémères, nées et mortes pendant une soirée. Quand elle arri-
« vait dans un salon, tous les regards se concentraient sur elle; elle
« moissonnait des mots flatteurs, quelques expressions passion-
« nées qu'elle encourageait du geste, du regard, et qui ne pou-
« vaient jamais aller plus loin que l'épiderme; elle vivait dans une
« sorte de fièvre de vanité, de perpétuelle jouissance qui l'étour-
« dissait; elle allait assez loin en conversation, elle écoutait tout,
« et se dépravait, pour ainsi dire, à la surface du cœur. Revenue
« chez elle, elle rougissait souvent de ce dont elle avait ri, de telle
« histoire scandaleuse dont les détails l'aidaient à discuter les
« théories de l'amour qu'elle ne connaissait pas, et les subtiles
« distinctions de la passion moderne, que des complaisants
« hypocrites lui commentaient... Il y eut un moment où elle com-
« prit que la créature aimée était la seule beauté dont l'esprit
« peut être universellement reconnu. Que prouve un mari ? Que,
« jeune fille, une femme était ou richement dotée, ou bien élevée,
« ou souvent qu'elle avait une mère adroite; mais un amant est
« le constant programme de ses perfections. Mme de Langeais
« apprit, jeune encore, qu'une femme pouvait se laisser aimer
« ostensiblement sans être complice de l'amour, sans l'approuver,
« sans le contenter. La duchesse eut donc sa cour, et le nombre
« de ceux dont elle était adorée ou qui la courtisaient fut une ga-
« rantie de sa vertu. Elle était coquette, aimable, séduisante jusqu'à
« la fin de la fête, du bal, de la soirée; puis, le rideau tombé, elle
« se retrouvait froide, insouciante, et néanmoins revivait le len-
« demain pour d'autres émotions également superficielles.

Elle ne vit donc de consécration possible à son mérite que par la conquête d'un véritable amant. Au milieu des faciles triomphes qui, malgré son dédain suprême de l'opinion, n'avaient pas même entamé sa réputation, elle rencontra un homme étrange, que les circonstances, jointes à un caractère exceptionnel, mettaient en dehors de tout ce qu'elle avait vu jusqu'alors dans les salons ; elle reconnut instinctivement en lui un adversaire digne d'elle et qu'il serait beau de vaincre. C'était le colonel Montriveau.

« Cet homme, seul dans le monde, jeté dès l'âge de vingt ans à
« travers cette tempête d'hommes au sein de laquelle vécut Napo-
« léon ; n'ayant aucun intérêt en dehors de lui-même, prêt à
« périr chaque jour, s'était habitué à n'exister que par une estime
« intérieure et par le sentiment du devoir accompli. Il était
« habituellement silencieux comme le sont tous les hommes timi-
« des ; mais sa timidité ne venait point d'un défaut de courage :
« c'était une sorte de pudeur qui lui interdisait toute démonstra-
« tion vaniteuse. »

Mme de Langeais pressent ce noble caractère, elle en a l'intuition, elle va droit à lui et lui offre le combat. Dès sa première rencontre, le colonel est vaincu ; mais ce n'est point là un esclave vulgaire ni facile à gouverner : il faut le tenir sans cesse en haleine ; elle le sent bien, et pendant six mois elle le torture à plaisir, le menant sans cesse du ciel aux enfers; ainsi que ces coquettes, mortes à toute moralité, dont elle a perdu l'intelligence, elle s'est réfugiée dans la lettre de cette première vertu de la femme : la chasteté. Elle se croit pure, parce que selon la lettre elle est restée chaste, se souciant peu d'ailleurs d'être descendue aux infamies calculées des courtisanes, pour retenir sa terrible conquête. Cent fois plus pécheresse que les pauvres femmes aveuglées par l'amour et qui se livrent sans réserve, elle calcule de sang-froid tout ce qu'elle peut accorder ; elle jouit des mille souffrances aussi bien que des délices dont elle abreuve son amant, qui se prête d'autant plus facilement à ces caprices, que de l'amour il ne sait rien et il croit tout !...

Mais si sa naïveté sérieuse l'exposait aux tourments sans nom que la duchesse inventait pour lui, elle perdait son âme à ce jeu cruel, son cœur s'ossifiait, et pour faire jaillir désormais une étincelle de ce dur caillou, il ne faudra rien moins que la main puissante de Montriveau dont les yeux s'ouvriront enfin.

« Pour la première fois peut-être dans un cœur d'homme,
« l'amour et la vengeance se mêlèrent si également, qu'il était
« impossible à Montriveau lui-même de savoir qui de l'amour ou
« de la vengeance l'emporterait. »

Il réunissait à des passions implacables une volonté de fer, une indomptable fierté, une force herculéenne et cette persévérance que rien ne lasse. Quand il a bien reconnu que cette femme, aux pieds de qui il s'est roulé si souvent fou de désespoir, se moque de lui en l'excitant et le calmant à volonté, Montriveau, pareil à ces dompteurs qui nous étonnent par l'ascendant qu'ils ont su prendre sur les animaux les plus redoutables, broie sous son regard fascinateur cette femme, leur égale en férocité; il la compte pour si peu, il l'humilie si profondément, qu'elle comprend enfin qu'elle a tué la foi dans cette âme fervente... Sa dureté se fond devant celle de son amant : « Vous êtes en droit de me traiter
« durement, dit-elle en tendant à cet homme une main qu'il ne
« prit pas ; vos paroles ne sont pas assez dures encore, et je
« mérite cette punition. — Moi, vous punir, madame! Mais punir,
« n'est-ce pas aimer?... »

Ce mot lui fait comprendre que rien ne réveillera l'amour ni même la pitié chez son amant, qui n'a plus que du mépris pour elle. La poignante douleur qu'elle en ressent fond tout à coup le triple airain qui entourait le cœur de cette femme, et l'amour en déborde de toutes parts. Elle s'humilie avec bonheur devant cet esclave qui l'a vaincue, elle l'admire dans sa force, elle revient à la vérité des sentiments de la femme, qui n'aime réellement que ce qui lui est supérieur; elle est joyeuse d'avoir enfin trouvé un maître; elle entrevoit ce ciel où elle désire entrer depuis si longtemps. Que sont les jouissances de l'égoïsme auprès de celles que lui promet cette belle existence à deux, sur le seuil de laquelle elle s'arrête avec délices? Elle immole aux genoux de son amant cette personnalité à laquelle tout avait été sacrifié jusqu'ici. Mais, jusque dans cet élan sublime de la femme aimante, Mme de Langeais conserve la finesse de la coquette; elle guette dans une glace tous les mouvements de physionomie de Montriveau, et fière de deux larmes furtives qu'il a cru lui cacher, elle se relève, orgueilleuse de sa victoire.

Mais qui peut être dans le secret de la tempête soulevée par l'incrédulité froide de Montriveau! car il dédaigne le sentiment profond qui l'a envahie, et ne veut plus rien d'elle, pas même son amour! il ne la comprend pas dans la beauté de sa foi nouvelle... Qui peut dire l'âcreté de ses remords en pensant à sa fausseté passée!... mais elle ne peut désespérer d'un amour qu'elle a connu sans bornes. Elle attaque Montriveau dans sa générosité, elle fait stationner sa voiture devant la porte du colonel, pour laisser croire à tout Paris qu'elle lui appartient : il est sourd à ce sacrifice-là comme à tous les autres. Mortellement blessée de voir toutes ses grandeurs méconnues, elle disparaît et va cacher son désespoir au fond d'un couvent d'Espagne.

Mais, pour revenir à Dieu, il faut avoir une âme, et la coquette avait perdu la sienne depuis longtemps ; il ne lui restait plus que des passions, assez grandes, il est vrai, pour la soutenir dans le suprême sacrifice. C'est en vain qu'elle prie, qu'elle pleure, qu'elle se macère, rien ne retentit en elle que le bruit de son passé!...

Pendant une mission politique dans une petite ville aux extrémités de l'Espagne, Montriveau, devenu général, entend l'office dans un couvent de Carmélites. Il est frappé des sons de l'orgue, qui, touché par des mains habiles, révélait les trésors infinis de la passion, bien plus qu'ils n'exprimaient la placidité d'une âme qui aurait mis toutes ses joies dans le ciel. Le général en est vivement impressionné; le jeu de la religieuse lui rappelle tout ce qu'il a sacrifié à son orgueil vindicatif : sacrifice qu'il expie depuis cinq ans, en cherchant la duchesse dans tous les couvents de l'Europe.

Elle est là ! Il en est persuadé ; c'est elle qui anime cet orgue révélateur ! Pour s'en assurer, il revient à l'office du soir, où il est à peu près seul ; il marche dans l'église, de façon à avertir de sa présence.

« Au *Magnificat*, les orgues semblèrent lui faire une réponse
« qui lui fut apportée par les vibrations de l'air ; l'âme de la reli-
« gieuse vola vers lui sur les ailes de ses notes et s'émut dans le
« mouvement des sons. Alors, la musique éclata dans toute sa
« puissance, elle échauffa l'église ; ce chant de joie, consacré par
« la sublime liturgie de la chrétienté catholique pour exprimer
« l'exaltation de l'âme en présence des splendeurs du Dieu tou-
« jours vivant, devint l'expression d'un cœur presque effrayé de
« son bonheur en présence des splendeurs d'un périssable amour
« qui durait encore, et venait s'agiter au-delà de la tombe reli-
« gieuse où s'ensevelissent les femmes pour renaître épouses du
« Christ. »

Ainsi rien n'a pu éteindre le cœur de la duchesse, qui est maintenant sœur Thérèse. Cette femme, que les dédains de Montriveau ont rendue passionnée, a eu conscience de la présence de celui qu'elle aime encore, sans qu'aucun signe extérieur soit venu la lui confirmer.

« Toutes ces richesses sacrées semblèrent être jetées comme
« un grain d'encens sur le frêle autel de l'amour, à la face du nom
« éternel d'un Dieu vengeur et jaloux.

« En effet, la joie de la religieuse n'eut pas ce caractère de
« grandeur et de gravité qui doit s'harmoniser avec les solennités
« du *Magnificat;* elle lui donna de riches, de gracieux dévelop-
« pements dont les différents rhythmes accusaient une gaieté
« humaine. »

La passion du général se ralluma plus terrible que jamais. Elle était partagée : la fuite de la duchesse l'en avait déjà convaincu, et les mélodies de l'orgue venaient de lui révéler que les austérités du cloître n'avaient point éteint cet amour tardif. Le lendemain, les religieuses chantent au chœur, et la voix de la duchesse domine toutes les autres !...

« C'était donc bien elle ! Toujours Parisienne, elle n'avait pas
« dépouillé sa coquetterie, même après avoir quitté les parures
« du monde pour le bandeau, pour la dure étamine des Carmé-
« lites. Après avoir signé son amour la veille, au milieu des
« louanges adressées au Seigneur, elle semblait dire à son amant:
« Oui, c'est moi, je suis là, j'aime toujours ; mais je suis à l'abri
« de l'amour. Tu m'entendras ; mon âme t'enveloppera, et je
« resterai sous le linceul brun dans ce chœur, d'où nul pouvoir
« ne saurait m'arracher; tu ne me verras pas ! »

Oh ! si, il la verra, il l'a résolu, et pour obtenir la faveur inouïe
de pénétrer dans le couvent, il descend à la ruse : il la voit enfin !
Il ne doute pas qu'elle partage son bonheur, en l'entendant faire
un mensonge à la supérieure pour obtenir de prolonger leur entretien. Comme toujours, la duchesse, pactisant avec sa conscience,
entretient Montriveau des vœux qu'elle fait pour son salut ; elle
place son amour au ciel, pour se donner la satisfaction d'en
parler.

« Vous ne savez pas, mon frère, quel bonheur est d'aimer
« dans le ciel, de pouvoir s'avouer ses sentiments, alors que la
« religion les a purifiés, les a transportés dans les régions les
« plus hautes, et qu'il nous est permis de ne plus regarder qu'à
« l'âme. Si les doctrines de l'esprit de la sainte à laquelle nous
« devons cet asile ne m'avaient pas enlevée loin des misères ter-
« restres, et ravie, bien loin de la sphère où elle est, mais certe
« au-dessus du monde, je ne vous eusse pas revu. Mais je pui
« vous voir, vous entendre et demeurer calme... »

Elle cède au désir du général, qui veut la voir, et soulève so
voile.

« Il aperçut, entre deux barreaux, la figure amaigrie, pâle, mai
« ardente encore, de la religieuse ; son teint, où jadis fleurissaier
« tous les emportements de la jeunesse, où l'heureuse oppositio
« d'un blanc mat contrastait avec les couleurs de la rose de Ber
« gale, avait pris le ton chaud d'une coupe de porcelaine sou
« laquelle est enfermée une faible lumière. La belle chevelur

« dont cette femme était si fière avait été rasée. Un bandeau cei-
« gnait son front et enveloppait son visage. Ses yeux, entourés
« de meurtrissures dues aux austérités de cette vie, lançaient par
« moments des rayons fiévreux ; et leur calme habituel n'était qu'un
« voile. »

Le général, qui ne doute plus de cet amour immense, mais qui craint les scrupules de la duchesse, lui apprend la mort de son mari et aussi la possibilité d'être relevée de ses vœux; il la presse de venir avec lui, mais il se heurte de nouveau à ce suprême égoïsme qui l'a meurtri tant de fois. Elle ne veut pas risquer les félicités éternelles qui lui sont promises.

« Je ne vous quitte pas, je suis dans votre cœur, mais autre-
« ment que par un intérêt de plaisir mondain, de vanité, de
« jouissance égoïste ; je vis là, pour vous, pâle et flétrie, dans le
« sein de Dieu. »

Le général insiste avec violence ; elle se débat, elle craint de succomber et de se livrer encore au vent des passions qu'elle a idéalisées et dont elle recueille les parfums les plus subtils ; son égoïsme approche de la grandeur, quand elle s'écrie :

« Ma mère, je vous ai menti, cet homme est mon amant ! »

Le général fuit, la rage dans l'âme. Plus tard, il réussit à pénétrer dans le couvent, malgré la presque impossibilité de l'entreprise.

« Il aimait avec plus de passion la religieuse, dépérie dans les
« dénûments de l'amour, consumée par les larmes, les jeûnes, les
« veilles et la prière, la femme de vingt-neuf ans, fortement
« éprouvée, qu'il n'avait aimé la jeune fille légère, la femme de
« vingt quatre ans, la sylphide. »

Il escalade le rocher après des peines incroyables, entre dans la cellule de la duchesse et la trouve étendue morte sur le carreau : ce corps fragile avait succombé dans cette lutte de la passion contre les devoirs nouveaux qu'elle s'était imposés. Il la saisit, l'emporte, confie à la mer ce trésor convoité avec tant d'ardeur, et ne dit qu'un mot, en s'en séparant à jamais : « *Ce fut un poëme !* » Ce mot résume parfaitement le caractère de Mme de Langeais.

PIERRETTE

Un jeune Breton chante, au petit jour, sur une place de Provins, cette jolie ballade : « *Nous venons vous souhaiter bonheur en mariage.* » Ce Breton est Brigaut, l'ami d'enfance de Pierrette ; elle entend le premier couplet en rêve ; le second la fait lever en sursaut ; au troisième, elle doute que ce soit ce cher compagnon de ses premières années si joyeuses (les malheureux sont de l'école de saint Thomas) ; au quatrième, elle est, pieds nus, à sa croisée. C'est lui ! c'est bien lui ! Au moment où il chante : « *Recevez ce bouquet que ma main vous présente* », Brigaut montre à Pierrette une de ces fleurs d'or si communes en Bretagne, la fleur de l'ajonc.

—C'est toi, Brigaut? dit-elle à voix basse.

—Oui, Pierrette, je fais mon tour de France ; mais je suis capable de m'établir ici, si tu le veux?...

« En ce moment, une espagnolette grince dans la chambre du « premier étage, au-dessous de celle de Pierrette. La Bretonne « manifeste la plus grande crainte. — « Sauve-toi, Brigaut ! »

« L'ouvrier sauta, comme une grenouille effrayée, vers le tournant
« qu'un moulin fait faire dans cette rue de Provins, et ne fut pas
« aperçu par deux petits yeux d'un bleu pâle et froid qui ne pou-
« vaient appartenir qu'à une vieille fille.

« Cette circonstance va donner carrière à de si graves suppo-
« sitions, qu'elle terminera le drame obscur qui se passe dans
« cette maison.

« Pierrette ne se recouche pas; pour elle, l'arrivée de Brigaut
« est un événement immense! Pendant la nuit, cet Éden des
« malheureux, Pierrette échappait aux tourments que ses soi-
« disant bienfaiteurs lui faisaient subir. Semblable au héros de je
« ne sais quelle ballade allemande ou russe, le sommeil de
« Pierrette lui paraissait une vie heureuse, et le jour un mauvais
« rêve. Après trois années de souffrance, elle venait, pour la
« première fois, d'avoir un réveil agréable; les souvenirs de son
« enfance avaient mélodieusement chanté leurs poésies dans son
« âme, en écoutant Brigaut. A la vue du bouquet d'ajonc, ses
« yeux se mouillèrent de larmes; puis une horrible terreur lui
« comprima sa joie, car elle pensa que sa cousine, la vieille
« Mlle Sylvie Rogron, avait pu l'entendre se levant et marchant à
« sa croisée; elle fit alors au Breton le signe de frayeur auquel
« il obéit sans y rien comprendre. Cette soumission instinctive
« ne peint-elle pas une de ces affections innocentes et absolues
« comme il y en a de siècle en siècle sur cette terre, où elles
« fleurissent comme l'aloès à l'*Isola-Bella*, deux ou trois fois en
« cent ans? Qui eût vu Brigaut se sauvant aurait admiré la plus
« naïve soumission du plus naïf sentiment!... Jacques Brigaut
« était digne de Pierrette Lorrain, qui finissait sa quatorzième
« année: deux enfants!... Pierrette ne put s'empêcher de pleurer
« en le regardant fuir avec l'effroi que son geste lui avait commu-
« niqué. Elle revint s'asseoir sur un méchant fauteuil, en face
« d'une petite table, au-dessus de laquelle se trouvait un miroir.
« Elle s'y accouda, se mit la tête dans les mains, et resta là
« pensive pendant une heure, occupée à se remémorer le marais,

« le bourg de Pen-Hoël, les périlleux voyages entrepris sur un
« étang, dans un bateau détaché pour elle d'un vieux saule par
« le petit Jacques ; puis, les vieilles figures de ses grands parents,
« la tête souffrante de sa mère et la belle physionomie du major
« Brigaut qui aimait cette pauvre veuve ! enfin, toute une enfance
« sans soucis ! Ce fut un instant de bonheur, des joies lumineuses
« sur un fond grisâtre !...

« Elle avait ses beaux cheveux cendrés en désordre, sous un
« petit bonnet chiffonné pendant son sommeil ; derrière la tête,
« une grosse natte aplatie pendait déroulée. La blancheur exces-
« sive de sa figure trahissait une de ces horribles maladies aux-
« quelles la médecine a donné le nom gracieux de *chlorose*, qui
« prive le corps de ses couleurs naturelles, qui trouble l'appétit
« et annonce de grands désordres dans l'organisme. Ce ton de
« cire existait dans toute la carnation ; le cou et les épaules expli-
« quaient par leur pâleur la maigreur des bras jetés en avant et
« croisés. Les pieds de Pierrette paraissaient amoindris par la
« maladie... Son triste sourire laissait voir des dents d'un ivoire
« fin et d'une forme menue ; de jolies dents transparentes s'accor-
« daient avec la coupe d'un visage qui, malgré sa parfaite rondeur,
« était mignonne. Toute l'animation de cette charmante figure
« se trouvait dans les yeux, dont la prunelle couleur tabac
« d'Espagne, et mélangée de points noirs, brillait par des reflets
« d'or. Pierrette avait dû être gaie. Elle était triste maintenant ;
« les traces de sa gaîté perdue se retrouvaient encore dans la
« vivacité des contours de l'œil, dans la grâce ingénue de son
« front, et dans les méplats de son menton court. Ses longs cils
« se dessinaient sur ses pommettes altérées par la souffrance ; le
« blanc prodigué outre mesure rendait, d'ailleurs, les lignes et les
« détails de sa physionomie très-purs. L'oreille était un petit
« chef-d'œuvre de sculpture : vous eussiez dit du marbre. Pier-
« rette souffrait de bien des manières.

« Ses vieux parents, ruinés, obligés de vivre à Nantes, à
« l'hôpital Saint-Jacques, dans une espèce de béguinage sem-

« blable à celui de Sainte-Périne à Paris, avaient imploré les
« Rogron, leurs parents riches, pour leur petite fille, orpheline
« sans appui. »

Cette lettre leur arriva au milieu des embarras causés par la vente de leur maison de mercerie. Le courant des affaires retarda la réponse que la vieille Sylvie Rogron se chargea de faire. Après mûr examen, les deux merciers s'étaient décidés à refuser l'orpheline. Quelle lourde responsabilité ! Pourrait-on renvoyer Pierrette, si elle ne convenait pas? Ne faudrait-il pas la doter un jour? Et si le frère ou la sœur se mariait, ne vaudrait-il pas mieux garder la fortune pour leurs enfants? Cette réponse retardée, Sylvie Rogron oublia de l'écrire.

Le frère et la sœur, merciers, rue Saint-Denis, jouent un trop grand rôle dans la destinée de Pierrette pour ne pas en parler ici. Ils avaient amassé une fortune à force d'économies et de privations. Leur père, ancien aubergiste à Provins, homme dur et égoïste, ne les habitua pas plus à la tendresse qu'à des bienfaits. Il ne les aida jamais.

« Sylvie Rogron, vieille fille laide, sèche et revêche, vivait avec
« son frère Jérôme Denis, un niais, au front écrasé et déprimé, dont
« les cheveux gris, coupés ras, exprimaient l'indéfinissable stupi-
« dité des animaux à sang froid. Le regard de ses yeux bleus ne
« jetait ni flammes ni pensée. Sa figure ronde et plate n'excitait
« aucune sympathie, et n'amenait pas même le rire. Cette figure
« attristait. Sans sa sœur, ce crétin eût été ruiné ; mais Sylvie avait
« du bon sens et le génie du commerce. Elle gouvernait absolu-
« ment son frère. Il restait ébahi, quand elle ordonnait de vendre
« un article à perte, en prévoyant la fin de la mode. Plus tard, il
« l'admirait niaisement. Jérôme Denis ne raisonnait ni bien ni
« mal : il était incapable de raisonner. Il se subordonnait à sa
« sœur par un motif pris en dehors de ses capacités : *Elle est*
« *mon aînée*, disait-il. Sa grande science qui le rendait l'objet de
« l'admiration de ses commis était l'art de ficeler, déficeler, refi-
« celer un paquet, en regardant ce qui se passait dans la rue et

« surveillant son magasin ; il avait tout vu quand, présentant le
« paquet à la pratique, il disait : *Voilà, madame! Ne vous faut-il
« rien d'autre?*

« Sa sœur l'avait constamment empêché de se marier, crai-
« gnant de perdre son influence dans la maison, ou voyant
« peut-être aussi une cause de dépense dans l'adjonction d'une
« femme infailliblement plus jeune et moins laide qu'elle. Jérôme
« et Sylvie, ces deux mécaniques subrepticement baptisées,
« n'avaient, ni en germe ni en action, les sentiments qui donnent
« au cœur sa vie propre. Aussi, ces deux natures étaient-elles
« essentiellement filandreuses et sèches, endurcies encore par le
« travail, les privations, et le souvenir de leurs douleurs pendant
« un long et rude apprentissage. Ni l'un ni l'autre ils ne plai-
« gnaient aucun malheur. Tracassiers sans âme et d'une écono-
« mie sordide, ils jouissaient d'une horrible réputation dans le
« commerce de la rue Saint-Denis ; sans leurs relations avec
« Provins, où ils allaient trois fois par an, aux époques des
« grandes fêtes, ils eussent manqué de commis et de filles de
« boutique. Le père Rogron leur expédiait tous les enfants voués
« au commerce par leurs parents, et faisait pour eux la traite
« des apprentis. Mais dès qu'ils trouvaient moyen de quitter cette
« galère, ils s'enfuyaient avec bonheur. Le caractère étroit de
« ces merciers avait pour champ leur boutique ; Paris était pour
« eux quelque chose d'étalé autour de la rue Saint-Denis.

« On comprend difficilement le mobile des existences cryptoga-
« miques de certains boutiquiers ; on les regarde, on se demande :
« De quoi, pourquoi vivent-ils? d'où viennent-ils? que devien-
« nent-ils? On se perd dans les riens, en voulant se les expliquer.

« Chacun se nourrit cependant d'une espérance plus ou moins
« réalisable, sans laquelle il périrait évidemment. Celui-ci rêve
« d'administrer un théâtre, celui-là tend aux honneurs de la
« mairie ; tel a sa maison de campagne à trois lieues de Paris, où
« il plante des statues en plâtre coloriées ; tel autre rêve les
« commandements supérieurs de la garde nationale. Provins

« était pour ces merciers le paradis terrestre où ils voulaient
« retourner. Ils ne pensaient qu'à leur chère ville. Embellir leur
« petite maison de la place, y recevoir les bourgeois de Provins,
« se pavaner devant leurs compatriotes, tel était leur rêve!... »

Mais les œuvres de ces deux personnes en province exigent une explication aussi nécessaire que celle de leur existence à Paris, car elle ne sera pas moins funeste à Pierrette que les antécédents commerciaux de ses parents. La première année de leur installation fut consacrée aux arrangements si longtemps rêvés de leur maison. On obtenait d'eux les dépenses les plus grandes, en disant : Tel personnage considérable de la ville a fait ainsi. Ils voulurent ensuite s'introduire dans le cœur de la société, et ne purent y parvenir. Personne ne voulut accepter cette vilaine fille revêche et méchante, et son crétin de frère.

—Quand on reste merciers, et que l'on prend les *comtes de Champagne* pour des fournitures de vin, disait l'un, on reste chez soi...

— Leur salon a beau être rouge comme Mlle Sylvie quand elle perd une misère, reprenait un autre, il ne peut faire oublier les maîtres !

Et cent autres propos!...

Personne ne voulut donc aller chez les Rogron. Quatorze mois après leur installation, le frère et la sœur tombèrent dans une vie solitaire et sans occupations, car ils n'avaient aucune de ces passions qui distraient la vie des marchands retirés ; ils n'aimaient ni la chasse, ni les fleurs, ni la pêche, ni les livres : le temps les écrasait. En allant se coucher, ils disaient en bâillant : « Encore une journée de passée !... »

« Jérôme Denis se levait tard, s'habillait lentement, examinait
« sa figure en faisant sa barbe, entretenait sa sœur des change-
« ments qu'il croyait y apercevoir. Il avait des discussions avec
« la servante sur la température de l'eau qu'elle apportait; il
« allait au jardin, regardait quelles fleurs avaient poussé; il
« observait la menuiserie de sa maison : avait-elle joué? les pein-

« tures se fendillaient-elles ? Il revenait parler à Sylvie de ses
« craintes sur une poule malade, ou sur un endroit où l'humidité
« amenait des taches. Sa sœur faisait l'affairée, en mettant le
« couvert et tracassant la servante. Le baromètre occupait
« entièrement Jérôme Denis, il le consultait sans cause, le tapait
« familièrement comme un ami, puis disait : *Il fait vilain.* Le
« déjeuner durait longtemps ; ils le mangeaient en gens qui se
« savent du temps à perdre. Ils gagnaient midi par la lecture de
« *la Ruche* et du *Constitutionnel ;* et comme l'abonnement du
« journal parisien était en tiers avec l'avocat Vinet et le colonel
« Gouraud, deux libéraux mal vus à Provins et qui s'étaient
« attachés aux Rogron, sur lesquels ils avaient des vues, Jérôme
« Denis allait lui-même porter ce journal au colonel, qui logeait
« sur la place, dans la maison du chef de la première société.
« Les longs récits du colonel lui faisaient un plaisir énorme,
« quoiqu'il ne les comprît pas toujours, car il en était encore à
« se demander en quoi le colonel et l'avocat étaient dangereux,
« pourquoi ils étaient bannis de la première société ?... Vers deux
« heures, Jérôme Denis entreprenait une petite promenade,
« heureux quand un boutiquier sur le pas de sa porte l'arrêtait en
« lui disant : « Comment va, père Rogron ? » Il causait, en deman-
« dant les nouvelles de la ville, écoutait et colportait les commé-
« rages, les petits bruits de Provins. Il montait jusqu'à la haute
« ville, sans but, ou il allait dans les chemins creux, selon le
« temps. S'il rencontrait des vieillards en promenade comme lui,
« c'était d'heureux événements. Il fallait voir l'attitude de
« Rogron, écoutant M. Desfondrilles, savant archéologue, raison-
« nant avec le vieux M. Martener, ancien juge, sur les antiquités
« de Provins. Rentré chez lui, il se jetait sur un canapé, harassé
« de fatigue, mais éreinté seulement de son propre poids. Il
« gagnait péniblement l'heure du dîner en allant vingt fois du
« salon à la cuisine, regardant l'heure, ouvrant et fermant les
« portes. La soirée était un désert à traverser.

« Pendant que Jérôme accomplissait ses immuables prome-

« nades, Sylvie, arrivée à un amour immodéré pour ce mobilier
« et cette maison qui lui avaient coûté si cher, avait fini par
« aider Adèle à nettoyer les meubles, les brosser, les maintenir
« dans leur neuf. S'en servir sans les user, sans les tacher, sans
« égratigner les bois, sans effacer le vernis, tel était le problème !
« Cette occupation devint une manie de vieille fille. Enfin,
« elle arriva à frotter les parquets sans courir aucune chance de
« se blesser : elle était si forte !... Le regard de son œil bleu,
« froid et rigide comme de l'acier, se glissait jusque sous les
« meubles à tout moment : aussi, eussiez-vous plus facilement
« trouvé dans son cœur une corde sensible, qu'un mouton sous
« une bergère !... Rogron parla de se marier en désespoir de
« cause, car il se sentait vieilli et fatigué : une femme l'effrayait !
« Ce fut alors que Sylvie, reconnaissant l'utilité d'avoir un tiers
« au logis, se ressouvint de sa cousine Lorrain, et au lieu de la
« refuser, la fit venir, à l'aide de fallacieuses promesses faites à
« ses parents. Il s'agissait pour Pierrette d'un héritage de
« 12,000 fr. de rentes.

« Ils la firent venir, lorsque le colonel Gouraud, conseillé par
« l'avocat Vinet, pensait à épouser la vieille fille. Les vieux
« militaires ont contemplé tant d'horreurs sur les champs de
« bataille, qu'ils ne sont effrayés de quoi que ce soit. D'ailleurs,
« la cupidité était là !... Vinet, marié et peu riche, comptait sur
« Gouraud pour fonder, avec l'argent de Rogron, un journal à
« Provins, destiné à être une arme contre ses ennemis.

« —Nos projets vont mal !... Ils font venir la fille du major
« Lorrain, leur héritière, dit un jour Gouraud à Vinet.

« —Bah ! répondit celui-ci, qui ne pensait pas encore à marier
« sa parente avec Jérôme Denis, vous vous ferez donner sa
« fortune par testament.

« —Nous la verrons d'ailleurs, cette petite ! reprit Gouraud,
« d'un air qui fit comprendre à un homme de la trempe de Vinet,
« combien une jeune fille était peu de chose aux yeux du colonel. »

La lettre arriva à Nantes quand Pierrette, jeune et fière,

souffrait de vivre par charité dans cette espèce d'hospice où ses chers grands parents achevaient péniblement leurs jours, et où cependant elle était heureuse, car elle y était aimée. Brigaut accourait tous les dimanches à Saint-Jacques pour voir sa chère petite amie. Le fils du major Brigaut apprenait à Nantes l'état de menuisier. Déjà ces deux êtres charmants avaient brodé sur le voile de l'avenir leurs projets enfantins : l'apprenti menuisier, à cheval sur son rabot, faisait le tour du monde, amassait une petite fortune pour Pierrette, qui l'attendait...

La lettre des Rogron parut un tel bonheur pour elle, qu'on s'en réjouit tout en pleurant. Brigaut apporta 60 fr., le trésor de ses pourboires d'apprenti, amassés péniblement, et les offrit à Pierrette pour son voyage. Elle les accepta avec la sublime indifférence des amitiés vraies, indifférence qui révélait que, dans un cas semblable, elle se fût offensée d'un remerciment. Pierrette partit. Brigaut courut comme un chien après la voiture, pour regarder sa chère Pierrette le plus longtemps possible, malgré les défenses de la petite Bretonne ; quand il fut épuisé, il lui jeta un dernier regard mouillé de larmes, et Pierrette pleura aussi quand elle ne le vit plus !...

Elle arrive à Provins, où elle est reçue et traitée d'abord en cousine. Emprisonnée dans de belles toilettes, qui remplacent mal son joli costume breton, dans lequel elle courait si bien ; il faut qu'elle se tienne droite et qu'elle devienne savante à la manière de la vieille Sylvie : cette manière comprime toutes ses idées et ses grâces naïves ! Pierrette devient l'occupation incessante des deux Rogron. Ils périssaient, faute de victimes. Ils retrouvent pour elle tous ces tourments qu'ils faisaient souffrir jadis aux apprentis de leur magasin ; Pierrette devient entre leurs mains le pauvre insecte auquel de méchants enfants arrachent d'abord les ailes et les pattes, et qu'ils font ensuite mourir !...

En deux ans, Pierrette passe de l'état de cousine à l'état de servante. Ses avares parents veulent compenser les dépenses que cette enfant leur occasionne par les services qu'elle leur rendra ; Pierrette remplace donc la grosse Adèle, bonne fille qui l'aimait, et la gâtait encore quand ses cousins ne la gâtaient plus : et avec Adèle, disparait le seul visage ami qui souriait à la jeune fille. D'abord heureuse d'une transformation qui lui permet de s'acquitter et qui lui rend l'exercice dont elle avait besoin, elle sent bientôt que ses travaux dépassent ses forces. Elle devient malade. Tout le monde le voit, excepté ses cousins ; et quand elle se plaint de souffrir, et que Sylvie lui demande où elle souffre, la pauvre petite, qui ressent des douleurs générales, répond : *Partout.*

—A-t-on jamais vu souffrir partout ? Si tu souffrais partout, tu serais déjà morte, répond durement sa cousine.

—On souffre à la poitrine, reprenait Rogron, renchérissant toujours sur Sylvie ; on a mal aux dents, à la tête, aux pieds, au ventre ; mais on n'a jamais vu avoir mal partout. Qu'est-ce que c'est que cela, partout ? Avoir mal partout, c'est n'avoir mal *nune part*... Sais-tu ce que tu fais ? tu parles pour ne rien dire... tu te plains et tu as un appétit de moine. Quand on est malade, on ne mange pas.

Pierrette a donc tort de se plaindre, elle ne se plaint plus.

Les principes des Rogron étaient qu'il fallait élever les enfants à la dure pour leur faire de forts tempéraments. « Nous en sommes-nous plus mal portés, mon frère et moi ? » disait Sylvie au colonel Gouraud et à l'avocat Vinet, devenus les commensaux de la maison : ceux-ci les approuvaient toujours. Pierrette n'avait pas en eux des protecteurs. S'ils étaient tendres pour elle en secret, devant Sylvie, ils aggravaient les torts qu'on lui trouvait, plutôt que de la défendre...

Pierrette n'était plus que l'ombre d'elle-même quand Brigaut la retrouva. Il eut bientôt pris son parti, et vint s'établir chez un menuisier, à Provins, pour veiller sur Pierrette. Il cache son amour pour elle, ne commet aucune indiscrétion, et obtient de la femme du menuisier tous les renseignements qu'il lui faut sur les

Rogron. Pierrette est malheureuse! il le sait. Il la surprend au marché avec sa cousine, et frissonne en lui voyant au bras un panier trop lourd pour elle. Il la suit à l'église : Pierrette lui fait un signe mystérieux pour l'engager à rester bien caché, car sa situation s'est encore empirée depuis le chant du Breton sur la place!...

Ce chant a été attribué au colonel par Sylvie, devenue jalouse, et, par conséquent, brutale et stupide! Elle croit le colonel amoureux de Pierrette : il abandonnera alors ses projets matrimoniaux à l'égard de Sylvie!... Pierrette sera donc un obstacle à son mariage! Elle espionne la pauvre enfant, qui ne comprend rien à ses fureurs ni à ses injures; mais elle a une telle frayeur de sa bienfaitrice, qu'elle n'ose lui parler de son ami d'enfance. Brigaut, avec l'adresse que possèdent tous les amants, lui glisse au marché ce billet:

« Ma chère Pierrette, à minuit, à l'heure où chacun dort, je
« veillerai pour toi, je serai toutes les nuits au bas de ta fenêtre.
« Ecris-moi tout ce que tu auras à me dire, en attachant la lettre
« à une ficelle assez longue pour que je puisse l'atteindre; je te
« répondrai par le même moyen. J'ai su qu'ils t'avaient appris à
« lire et à écrire, ces misérables, qui devaient te faire tant de
« bien et qui te font tant de mal! Toi, Pierrette, fille d'un major
« mort pour la France, réduite par ces monstres à faire la cui-
« sine!... Voilà donc où sont allées tes jolies couleurs et ta belle
« santé! Qu'est devenue ma Pierrette? qu'en ont-ils fait? Je vois
« bien que tu es malade! Oh! Pierrette, retournons en Bretagne :
« je puis gagner de quoi te donner tout ce qui te manque; tu
« pourras avoir trois francs par jour, car j'en gagne quatre à
« cinq, et trente sous me suffisent. Ah! Pierrette, comme j'ai
« prié le bon Dieu pour toi, depuis que je t'ai revue! Je lui ai dit
« de me donner toutes les souffrances et de te donner tous les
« plaisirs. Ta grand'mère est plus que ces Rogron : pourquoi
« restes-tu là? ces Rogron sont venimeux, ils t'ont ôté ta gaîté.
« Tu ne marches plus à Provins comme tu te mouvais en

« Bretagne ! Enfin, je suis là pour te servir, pour faire tes com-
« mandements ; tu me diras ce que tu veux : si tu as besoin
« d'argent, j'ai à nous soixante écus..... »

Cette lettre émut tellement Pierrette, qu'elle resta une heure à la relire et à la regarder... Elle n'avait rien dans sa chambre pour écrire ; elle entreprit, avec des précautions inouïes, le périlleux voyage de sa chambre à la salle à manger, où elle pouvait trouver de l'encre, des plumes et du papier. Elle put accomplir ce voyage sans avoir réveillé sa terrible cousine. Voici ce qu'elle répondit :

« Mon ami, ah ! oui, mon ami, car il n'y a plus que toi et ma
« grand'mère qui m'aimiez !... Que Dieu me le pardonne, mais
« vous êtes aussi les seules personnes que j'aime, l'une comme
« l'autre, ni plus ni moins !... Je vous aime autant que je suis
« malheureuse : aussi, pour connaître combien je vous aime,
« faudrait-il que vous sachiez combien je souffre, et je ne le désire
« pas, cela vous ferait trop de peine. On me parle comme nous
« ne parlons pas aux chiens, on me traite comme la dernière des
« dernières ! Et j'ai beau m'examiner devant Dieu, je ne me
« trouve pas de fautes envers eux. Avant que tu ne me chantes
« le chant des mariés, je priais Dieu de me retirer de ce monde ;
« et comme je me sentais bien malade, je me disais : « C'est bon,
« il m'entend !... » Mais, puisque te voilà, je veux nous en aller en
« Bretagne, retrouver ma grand'maman, qui m'aime !... Je n'ai
« pas voulu troubler ses derniers jours, à cette bonne sainte
« femme, par le récit de mes tourments : elle serait pour en
« mourir !... Un jour que j'ai voulu m'enfuir, par trop de mal,
« et que je le lui ai dit, ma cousine Sylvie m'a répondu que la
« gendarmerie courrait après moi : il paraît que mon cousin est
« mon tuteur, et que je leur appartiens... Ah ! Brigaut, les
« cousins ne remplacent pas un père et une mère !... Que veux-
« tu, mon bon Jacques, que je fasse de ton argent ? Garde-le
« pour notre voyage en Bretagne ! Oh ! comme je pensais à toi, et à
« Pen-Hoël, et au grand étang : c'est là que nous avons mangé notre
« pain blanc en premier, car il me semble que je vais si mal !...

« Je suis bien malade, Jacques; j'ai dans les os, dans le dos, des
« douleurs à crier, puis je ne sais quoi aux reins qui me tue; je
« n'ai d'appétit que pour de vilaines choses : des racines, des
« feuilles; j'aime à sentir l'odeur des papiers imprimés : il y a
« des moments où je pleurerais si j'étais seule; mais on ne me
« laisse rien faire à ma guise, et je n'ai même pas la liberté de
« pleurer ! C'est Dieu qui t'a donné la bonne pensée de venir ici
« et de me chanter le chant des mariés. Ma cousine t'a entendu;
« elle m'a dit que j'avais un amant. Si tu veux être mon amant,
« aime-moi bien ; je te promets de t'aimer toujours comme par
« le passé. »

Brigaut, aussitôt qu'il eut reçu cette lettre, écrivit à la grand'-mère de Pierrette : « Madame Lorrain, votre petite-fille va
« mourir, accablée de mauvais traitements, si vous ne venez
« aussitôt la reprendre. J'ai eu peine à la reconnaître, et pour
« vous mettre à même de juger les choses, voici la lettre de
« Pierrette que je vous envoie : venez vite!... Plus tard, vous
« trouveriez Pierrette morte. »

Hélas! quand la grand'mère Lorrain vint enlever sa petite-fille aux Rogron, il était trop tard! Pierrette était mourante!...

Transportée chez le menuisier, d'abord, puis chez le notaire Auffray, son subrogé-tuteur, aucuns soins ne purent la sauver... Et cependant ils allaient être heureux : la grand'mère venait de faire un héritage!...

« —Maintenant que je n'ai plus à supporter que les souffrances
« envoyées par le Seigneur, disait Pierrette, j'y puis suffire, car
« je trouve dans le bonheur d'être aimée la force qu'il me faut!..
« Mon agonie m'aura donné plus de bonheur que mes trois
« dernières années ! »

Ce fut la seule fois qu'elle fit allusion à son martyre chez les Rogron, desquels elle ne parlait jamais !...

Ah! comme elle aurait su aimer, cette douce Pierrette !

« —Grand'mère, dit-elle la veille de sa mort, laisse ton bien
« à Brigaut (Brigaut fondait en larmes) et donne de l'argent à

« cette bonne Adèle, qui me bassinait mon lit en cachette ; si elle
« était restée chez mes cousins, je vivrais !... »

Ce fut à trois heures, le mardi de Pâques, que ce petit ange cessa de vivre. Son héroïque grand'mère, qui dévorait ses larmes et qui avait eu toujours des sourires pour la mourante, voulut garder avec les prêtres sa petite-fille morte, et de ses mains raidies par la vieillesse et le désespoir, elle la mit dans le linceul.

Vers le soir, Brigaut quitta la maison Auffray et descendit chez Frappier.

« —Je n'ai pas besoin de te demander des nouvelles, mon
« pauvre garçon ?... »

« —Père Frappier, tout est fini pour elle, mais pas pour moi !... »

L'ouvrier jeta sur tout le bois de la boutique des regards à la fois sombres et perspicaces.

« Je te comprends, Brigaut, dit le bonhomme Frappier. Tiens,
« voilà ce qu'il te faut ! »

« Et il lui montra des planches de chêne de deux pouces.

« —Ne m'aidez pas, monsieur Frappier, reprit le Breton ;
« je veux faire tout moi-même. »

Il passa la nuit à faire la bière de Pierrette.

Au jour, il alla chercher le plomb nécessaire pour la doubler ; par un hasard extraordinaire, les feuilles de plomb coûtèrent exactement la même somme qu'il avait donnée à Pierrette pour faire ce fatal voyage, où elle allait chercher la mort !... Le courageux Breton, qui avait résisté à l'horrible douleur de faire la bière de sa chère compagne d'enfance, défaillit à ce rapprochement... Il ne put emporter le plomb : on le lui envoya. Il brûla les outils qui lui avaient servi, fit ses comptes avec Frappier, et lui dit adieu.

Brigaut devint soldat, et ne trouva pas la mort qu'il cherchait. S'il se consola, il n'oublia sans doute jamais Pierrette !

MODESTE MIGNON

« Âgée de vingt ans, svelte et fière autant qu'une de
« ces sirènes inventées par les dessinateurs an-
« glais, Modeste Mignon offre une élégante ex-
« pression de cette grâce peu comprise en France,
« où nous l'appelons *sensiblerie*, et qui, chez les
« Allemandes, est la poésie du cœur arrivée à la
« surface de l'être, et s'épanchant en minauderies
« chez les sottes, en divines manières chez les
« filles spirituelles. Remarquable par sa chevelure
« or pâle, elle appartient à ce genre de femmes
« nommées, sans doute en mémoire d'Ève, les
« *blondes célestes*. Sous ses cheveux, légers comme
« des marabouts et bouclés à l'anglaise, le front pur
« de Modeste reste discret et calme jusqu'à la placidité, quoique
« lumineux de pensée. Les yeux, d'un bleu tirant sur le gris,
« limpides comme des yeux d'enfant, en montrent toute la
« malice et toute l'innocence. La figure, de l'ovale si souvent
« trouvé par Raphaël pour ses madones, se distingue par la
« couleur sobre et virginale des pommettes, aussi douce que la
« rose du Bengale, et sur laquelle les longs cils d'une paupière

« diaphane jettent des ombres mélangées de lumière. Le col,
« presque frêle et d'un blanc de lait, rappelle ces lignes
« fuyantes, aimées de Léonard de Vinci. Quoique fines et grasses
« tout-à-la-fois, ses lèvres un peu moqueuses expriment la
« volupté. A l'aspect de cette physionomie vaporeuse et intelli-
« gente, où la finesse d'un nez grec à méplats fermement coupés
« jetait je ne sais quoi de positif, où la poésie qui régnait sur le
« front presque mystique était quasi démentie par la voluptueuse
« expression de la bouche, où la candeur le disputait à la moquerie
« la plus instruite, un observateur aurait pensé que cette jeune
« fille à l'oreille alerte et fière, que tout bruit éveillait, devait
« être le théâtre d'un combat entre les poésies qui se jouent
« autour de tous les levers de soleil et les labeurs de la journée,
« entre la fantaisie et la réalité. »

Modeste était la jeune fille curieuse et pudique, la vierge de Murillo plutôt que celle de Raphaël.

Son père, armateur au Hâvre, expatrié, après un grand désastre, pour refaire sa fortune, avait confié sa fille à son ami Dumay, vieux militaire, échappé comme lui de la Russie, et sur lequel il avait le droit de compter. Modeste, dans l'habitation de son fidèle gardien, à côté de sa mère aveugle, au milieu des plus prosaïques relations, vivait, malgré son existence à mouvements réguliers comme ceux d'une horloge, de la vie la plus orageuse, la vie par les idées !... la vie du monde spirituel !... Quelle jeune fille, placée dans un pareil milieu, ne se serait plu comme elle à creuser les souterrains de la fantaisie !...

Deux événements avaient à jamais formé l'âme et développé l'intelligence de Modeste Mignon. Fiancée, avant le désastre de son père, à un riche banquier, celui-ci l'abandonna si bien, quand ce désastre eut lieu, qu'elle n'entendit plus parler de lui. L'autre événement fut la mort de sa sœur, enlevée, séduite, puis délaissée, qui revint mourir dans ses bras, en lui disant : « Ne donne pas ton cœur sans ta main !... »

Pour ne plus entendre les farouches sottises de l'envie qui

s'attachait encore à son passé et survivait à sa fortune perdue, Modeste, qui parlait l'anglais, l'allemand et le français, donna pour pâture à son âme les chefs-d'œuvre de ces trois littératures :
« La pensée de trois pays meubla d'images confuses cette tête
« sublime de naïveté froide, de virginité contenue, d'où s'élança
« une admiration absolue pour le génie. »

« Le dédain profond que Modeste conçut alors de tous les
« hommes ordinaires imprima bientôt à sa figure je ne sais quoi
« de fier et de sauvage, qui tempéra sa naïveté germanique. La
« voix de cette charmante enfant, que son père appelait jadis sa
« *petite Babouche de Salomon*, à cause de son esprit, avait gagné
« la plus précieuse flexibilité à l'étude de ces trois langues. Cet
« avantage est encore rehaussé par un timbre à-la-fois suave et
« frais, qui frappe autant le cœur que l'oreille. A la période
« affamée de ses lectures, succéda chez Modeste le jeu de cette
« étrange faculté donnée aux imaginations vives, de se faire
« acteur dans une vie arrangée comme dans les rêves ; de se
« représenter les choses désirées avec une impression si mordante,
« qu'elle touche à la réalité, de dévorer tout, jusqu'aux années.
« Modeste jouait la comédie de l'amour. Elle se supposait adorée,
« à ses souhaits, en passant par toutes les phases sociales. Elle
« était tantôt courtisane comme Ninon, se moquant des hommes
« au milieu des fêtes continuelles ; tantôt une actrice applaudie,
« épuisant les triomphes de Pasta, de Malibran ; devenue ensuite
« l'héroïne d'un roman noir, elle aimait le bourreau; elle était
« mariée à un homme montant sur l'échafaud pour crime poli-
« tique ou autre, et mourait de douleur en le pleurant le plus
« tendrement du monde. Revenue à la vie réelle, elle mangeait
« le pain bis d'une existence honnête, supportait les soucis d'une
« fortune à faire, était sublimée de dévouement et de courage.
« Puis, reprenant les romans, on l'aimait pour sa beauté. Le fils
« d'un pair de France, jeune homme excentrique, artiste, devi-
« nait son cœur et reconnaissait sur son front l'étoile du génie !...
« Enfin, son père revenait riche à millions ; autorisée par l'expé-

« rience, elle soumettait alors ses amants à des épreuves où elle
« gardait son indépendance; elle possédait tout ce que le luxe
« a de plus séduisant : châteaux, équipages, et mystifiait ses
« prétendus jusqu'à ce qu'elle eût enfin reconnu un noble cœur!...

« Cette édition des *Mille et une Nuits*, tirée à un exemplaire,
« dura près d'une année, et fit connaître à Modeste la satiété par
« la pensée; elle tint trop souvent la vie dans le creux de la
« main, et se dit souvent avec trop d'amertume et de sérieux :
« *Eh bien! après?* pour ne pas se plonger jusqu'à la ceinture en
« ce profond dégoût dans lequel tombent les hommes de génie,
« et dont ils se retirent en se jetant dans les immenses travaux
« de l'œuvre à laquelle ils se vouent!...

« N'était sa riche nature et sa jeunesse, Modeste serait allée
« dans un cloître. Cette satiété jeta cette fille, encore trempée de
« la grâce catholique, dans l'amour du bien, dans l'infini du
« ciel; elle conçut la charité comme occupation de la vie... Puis,
« des pleurs la gagnaient, quand elle s'asseyait en Marius sur les
« ruines de ses fantaisies!...

« Le fond d'or sur lequel se détachèrent les figures de ses
« rêves était moins riche que son cœur plein des délicatesses de
« la femme; sa pensée dominante était de rendre heureux et
« riche un Tasse, un Milton, un Jean-Jacques, un Christophe
« Colomb... Modeste avait soif des souffrances innommées, des
« grandes douleurs de la pensée. Elle calmait la féroce misan-
« thropie d'un Jean-Jacques; elle devinait Byron et ses doutes, et
« en faisait un catholique. Modeste reprochait la mélancolie de
« Molière à toutes les femmes du dix-septième siècle.

« Comment n'accourt-il pas vers chaque homme de génie une
« femme aimante et belle, qui se fasse son esclave comme Lara,
« le page mystérieux, se disait-elle?... L'histoire de Sterne et
« d'Élisa Draper fit sa vie et son bonheur pendant quelques
« mois; devenue l'héroïne d'un roman pareil, elle étudia le rôle
« sublime d'Élisa; et l'admirable sensibilité si gracieusement
« exprimée dans cette correspondance mouilla ses yeux de

« larmes qui manquèrent, dit-on, dans les yeux du plus spirituel
« des auteurs anglais.

« De cette troisième période d'idées naquit chez Modeste un
« violent désir de pénétrer au cœur de ces existences anormales,
« de connaître les ressorts de la pensée, les malheurs intimes du
« génie, et ce qu'il est, et ce qu'il veut... Voici le subit et niais
« hasard qui décida de la vie de cette jeune fille. Elle vit à l'éta-
« lage d'un libraire la lithographie d'un de ses poëtes favoris,
« de Canalis ; elle l'achète, s'assure la coopération d'une servante
« dévouée, et écrit à l'éditeur des poésies de Canalis une lettre
« polie, par laquelle elle lui demandait, dans l'intérêt du grand
« poëte, si Canalis était marié. La réponse fut faite entre cinq ou
« six journalistes... Cette réponse pleine de plaisanteries tomba
« comme un pavé sur une tulipe ; mais Modeste, reprenant ses
« impressions, eut confiance en l'âme du poëte, confiance en cette
« physionomie aussi ravissante que celle de Bernardin-de-Saint-
« Pierre : donc, elle n'écouta pas le libraire, et s'adressa au poëte
« lui-même.

« Déjà bien des fois, Monsieur, j'ai voulu vous écrire, et
« pourquoi? Vous le devinez... Pour vous dire combien j'aime
« votre talent. Oui, je veux vous exprimer l'admiration d'une
« pauvre fille de province dont tout le bonheur est de lire vos
« poésies. De René, je suis venue à vous. La mélancolie conduit
« à la rêverie. Combien d'autres femmes ne vous ont-elles pas
« envoyé leurs pensées secrètes ! Quelle est ma chance d'être
« distinguée dans cette foule? Qu'est-ce que ce papier plein de
« mon âme aura de plus que toutes les lettres parfumées qui vous
« harcèlent? Je me présente avec plus d'ennuis que toute autre :
« je veux rester inconnue, et demande une confiance entière
« comme si vous me connaissiez depuis longtemps.

« Répondez-moi, soyez bon pour moi. Je ne prends pas l'enga-
« gement de me faire connaître un jour ; cependant, je ne dis pas
« absolument non.

« Que puis-je ajouter à cette lettre ? Voyez-y, Monsieur, un
« grand effort, et permettez-moi de vous tendre la main. Oh !
« une main bien amie, celle de votre servante.

« O. d'Este. M.

« Si vous me faites la grâce de me répondre, adressez, je vous
« prie, votre lettre à M. F. Cochet, poste restante, au Hâvre. »

« Toutes les jeunes filles romanesques peuvent imaginer dans
« quelle impatience vécut Modeste pendant quelques jours. Elle
« ne sentit pas son corps, elle plana dans la nature, elle suivit
« sa petite feuille de papier dans l'espace, et se sentit heureuse,
« comme on est heureuse à vingt ans du premier exercice de son
« vouloir... Elle se figura l'appartement, le cabinet du poëte ; elle
« le vit décachetant sa lettre, et fit des suppositions par myriades.

« Mais, comme il arrive souvent, le poëte était en désaccord
« avec sa pensée : c'était un petit ambitieux, serré dans son frac,
« à tournure de diplomate, rêvant une influence politique, aris-
« tocrate musqué, prétentieux, ayant soif d'une fortune afin de
« posséder la rente nécessaire à son ambition, déjà gâté par le
« succès sous sa double forme : la couronne de lauriers et la
« couronne de myrte. »

Canalis donna la lettre à son secrétaire, jeune homme doux,
au cœur presque pudique et rempli de bons sentiments.

« — Écris pour moi, signe, et va jusqu'au bout de l'aventure. »

Ernest de la Brière répond donc à Modeste, et après les remercîments les plus charmants sur cet hommage, si flatteur au poëte,
disait-on, qu'il est la plus grande récompense de ses travaux,
la lettre est pleine d'avis paternels au travers desquels perce la
curiosité.

« La plus belle palme d'une jeune fille, dit-il, est une vie
« sainte, pure, irréprochable. Êtes-vous seule au monde ? tout
« est dit. Si vous avez un père, une mère, songez à tous les cha-
« grins qui peuvent suivre une lettre comme la vôtre à un poëte
« que vous ne connaissez pas personnellement. Tous les écrivains

« ne sont pas des anges : il en est de légers, de fats, d'étourdis,
« d'ambitieux, de débauchés ; et quelque imposante que soit l'in-
« nocence, quelque chevaleresque que soit le poëte français à
« Paris, vous pourriez trouver plus d'un ménestrel dégénéré, prêt
« à cultiver votre affection pour la tromper... Que gagnerez-vous,
« vous, jeune fille, élevée à devenir une sage mère de famille,
« en vous initiant aux agitations terribles du poëte dans cette
« affreuse capitale, qui ne peut se définir que par ces mots : *Un*
« *enfer qu'on aime?* Si c'est le désir d'animer votre monotone
« existence qui vous a mis la plume à la main, cela ne ressemble-
« t-il pas à une dépravation? Quel sens prêter à votre lettre? êtes-
« vous affligée de laideur? Vous sentez-vous une belle âme
« sans confident? Triste conclusion! Vous avez fait trop ou trop
« peu, etc. »

—Ah! voilà le poëte! se dit Modeste Mignon, se sentant piquée au vif, et jetant la lettre, la rougeur au front.

Elle finit néanmoins par entendre la voix du monde réel, et dit avec découragement :

—Il a raison, j'ai tort!... Mais comment croire qu'on trouvera sous la robe étoilée du poëte un vieillard de Molière?

Cette enfant si pure, dont la tête était égarée par des lectures romanesques, se décida néanmoins à répondre à l'inconnu, et allant droit à sa table, elle écrivit cette lettre dictée par l'infernal esprit de vengeance qui se trouve souvent au fond du cœur d'une jeune fille :

« Monsieur, vous êtes certainement un grand poëte ; mais vous
« êtes quelque chose de plus : vous êtes un honnête homme.

« Après avoir eu tant de loyale franchise avec une jeune fille qui
« côtoyait un abîme, en aurez-vous assez pour répondre, sans la
« moindre hypocrisie, sans aucun détour, à la question que voici :

« Auriez-vous écrit la lettre que je tiens, en réponse à la mienne?
« vos idées, votre langage auraient-ils été les mêmes, si quel-
« qu'un vous eût dit à l'oreille ce qui peut se trouver vrai :

« Mlle O. d'Este M. a des millions, et ne veut pas d'un sot
« pour maître.

« Admettez pour certaine, et pendant un moment, cette sup-
« position. Soyez avec moi comme avec vous-même ; ne craignez
« rien, je suis plus grande que mes vingt ans ; rien de ce qui sera
« franc ne pourra vous nuire dans mon esprit.

« Quand j'aurai lu votre confidence, si toutefois vous daignez me
« la faire, vous recevrez alors une réponse à votre première lettre.

« Après avoir admiré votre talent si souvent sublime, permet-
« tez-moi de rendre hommage à votre probité, qui me force à
« me dire toujours votre servante

« O. D'ESTE M. »

Ernest de la Brière répondit en substance :

« Non, mademoiselle, ma réponse n'eût pas été la même, si
« j'avais su que vous aviez en dot des millions. Quoique la morale
« soit une, ses obligations varient suivant les sphères. Une d'Este
« millionnaire peut mettre un chapeau à grands bords et à
« plumes, brandir sa cravache, presser les flancs d'un barbe et
« venir, amazone brodée, suivie d'un laquais, dire à un poëte :
« J'aime la poésie, et je veux expier les torts d'Éléonore envers
« le Tasse ; tandis qu'une fille née dans une condition obscure
« se couvrirait de ridicule en l'imitant. N'ayant pas l'honneur de
« vous connaître, je ne veux pas vous offrir des hommages vul-
« gaires ; c'est peut-être déjà une malice que d'embarrasser un
« homme qui publie des livres. »

Nous ne suivrons pas davantage cette correspondance, qui, de
fine, d'agressive et de spirituelle qu'elle était d'abord, amena
l'entente parfaite de deux nobles âmes.

Modeste Mignon voulut bientôt voir celui dont elle connaissait
toutes les pensées. Le poëte viendra au Havre, à l'église, à un jour
donné ; il aura une rose blanche à sa boutonnière. Voilà bien la
jeune fille romanesque, courant dans l'intrigue qu'elle a inventée,
sans en comprendre les conséquences. Elle se cache, elle se dé-
guise ; car si elle veut voir, elle ne veut pas être vue !

En rentrant au Châlet, elle apprend que son père est de retour en France avec une fortune considérable.

— O mon père ! dit-elle, tu m'auras donné deux fois la vie !.....

Sa mère, seule, quoique aveugle, avait deviné Modeste :
« Ma fille est heureuse, disait-elle la veille du jour où cette nou-
« velle arriva et où elle devait voir son poëte aimé, le dieu de
« ses rêves!... Son bonheur se trahit par les notes de sa voix,
« par des accents que je saisis, que j'explique... Ma fille aime,
« je le sais par les idées qu'elle exprime, par le baiser qu'elle me
« donne : il y a bien des nuances dans les baisers donnés à une
« mère, même par une jeune fille innocente!...

« —Écoutez, disait-elle à ses amis le matin même du jour où
« Modeste allait à l'église, il n'y a qu'une jeune fille amoureuse
« qui puisse composer de pareilles mélodies!... »

Mais le moment était venu pour le jeune secrétaire de jeter le masque de l'incognito, et de paraître sous son vrai nom. Il a découvert celui de sa mystérieuse correspondante. Il apprend l'arrivée du père de Modeste Mignon à Paris; il va le voir, il lui confie ces amours romanesques, et lui remet la correspondance pseudonyme que le colonel exige impérieusement.

Le lendemain de son retour au Havre, le père de Modeste se promène avec sa fille au bord de la mer, et lui révèle toute la vérité.

La pauvre Modeste, pâle, les yeux attachés sur la mer, fut atteinte comme d'une flèche quand elle sut que ce n'était pas le poëte qu'elle avait vu, mais bien un de ces hommes ordinaires, à vertus positives, d'une moralité sûre et qui plaisent aux parents.

—Trompée! dit-elle enfin.....

Et quand son père voulut la consoler, elle refusa les consolations. Elle était tombée, de cette Alpe où elle avait cru voler jusqu'au nid de l'aigle, sur la route unie, plate, bordée de fossés et de labours, la route de la vulgarité!...

La Modeste qui revint au Châlet ne ressemblait plus à celle qui en était sortie deux heures auparavant. Comme toutes les filles à caractère extrême, elle but quelques gorgées de trop à la coupe du désenchantement; conduite par une morne tristesse, elle marcha dans les plaines arides du réel. Elle offrit le spectacle d'une mélancolie morbide; elle ne chantait plus; on ne pouvait la faire sourire : elle effraya ses parents et ses amis.

Son père lui avait prouvé qu'elle s'était compromise en écrivant des lettres extravagantes, et il l'obligea, pour punition de son inconséquence, à recevoir à la fois M. de La Brière et le baron de Canalis.

L'annonce de l'arrivée de ses deux prétendants ne rendit pas Modeste moins triste : la confusion la dominait encore; elle trouvait son père bien cruel de la forcer à voir un homme indigne d'elle, un être vulgaire vers qui son âme avait volé presque à nu!

Son caractère subit une transformation. Cette catastrophe (et c'en fut une grande chez une nature aussi poétique) éveilla la perspicacité et la malice latente chez Modeste, en qui ses prétendus allaient rencontrer désormais un terrible adversaire. En effet, quand, chez une jeune fille, le cœur se refroidit, sa tête devient saine, et elle observe tout avec une certaine rapidité de jugement. Modeste se promit de se venger du faux Canalis en aimant le poëte.

Un troisième prétendant se met sur les rangs : le duc d'Hérouville. Modeste, dans les circonstances où elle se trouve, comprend combien la recherche du duc d'Hérouville est importante pour n'être à la merci d'aucun Canalis.

Charmée d'abord par le poëte, Modeste s'étonne d'écouter peu à peu sans enthousiasme et sans ravissement ses froides improvisations, revêtues d'expressions sonores, mais composées de lieux communs. A mesure que l'on avance et que se développent les caractères des acteurs principaux, on voit le jour poindre dans l'esprit de Modeste; et l'on comprend que, même sans le dégoût que lui inspire la conduite de Canalis, qui se retire en soupçonnant la dot moins considérable qu'on ne l'avait annoncée, le seul amour vrai l'emporterait dans son cœur. Mais elle veut savourer les douceurs de la vengeance et sait le remède aux blessures qu'elle peut faire : elle traite donc d'abord Ernest de La Brière avec une hauteur dédaigneuse, sans paraître touchée de sa passion profonde ; mais elle écrase le baron de Canalis de son mépris, refuse le duc d'Hérouville et choisit..... Ernest de La Brière.

Chacun dit avec Butscha, un des plus remarquables satellites de cette brillante planète : « Il n'y a que moi qui sache tout
« ce qu'il y a de noblesse, de fierté, de dévouement, de grâce
« imprévue, de gaîté, d'instruction et de finesse dans l'âme,
« dans le cœur et dans l'esprit de cette adorable créature ! »

LES FILLES DU PÈRE GORIOT

« Parmi les dix-huit convives qui se trouvaient,
« en 1819, rue Neuve-Sainte-Geneviève, dans la
« pension bourgeoise de Mme Vauquer, il se rencon-
« trait comme dans les colléges, comme dans le monde,
« une pauvre créature rebutée, un souffre-douleurs,
« sur qui pleuvaient les plaisanteries. Ce *patiras*
« était *le père Goriot*, sur la tête duquel un peintre
« aurait, comme le narrateur de cette histoire, fait
« tomber toute la lumière du tableau. Par quel
« hasard ce mépris à demi haineux, cette persécution
« mélangée de pitié, ce non-respect de la vieillesse
« frappait-il le plus ancien pensionnaire de la maison
« Vauquer?... Y avait-il donné lieu par quelques-
« uns de ces ridicules, de ces bizarreries qu'on pardonne
« moins qu'on ne pardonne des vices?... Ces questions
« tiennent de près à bien des injustices sociales!... Peut-
« être est-il dans la nature humaine de tout faire suppor-
« ter à qui souffre tout par humilité vraie, par faiblesse,
« ou par indifférence. N'aimons-nous pas tous à prouver

« notre force aux dépens de quelqu'un ou de quelque chose?...

« Le père Goriot, vieillard de soixante-dix ans, s'était retiré
« chez Mme Vauquer en 1813, et il avait pris l'appartement le
« plus beau de la maison. Il donna les douze cents francs
« que Mme Vauquer demanda, en homme pour qui cinq louis de
« plus ou de moins n'étaient qu'une bagatelle. M. Goriot vint
« muni d'un trousseau magnifique ; Mme Vauquer admira la
« finesse de ses chemises, sur lesquelles brillaient deux épingles
« montées chacune d'un gros diamant réunies par une chaînette.
« Habituellement vêtu d'un habit bleu-barbeau, il prenait
« chaque jour un beau gilet de piqué blanc, sous lequel un ventre
« proéminent faisait rebondir une lourde chaîne d'or garnie
« de breloques. Sa tabatière, également en or, contenait un
« médaillon orné de cheveux blonds et bruns, qui le rendait, en
« apparence, coupable de quelques bonnes fortunes ; et lorsque son
« hôtesse l'accusait d'être un *galantin*, il laissait errer sur ses lèvres
« le gai sourire du bourgeois dont on a flatté le *dada*. Ses *ormoires*
« (il prononçait ce mot à la manière du bas peuple) étaient rem-
« plies d'une magnifique argenterie de ménage. Les yeux de la
« veuve Vauquer s'allumèrent, quand elle l'aida complaisamment
« à ranger toutes ses richesses, dont il ne voulait pas se défaire :
« ces cadeaux lui rappelaient les solennités de sa vie domestique.

« — Ceci, dit-il, en serrant un plat et une écuelle de
« vermeil ornée de deux tourterelles se béquetant, est le pré-
« sent que me fit ma femme le jour du premier anniversaire
« de notre mariage ; elle y avait consacré toutes ses économies
« de demoiselle : j'aimerais mieux gratter la terre avec mes
« ongles que de me séparer de cela ; mais, Dieu merci, j'ai sur la
« planche du pain de cuit pour longtemps!... »

Mme Vauquer avait encore vu, de son œil de pie, quelques inscriptions sur le Grand-Livre, qui pouvaient composer à cet excellent M. Goriot un revenu de huit à dix mille francs : aussi, lui trouvait-elle l'air agréable et comme il faut, et conçut-elle des espérances qui n'amenèrent que des déceptions, et jetèrent la veuve , de l'engouement, dans l'aversion. Mais cette aversion fut contenue dans de justes bornes, tant que M. Goriot paya douze cents francs de pension.

« Pendant la première année, M. Goriot avait dîné dehors une
« ou deux fois par semaine ; insensiblement, il en était arrivé à
« ne dîner en ville que deux fois par mois. A la fin de la deuxième
« année, M. Goriot demanda à Mme Vauquer de passer au
« deuxième étage, et de réduire sa pension à neuf cents francs.
« Il ne fit plus de feu chez lui pendant l'hiver. La veuve voulut
« être payée d'avance ; à quoi consentit M. Goriot, que, dès-lors,
« elle appela le *père Goriot*. Ce fut à qui devinerait les causes de
« cette décadence ; mais le vieillard était un sournois, un taci-
« turne, qui ne disait jamais rien de ses affaires. On ne tarissait
« pas sur les conjectures ; on faisait de cet homme tout ce que le
« vice, la honte, l'impuissance, engendrent de plus mystérieux ;
« seulement, quelque ignobles que fussent sa conduite ou ses
« vices, l'aversion qu'il inspirait n'allait pas jusqu'à le faire
« bannir : *il payait sa pension.....* Mais si dans le salon de
« Mme Vauquer on s'occupait du père Goriot, à la porte de la
« maison l'indifférence remplaçait la curiosité.

« Pendant le temps de sa splendeur, on avait surpris de jolies
« femmes entrant furtivement chez M. Goriot. Un jour, la grosse
« Sylvie, la servante de la maison, le suivit au moment où il
« reconduisait une d'elles.

« —Madame, dit-elle en rentrant à sa maîtresse, il faut que M. Go-
« riot soit diantrement riche pour les mettre sur ce train-là. Elle est
« montée, sur la place de l'Estrapade, dans un superbe équipage !

« Pendant le dîner, Mme Vauquer alla tirer un rideau pour
« empêcher que M. Goriot ne fût incommodé par le soleil dont
« un rayon lui tombait sur les yeux.

« —Vous êtes aimé des belles, le soleil vous cherche ! lui dit-
« elle, en faisant allusion à la visite qu'il avait reçue le matin.
« Peste ! vous avez bon goût ; elle était bien jolie !...

« —C'était ma fille ! répondit M. Goriot avec une sorte d'or-

7

« gueil, dans lequel les pensionnaires voulurent voir la fatuité d'un
« vieillard qui garde les apparences. »

Un mois après cette visite, où elle était venue en toilette du matin, la fille de M. Goriot vint, après le dîner, en grande toilette de soirée.

—*Et de deux!* dit la grosse Sylvie, qui ne la reconnut pas.

Les pensionnaires, occupés à causer dans le salon, purent voir en elle une jolie blonde, mince de taille, gracieuse, et beaucoup trop distinguée, selon eux, pour être la fille de ce pensionnaire de Mme Vauquer.

Quelques jours après, une autre dame, grande et bien faite, brune, à l'œil vif, demanda M. Goriot.

—*Et de trois!* dit Sylvie.

Cette seconde fille, qui, la première fois, était venue voir son père le matin, revint, quelque temps après, le soir, en toilette de bal et en voiture.

—*Et de quatre!* dirent Mme Vauquer et Sylvie.

Mais comme tout ceci se passait pendant que M. Goriot payait encore douze cents francs de pension, Mme Vauquer ne se formalisa pas de ces quatre maîtresses, et trouva même le vieillard très-adroit de les faire passer pour ses filles.

Quand son pensionnaire tomba dans les neuf cents francs, elle lui demanda fort insolemment, en voyant descendre une de ces dames, ce qu'il comptait faire de sa maison?...

Le père Goriot lui répondit que cette dame était sa fille aînée.

—Vous en avez donc trente-six, des filles? répondit aigrement Mme Vauquer.

—Je n'en ai que deux! répliqua-t-il, avec la douceur d'un homme ruiné, qui arrive à toutes les docilités de la misère.

« Vers la fin de la troisième année, le père Goriot réduisit
« encore ses dépenses, et monta au troisième étage, en se mettant
« à quarante-cinq francs de pension par mois. Il acheta du gros
« calicot pour remplacer son beau linge; ses diamants, sa taba-
« tière d'or, sa chaîne, ses bijoux, disparurent un à un; il se

« passa de tabac comme il se passait de feu, et quitta son beau
« costume pour une redingote de drap grossier, qu'il portait été
« comme hiver ; il devint progressivement maigre ; sa figure,
« épanouie d'abord par le contentement d'un bonheur bourgeois,
« se rida démesurément; son front se plissa; sa mâchoire se dessina.

« Durant la quatrième année de son établissement rue Neuve-
« Sainte-Geneviève, il ne se ressemblait plus. M. Goriot, cet
« homme distingué, selon Mme Vauquer, et qui ne paraissait pas
« quarante ans, ce bourgeois gros et gras, dont la tenue égril-
« larde réjouissait les passants, qui avait quelque chose de jeune
« dans le sourire, semblait être un septuagénaire hébété, vacil-
« lant et blafard; ses yeux bleus, si vivaces, avaient pris des
« teintes ternes et gris de fer : ils avaient pâli, et leur bordure
« rouge semblait pleurer du sang. Aux uns, il faisait horreur;
« aux autres, il faisait pitié. Bianchon et les autres jeunes étu-
« diants en médecine, pensionnaires de Mme Vauquer, ayant re-
« marqué l'abaissement de sa lèvre inférieure et mesuré son
« angle facial, le déclarèrent atteint de crétinisme, après l'avoir
« longtemps houspillé sans en rien tirer.

« Un soir, après le dîner, Mme Vauquer lui ayant dit en manière
« de raillerie :

«—Eh bien! elles ne viennent donc plus vous voir, vos filles?...

« Le père Goriot tressaillit comme si son hôtesse l'eût piqué
« avec un fer rouge en mettant en doute sa paternité.

«—Elles viennent quelquefois, répondit-il d'une voix émue.

«—Ah! vous les voyez encore quelquefois, père Goriot?
« Bravo! crièrent les étudiants!... »

Tout ceci se passait de 1813 à 1819. Vers la fin de cette année, époque à laquelle se dénoue ce drame, chacun dans la pension avait des idées bien arrêtées sur le pauvre vieillard : il n'avait jamais eu ni femme ni filles, et l'abus des plaisirs en faisait un colimaçon, un mollusque anthropomorphe.

L'étudiant en droit, Eugène de Rastignac, qui occupait une chambre à côté de celle du père Goriot, et qui s'asseyait près de lui à table, aperçut, une nuit, en rentrant fort tard d'un bal, de la lumière chez son voisin; le croyant malade, il applique son œil à la serrure, et voit le vieillard occupé à tordre avec une corde un plat et une écuelle de vermeil; il regardait tristement son ouvrage et pleurait...

—Pauvre enfant! dit-il tout haut avec un soupir, en soufflant la lumière.

Le lendemain matin, Vautrin, autre pensionnaire de Mme Vauquer, apprenait à celle-ci que le père Goriot, à huit heures, rue Dauphine, avait vendu du vermeil pour une assez forte somme, qu'il avait portée ensuite rue des Grès, dans la maison de l'usurier Gobseck.

Le vieillard rentrait en cet instant.

—Christophe! cria-t-il au domestique de la maison, monte chez moi!

Christophe redescendit tenant une lettre à la main. Vautrin la saisit, lut : *A Madame la comtesse Anastasie de Restaud, rue du Helder;* et cherchant à deviner son contenu :

—Ce sont des billets acquittés... Va, mon garçon, tu auras un bon pourboire. Est-il généreux, ce vieux Roquentin !

Au déjeuner, Eugène de Rastignac racontait qu'il avait surpris, le matin, rue des Grès, à pied, une délicieuse comtesse qui dansait avec lui, la nuit dernière, au bal de Mme de Beauséant; elle m'a tourné la tête, ajouta-t-il, car elle était la plus belle femme du bal, après la maîtresse de la maison !...

—Ah! murmura douloureusement le père Goriot, Christophe arrivera trop tard.

—Votre comtesse se nomme Anastasie de Restaud, et demeure rue du Helder, reprit Vautrin; elle allait chez l'usurier Gobseck. Voilà bien les Parisiennes! cette nuit au bal, ce matin chez Gobseck, et pourquoi?... et pour qui?...

Le visage du père Goriot, qui s'était allumé comme le soleil d'un beau jour en écoutant Rastignac faire l'éloge de Mme de Restaud, devint sombre, à la cruelle observation de Vautrin.

—Avez-vous vu la figure du père Goriot, pendant qu'on parlait de cette comtesse? Ce sont, bien sûr, les femmes qui le ruinent, dit après le déjeuner Mᵐᵉ Vauquer à Vautrin et à Rastignac.

—Jamais vous ne me ferez croire que cette comtesse appartient à ce vieillard, ou Paris est un bourbier, répondit l'étudiant.

Vautrin fit un singulier sourire. — C'est pourtant à elle qu'il a envoyé l'argent du vermeil qu'il a vendu ce matin, dit-il.

—Et qu'il a tordu cette nuit, reprit Rastignac confondu.

—Serait-ce cette écuelle avec des tourterelles sur le couvercle? demanda Mᵐᵉ Vauquer.

—Il y avait des tourterelles, répondirent à-la-fois Vautrin et Rastignac.

—Eh bien! il n'a plus rien à vendre à présent, dit la veuve. Une écuelle à laquelle il tenait tant! un présent de sa femme! Oh! le misérable...

Deux jours après cette conversation, Rastignac, voulant débrouiller tous ces mystères, alla chez Mᵐᵉ de Restaud, qui, en le sachant parent de Mᵐᵉ de Beauséant, l'avait autorisé à se présenter chez elle. Il aperçut le père Goriot, descendant des appartements de la comtesse par un escalier dérobé...

Sa visite était importune, il le comprit, et dans un moment d'embarras, il parla de son voisin, qu'il appela, comme dans la pension, le *père Goriot*.

Ce nom produisit une commotion électrique.

—Vous pourriez dire : *M. Goriot?* dit sèchement le comte, lâchant les pincettes qu'il tenait à la main, et pâlissant.

La comtesse avait rougi.

—Nul que nous n'a plus d'amitié pour lui, balbutia-t-elle toute troublée, en n'osant regarder son mari.

Puis, se levant, elle alla droit à son piano, dont elle fit résonner toutes les notes avec un doigt, par un mouvement de colère.

—Chantez-vous, Monsieur? dit-elle à Rastignac.

—Hélas! non, madame.

—Tant pis, c'est un moyen de succès qui vous manque, dit-elle froidement.

La position n'était plus tenable : Rastignac le comprit, et prit congé.

Il se rendit ensuite chez Mme de Beauséant, à laquelle il raconta naïvement la visite qu'il venait de faire, en lui demandant quelle maladresse il avait commise.

—Comment! lui répondit Mme de Beauséant étonnée, vous ne savez pas que Mme de Restaud est la fille de M. Goriot, ainsi que Mme de Nucingen, la femme de ce banquier allemand? Les gendres ont chassé leur beau-père; les filles ne reçoivent le pauvre homme que le matin, lorsqu'elles sont seules, et l'abandonnent peu-à-peu... C'est une vilaine histoire!...

—Ajoutez encore que les deux sœurs se détestent, reprit la duchesse de Langeais, présente à cette visite. Mme de Nucingen ne pardonne pas à Mme de Restaud de ne pas la faire accepter dans le monde où elle va, et celle-ci jouit, je crois, de cette jalousie de sa sœur.

—Ce Goriot était immensément riche; il a donné tout son bien à ses filles en les mariant. D'où venait sa fortune? je l'ignore, ajouta Mme de Beauséant.

—Il s'était enrichi en vendant des farines dix fois plus cher qu'il ne les achetait, dans le temps de la disette, reprit la duchesse de Langeais; et comme il partageait les bénéfices avec les membres du Comité de Salut Public, qui l'avaient fait nommer président de sa section, on ne l'inquiéta pas. Il demeurait rue de la Jussienne. L'intendant de ma grand'mère vendait ses blés à ce 93.

—Ne vous abusez pas, vous êtes banni de chez la comtesse de Restaud, dit Mme de Beauséant à Rastignac; mais Delphine de Nucingen accueillera bien celui qui lui donnera l'entrée des salons de bal de Mme de Beauséant : vengez-vous donc de la comtesse, en amenant ici la baronne; je l'inviterai!...

Un soir, Eugène de Rastignac, sortant de la loge de Mme de Beauséant, se fit présenter, aux Italiens, par le marquis d'Adjuda Pinto, à Mme de Nucingen, et fut parfaitement accueilli.

Les deux sœurs, toutes deux admirablement belles, avaient

une beauté différente : Mme de Restaud était brune ; Mme de Nucingen était une délicieuse blonde.

Mme de Beauséant donna d'autres instructions à Rastignac afin que son jeune parent ne fît plus de sottises ; elle lui apprit que Mme de Restaud, liée intimement avec le comte Maxime de Trailles, devait manger le reste de la fortune de son père pour venir au secours de ce bourreau d'argent, de ce joueur forcené. Quant à la baronne de Nucingen, son mari la réduisait à la misère au milieu de son luxe : et il était donc à croire que le riche comte de Marsay, avec qui elle était liée, l'obligeait souvent, et que, pour s'acquitter envers lui, elle devait aussi ruiner son père !...

— C'est à secourir ses filles que passe secrètement et sourdement le reste de sa fortune ! se dit Rastignac.

En rentrant à la pension Vauquer, il serra affectueusement la main du pauvre vieillard, et déclara aux pensionnaires que, dorénavant, quiconque offenserait M. Goriot, l'*offenserait*...

L'affection paternelle de cet homme ne connaissait aucunes bornes ; il aimait ses enfants comme les animaux aiment leurs petits ; il ne comprenait pas que l'amour paternel a sa dignité : il se faisait complice des fautes de ses filles, et dégradait ainsi son sublime caractère, son sublime amour !... Mais il ne trouvait que des filles ingrates en face de tant de dévouement !...

Enfin, Eugène de Rastignac apprit chez M. Muret, le successeur du père Goriot : « que dans le temps de son commerce, M. Go-
« riot n'avait pas son second à la Halle pour reconnaître la
« provenance des blés, des farines, leurs qualités, veiller à leur
« conservation, etc. , etc.

« A lui voir conduire ses affaires, à lui entendre expliquer les
« lois sur l'importation et l'exportation, étudier leur esprit, saisir
« leurs défauts, un homme l'eût jugé capable d'être ministre
« d'État. Patient, actif, énergique, rapide dans ses expéditions,
« il avait un coup d'œil d'aigle; il devançait tout, prévoyait tout,
« savait tout, cachait tout. Il était enfin diplomate pour conce-
« voir, soldat pour exécuter.

« Sorti de sa spécialité, de sa simple et obscure boutique, sur
« le pas de laquelle il demeurait, pendant ses heures d'oisiveté,
« l'épaule appuyée au montant de la porte, il redevenait l'ouvrier
« stupide et grossier, l'homme incapable de comprendre un
« raisonnement, insensible à tous les plaisirs de l'esprit, l'homme
« qui s'endormait au spectacle, un de ces Dolibans parisiens, forts
« seulement en bêtise.

« Ces natures se ressemblent presque toutes. A presque toutes
« vous trouveriez un sentiment sublime au cœur.

« Deux sentiments exclusifs avaient rempli le cœur de M. Go-
« riot, comme le commerce des grains avait absorbé toute l'intel-
« ligence de sa cervelle !...

« Sa femme, fille unique d'un riche fermier de la Brie, fut pour
« lui l'objet d'une admiration religieuse, d'un amour sans bornes.
« Après sept ans de bonheur sans nuage, Goriot, malheureuse-
« ment pour lui, perdit sa femme : elle commençait à prendre
« de l'empire sur lui, en dehors de la sphère des sentiments.
« Peut-être eût-elle cultivé cette nature inerte ; peut-être y eût-
« elle jeté l'intelligence des choses du monde et de la vie. Dans
« son veuvage, le sentiment de la paternité se développa chez
« Goriot jusqu'à la déraison. Il reporta ses affections, trompées
« par la mort, sur ses deux filles, qui d'abord satisfirent pleine-
« ment tous ses sentiments. Quelque brillantes que fussent les
« propositions qui lui furent faites par des négociants ou des
« fermiers jaloux de lui donner leurs filles, il voulut rester veuf.
« Le dévouement irréfléchi, l'amour ombrageux et délicat que
« portait le père à ses filles, était si connu, qu'un jour un de ses
« concurrents, voulant le faire partir du marché pour rester
« maître du cours, lui dit que Delphine venait d'être renversée
« par un cabriolet. Goriot, pâle et blême, quitta aussitôt la Halle.
« Il fut malade pendant plusieurs jours par suite de la réaction
« des sentiments contraires auxquels le livra cette fausse alarme.

« L'éducation de ces deux filles fut naturellement déraisonnable.
« Riche de plus de soixante mille livres de rente, et ne dépen-

« sant pas douze cents francs pour lui, le bonheur de Goriot
« était de satisfaire les fantaisies de ses filles. Les plus excellents
« maîtres furent chargés de les douer des talents qui signalent
« une bonne éducation ; elles eurent une demoiselle de compa-
« gnie : heureusement pour elles, ce fut une femme d'esprit et
« de goût ; elles allaient à cheval, elles avaient voiture, elles
« vivaient comme auraient vécu les maîtresses d'un vieux seigneur
« riche ; il leur suffisait d'exprimer les plus coûteux désirs, pour
« voir leur père s'empressant de les combler : il ne demandait
« qu'une caresse en retour de ses offrandes. Goriot mettait ses
« filles au rang des anges, et nécessairement au-dessus de lui, le
« pauvre homme !... Il aimait jusqu'au mal qu'elles lui faisaient !
« Quand ses filles furent en âge d'être mariées, elles purent
« choisir leurs maris suivant leurs goûts. Chacune d'elles devait
« avoir en dot la moitié de la fortune de son père. Courtisée pour
« sa beauté, par le comte de Restaud, Anastasie avait des pen-
« chants aristocratiques, qui la portèrent à quitter la maison
« paternelle, pour s'élancer dans les hautes sphères sociales. Del-
« phine aimait l'argent : elle épousa Nucingen, banquier d'origine
« allemande, qui devint baron du Saint-Empire. Goriot resta
« dans le commerce. Ses filles et ses gendres se choquèrent
« bientôt de lui voir continuer son état, quoique ce fût toute sa
« vie. Après avoir subi pendant cinq ans leurs instances, il con-
« sentit à se retirer avec le produit de son fonds et les bénéfices
« de ses dernières années : capital que Mme Vauquer avait estimé
« rapporter de huit à dix mille livres de rente. Il se jeta dans cette
« pension, par suite du désespoir qui l'avait saisi en voyant ses
« deux filles obligées par leurs maris de refuser non-seulement
« de le prendre chez elles, mais encore de l'y recevoir ostensi-
« blement.

« Ces renseignements étaient tout ce que savait M. Muret. »

Mme de Beauséant donnait enfin un bal, et Delphine de Nucingen y était invitée.

« — Ma sœur s'y trouvera ! dit-elle, joyeuse, au jeune de

« Rastignac ; elle ira, pour démentir les calomnies qu'on débite
« sur elle ; elle ira, avec ses diamants et tous ceux de la famille
« Restaud. Je ne veux pas qu'elle m'écrase! Elle m'y trouvera...
« et vous verrez ma toilette, Rastignac!... »

Cette toilette coûta des myriades de réflexions, vingt courses chez la couturière et beaucoup d'argent.

« Deux jours avant ce bal, Mme de Nucingen descendait de
« voiture à la maison Vauquer, et demandait non plus M. Goriot,
« mais son père...

« Quand elle fut montée chez lui :

« —Puis-je parler en toute liberté? vos voisins peuvent-ils
« nous entendre?...

« —Ils sont tous sortis, la maison est vide, répondit Goriot,
« déjà épouvanté par la figure altérée de Delphine.

« —Ah! mon père! pourquoi n'avez-vous pas eu plus tôt l'idée
« de demander compte à mon mari de l'emploi de ma fortune?...

« —Mon enfant! que dis-tu? Ta fortune serait-elle en danger?
« Tu me donnes un coup de hache sur la tête!... Que Dieu te
« pardonne!... Tu ne sais pas combien je vous aime!... sans
« cela, tu ne me dirais pas si brusquement de pareilles choses...

« —Est-on maître d'un premier mouvement dans une cata-
« strophe semblable? Je suis peut-être ruinée, vous dis-je, et je
« suis folle... M. de Nucingen, serré de près par votre avoué
« Derville, est venu me trouver ce matin: il m'a expliqué des
« affaires fort embrouillées et m'a demandé en pleurant si je
« voulais sa ruine et la mienne?

« —Et tu crois à ces sornettes! s'écria le père Goriot : ton
« mari t'abuse ; il va profiter de cette circonstance pour se
« mettre à l'abri des mauvaises chances : il est aussi fin que
« perfide, c'est un vilain gars!... Mais je ne m'en irai pas au Père-
« Lachaise en laissant mes filles dénuées de tout!... Je me
« connais aux affaires; qu'il montre ses valeurs, ses reconnais-
« sances, ses traités; qu'il les montre et liquide avec toi ; nous
« choisirons les meilleures spéculations et nous en courrons les

« chances : tu t'es mariée séparée de biens ! Nous prend-il pour
« des imbéciles, celui-là ? Croit-il que je supporterais deux jours
« l'idée de te laisser sans fortune ? je ne la supporterais pas une
« heure !... Si cette idée était vraie, je n'y survivrais pas ! Quoi !
« j'aurais travaillé pendant quarante ans de ma vie, j'aurais porté
« des sacs sur mon dos, je me serais privé de tout pour vous,
« mes anges, qui me rendiez tout fardeau, tout travail léger, et
« aujourd'hui ma fortune et ma vie s'en iraient en fumée ! Ceci
« me ferait mourir enragé ! Par tout ce qu'il y a de plus sacré
« sur la terre et au ciel, nous allons tirer cela au clair, vérifier
« les livres, les caisses, les entreprises... Dieu merci ! tu as
« Derville pour avoué, un honnête homme ; et, jour de Dieu ! tu
« auras ton argent, tu seras tranquille et heureuse, du moins de
« ce côté : et l'argent, c'est la vie. Monnaie fait tout. Que nous
« chante-t-il donc, cette grosse souche d'Allemand !... Ne fais pas
« une concession à cet homme, qui t'a mise à la chaîne et qui
« t'a rendue malheureuse ; s'il a besoin de toi, tant mieux, nous
« le tricoterons ferme et nous le ferons marcher droit !... Mon
« Dieu !... j'ai la tête en feu, mon crâne brûle ! Ma Delphine sur
« la paille !... Non, non, cela ne sera pas... Partons, partons
« tout de suite ! Je veux aller voir les livres, les affaires, la caisse,
« les correspondances, tout. Je ne serai calme que quand il
« m'aura prouvé que ta fortune ne court aucun risque et que je
« le verrai de mes yeux...

« —Mon cher père, mettez de la prudence en tout ceci ; s'il
« voyait la moindre velléité de vengeance, si vous montriez des
« intentions hostiles, je serais perdue... Il tient l'argent dans ses
« mains, et il est homme à s'enfuir avec tous les capitaux... Je
« comprends tout : si nous le poussons à bout, je suis ruinée...

« —Mais c'est donc un fripon ?...

« —Eh bien ! oui, mon père ! dit Delphine en se jetant sur une
« chaise, et pleurant ; je ne voulais pas vous l'avouer, pour vous
« épargner le chagrin de m'avoir mariée à un pareil homme !...
« Mœurs secrètes et conscience, l'âme et le corps, en lui tout

« s'accorde! c'est effroyable! Je le hais et le méprise!... Je ne
« puis plus estimer ce vil Nucingen, après tout ce qu'il m'a dit;
« Un homme capable de se jeter dans les combinaisons dont il
« m'a parlé n'a pas la moindre délicatesse. Il m'a nettement
« proposé ma liberté, lui, mon mari! si je voulais être, en cas de
« malheur, un instrument entre ses mains, enfin, un prête-nom!

« —Mais les lois sont là! Il y a une place de Grève pour les
« gendres de cette espèce-là!

« —Non, mon père, il n'y a pas de lois contre lui... Voici son
« langage, dégagé de toutes les circonlocutions dans lesquelles il
« l'entortillait : Ou tout est perdu, et vous êtes ruinée, car je
« n'aurai d'autre complice que vous; ou vous me laisserez con-
« duire à bien mes entreprises.... — Et quelles entreprises!...
« Il tient à moi. Ma probité de femme le rassure; il sait que je lui
« laisserai sa fortune, et ne prendrai que la mienne.

Le père Goriot tomba sur le carreau.

« —Qu'ai-je fait! disait-il : ma fille livrée à un misérable!
« Pardon, ma fille! pardon...

« —Oui, je suis dans un abîme, et il y a peut-être de votre
« faute!... Nous avons si peu de raison, quand nous nous ma-
« rions! connaissons-nous le monde, les affaires, les hommes, les
« mœurs!... Les pères devraient penser pour nous. Cher père,
« je ne vous reproche rien, pardonnez-moi ce mot! Ne pleurez
« pas, ne pleurez pas, mon père!... »

En ce moment, une voiture s'arrêta dans la rue, et l'on entendit
Mme de Restaud disant à Sylvie :

« — Mon père est-il ici?

« —Anastasie! Ce qu'on dit serait-il vrai? se demanda Delphine.

« — Quoi? fit Goriot effrayé. Y a-t-il encore de nouveaux
« malheurs? Ce sera ma mort!...

« —Bonjour, mon père, dit la comtesse en entrant. Ah! c'est
« toi, Delphine! (Elle parut contrariée de la présence de sa sœur.)

« —Bonjour, Nasie. Es-tu donc étonnée de me voir ici? je viens
« souvent chez mon père, moi...

« —Depuis quand ?

« —Si tu y venais, tu le saurais.

« —Ah! ne me tourmente pas, Delphine, car je suis bien mal-
« heureuse..... Je suis perdue, mon père ; oh! oui, bien perdue
« cette fois !...

« —Qu'as-tu, mon enfant ?... Delphine ! elle pâlit, secours-la,
« sois bonne pour elle.

« —Parle, ma pauvre Nasie, fit Delphine lui faisant respirer
« des sels. Nous t'aimons; les affections de famille sont les plus
« sûres... Parle !...

« —J'en mourrai ! dit le père Goriot, remuant un feu de
« mottes. J'ai froid, approchez-vous de moi, mes enfants! Qu'as-
« tu, Nasie? Dis vite... Tu me tues !

« —Maxime doit cent mille francs ! Vous ne les avez pas?

« —Non, je ne les ai pas, dit le père d'une voix lamentable.

« A ce mot lugubrement jeté comme le râle d'un mourant,
« et qui accusait l'agonie du sentiment paternel, réduit à l'im-
« puissance, les deux sœurs effrayées firent une pause !... Quel
« égoïsme serait resté froid à ce cri de désespoir, qui, semblable
« à une pierre lancée dans un gouffre, en révélait la profondeur !

« —Je suis devenue folle, reprit la comtesse, et pour me les
« procurer, j'ai disposé de ce qui ne m'appartenait pas !

« —Les diamants ! Tout est vrai !... s'écria Delphine.

« —Oui, dit Anastasie fondant en larmes.

« Delphine fut émue et pleura en mettant sa tête sur le cou de
« sa sœur...

« —Pauvre Nasie! Ici, tu seras toujours aimée sans être jugée !

« —O mes anges, dit Goriot d'une voix faible, pourquoi votre
« union est-elle due au malheur ?

« —Maxime a été sauvé; mais je suis perdue moi, perdue !
« morte! Restaud a tout su...

« —Par qui? comment?... Que je le tue ! cria le père Goriot.

« —Hier, il m'a fait appeler dans sa chambre : « Anastasie, où
« sont vos diamants?—Chez moi, lui ai-je répondu.—Non, a-t-il

« repris en me regardant, ils sont là... » Et il m'a montré l'écrin
« qu'il avait caché avec un mouchoir... « Vous savez d'où ils vien-
« nent? » a-t-il ajouté... Je suis tombée à ses genoux, j'ai pleuré,
« je lui ai demandé de quelle mort il voulait me voir mourir...

« —Tu as dit cela? s'écria le père Goriot... Par le nom sacré
« de Dieu! celui qui vous fera du mal à l'une ou à l'autre, tant
« que je serai vivant, peut être sûr que je le brûlerai à petit
« feu... Oui, je le déchiqueterai comme...

« Les mots expiraient dans la gorge du père Goriot.

« —Il m'a demandé quelque chose de plus difficile à faire que
« de mourir... Le ciel préserve toute femme d'entendre ce que j'ai
« entendu!...

« —J'assassinerai cet homme, dit Goriot tranquillement.

« —Vous signerez la vente de vos biens, quand je vous le de-
« manderai? a-t-il ajouté en finissant.

« —Ne signe pas! cria le père Goriot. Je suis là! il me trouvera
« sur sa route. Sois en repos! Il tient à son héritier; bon, bon, je
« lui empoignerai son fils qui, sacré tonnerre! est mon petit-fils!
« Je puis bien le prendre, ce marmot?... Je le cacherai! Sois tran-
« quille, j'en aurai bien soin; puis, je lui dirai : *A nous deux!...*
« *et je le ferai capituler!...*

« —Mon père!...

« —Oh! oui, ton père, un vrai père!... Que ce drôle de grand sei-
« gneur ne maltraite pas ma fille! Tonnerre! je ne sais pas ce que j'ai
« dans les veines? j'y ai le sang d'un tigre!... Je dévorerai ces deux
« hommes!... O mes enfants! voilà donc votre vie?... C'est ma
« mort!... Et que deviendrez-vous, quand je ne serai plus là? Les
« pères devraient vivre autant que leurs enfants, pour toujours les
« protéger!... O mes enfants! pourquoi n'est-ce qu'à vos douleurs
« que je dois votre présence? vous ne me faites connaître que vos
« larmes! Eh bien! oui, vous m'aimez, je le vois; venez vous
« plaindre ici!... Mon cœur est grand, il peut tout recevoir!...
« Oui, vous aurez beau déchirer ce cœur, les lambeaux feront
« encore des cœurs de père!... Je voudrais prendre vos peines,

« souffrir pour vous!... Ah! quand vous étiez petites et n'apparte-
« niez qu'à moi, vous étiez bien heureuses!...

« —Ce n'est pas tout, mon père; les diamants n'ont pas été
« vendus 100,000 francs; il reste des dettes; Maxime va aller à
« Sainte-Pélagie!...

« —Et rien, plus rien!... dit le père. Si! j'ai encore mes boucles
« d'argent, les six premiers couverts que j'ai eus dans ma vie;
« et 1,200 francs de rentes viagères!...

« —Qu'avez-vous donc fait de vos rentes perpétuelles?...

« —Elles ont été vendues pour vous!...

« —Je devine! pour M. de Rastignac peut-être...

« —Ah! Delphine, arrête-toi! Vois où j'en suis!

« —M. de Rastignac est un jeune homme incapable de ruiner
« celle qu'il aime.

« —Peux-tu me parler ainsi dans ma douleur?... Tu ne m'as ja-
« mais aimée!...

« —Si, elle t'aime, reprit le vieillard; elle me le disait tout à
« l'heure!...

« —Elle? répéta la comtesse; non, elle ne m'a jamais aimée!...

« —Et quand cela serait, dit Delphine, comment t'es-tu conduite
« avec moi?... Tu m'as reniée, tu m'as fait fermer les portes de
« toutes les maisons où je souhaitais aller, tu n'as jamais manqué
« la moindre occasion de me causer de la peine. Suis-je venue,
« comme toi, soutirer à ce pauvre père tout ce qu'il possédait?
« le réduire à l'état où il est? Voilà ton ouvrage.

« —M. de Marsay était riche; tu en sais quelque chose, je crois.

« —Adieu... je n'ai ni sœur, ni...

« —Tais-toi, ma fille! dit douloureusement le père Goriot. Tai-
« sez-vous, mes enfants!... Je me meurs, le crâne me brûle comme
« s'il y avait du feu. »

Ces scènes violentes et répétées tuèrent le père Goriot; une
congestion au cerveau se déclara ce jour-là... ses filles étaient
au bal de Mme de Beauséant!... Rastignac et Bianchon soignaient
le mourant...

A sept heures du soir, la femme de chambre de Delphine apporta à Eugène de Rastignac une lettre de sa maîtresse : « Que faites-vous ? je vous attends pour me mener au bal !... »

Eugène répondit : « Votre père se meurt, j'attends le médecin, j'irai vous porter l'arrêt... » Et les filles dansèrent, Mᵐᵉ de Restaud se pavanant dans une robe lamée d'or que son père avait payée en vendant ses boucles, ses couverts, et en engageant sa rente viagère !... Goriot, sur un grabat, dans une chambre nue et froide, appela et attendit vainement ses filles ! l'une, fatiguée du bal, dormait; l'autre, retenue par son mari, arriva trop tard !

Rastignac et Bianchon mirent leur montre en gage, pour soigner et enterrer le pauvre homme !...

Les bornes de cette notice ne nous permettent pas les développements qui seraient nécessaires pour faire comprendre cette œuvre capitale de M. de Balzac. Par une de ces délicatesses que sent le public, qui les sent toutes, l'auteur mit presque dans l'ombre ces filles ingrates, heureusement si rares, même dans notre vieille société, où les sentiments naturels s'altèrent si souvent ; et encore, entoura-t-il leur ingratitude de circonstances cruelles qui en diminuent l'odieux : leurs maris entravaient leur volonté, leur liberté. Mais, en même temps qu'il place les filles du père Goriot au second plan, il croit utile de jeter toute la lumière sur ce pauvre vieillard, que son amour paternel, sans prévoyance ni dignité, jette dans le désespoir et la misère !...

Autour de cette figure principale, gravitent des personnages importants qui se retrouvent dans beaucoup d'œuvres de la *Comédie humaine*. La peinture de la pension bourgeoise de la rue Sainte-Geneviève ne peut pas plus s'oublier, que le portrait de la veuve Vauquer, *née de Conflans*, qui la dirige, ainsi que toutes les physionomies des étranges pensionnaires qui chaque jour viennent s'asseoir à sa table.

Mᵐᵉ DE MORTSAUF

On dit qu'il est utile, pour que la femme atteigne l'idéal de la perfection, que la douleur entre comme élément nécessaire dans sa vie, que c'est sous son action seulement que se développent en elle ces instincts de sensibilité exquise et de délicatesse infinie qui lui donnent tant de charmes. En créant Mᵐᵉ de Mortsauf, M. de Balzac semble avoir voulu justifier cette opinion; il nous la montre malheureuse dès sa naissance, privée, par la dureté de sa mère, des caresses auxquelles l'enfant doit ses grâces. Plus tard, son adolescence n'est pas fécondée non plus par cette chaude affection sous laquelle s'épanouissent les premiers sentiments, belles fleurs de la jeunesse, charmantes prémices d'une existence souvent lourde à porter, dont souvent ils sont le seul dédommagement!...

En se mariant, Blanche de Lénoncourt espéra trouver en M. de Mortsauf cette tendre protection qui lui avait manqué jusqu'alors. Sa beauté, les rares trésors d'amour et de dévouement qu'elle se sentait au cœur, lui étaient garants de l'attachement qu'elle inspirerait.

M. de Mortsauf l'aima en effet de toute la puissance de son âme, mais cette âme était faible : de là le plus terrible mécompte de cette femme, mécompte sans remède comme sans issue. Son cœur vaillant se heurta contre un cœur égoïste; sa puissante intelligence, qui ne demandait qu'à ployer sous une intelligence supérieure en qui elle eût mis sa gloire, ne fut ni comprise ni appréciée. Fatiguée de la solitude morale dans laquelle sa mère l'avait tenue jusqu'à son mariage, elle avait soif de ce contact des âmes d'où jaillissent les idées et les sentiments, et elle ne trouva chez son mari qu'une personnalité mesquine et jalouse, sans cesse en contemplation d'elle-même, se substituant à toute chose.

Pour bien comprendre les mille supplices quotidiens de Mme de Mortsauf, il faudrait avoir été condamnée comme elle à préparer sans cesse la pâture intellectuelle à un esprit rétif et paresseux, qui lui imposait plus tard, comme siennes, les idées qu'elle avait eu tant de peine à lui inculquer. Si son mari eût manqué d'intelligence, le sentiment du bienfait, du devoir accompli, l'espèce de maternité qu'elle eût exercée envers lui, auraient été pour elle des dédommagements à tant de redites fatigantes; mais loin de cela, M. de Mortsauf comprenait et sentait ; seulement, l'exclusive attention qu'il apportait à toute heure aux phénomènes intimes de la manifestation de son *moi*, le rendait si parfaitement indifférent à ce qui se faisait, à ce qui se disait autour de lui, qu'on eût pu le croire parfois tout à fait stupide. Il ne sortait de cette torpeur qu'alors que ce *moi* était en jeu, ou seulement froissé ou simplement effleuré !

Il sentait alors son peu de valeur, cette déchéance quasi volontaire contre laquelle il n'avait pas le courage de réagir; la justice qu'il se rendait le jetait dans des accès de rage froide ou de colère furieuse, pendant lesquels il s'en prenait à tout le monde, à sa femme surtout, parce qu'il comprenait qu'il lui devait beaucoup plus qu'il ne l'eût voulu !...

Pendant ces crises, nous voyons Mme de Mortsauf admirable dans les soins qu'elle prend pour dérober à tous les yeux les preuves d'une infériorité dont elle souffre; elle la cache surtout à ses enfants, car elle sait que le premier des biens de ce monde pour lui, le seul qu'aucun autre ne puisse suppléer, c'est la considération du chef de la famille, le meilleur héritage qu'on puisse laisser aux enfants.

Elle souffre aussi de la jalousie de M. de Mortsauf, non de cette jalousie vulgaire qui met un mari en défiance des sentiments que sa femme peut inspirer ou ressentir (il savait la sienne sainte et pure), mais de cette jalousie qui lui rendait odieuse la moindre des joies dont il n'était pas la source, qui lui faisait épier le moindre sourire pour s'en irriter, s'il ne pouvait savoir ce qui l'avait provoqué, et qui lui faisait prendre en haine jusqu'à la sérénité même de cette noble nature!

« A l'époque de la vie où, chez les autres hommes, les aspé-
« rités se fondent et les angles s'émoussent, le caractère
« du vieux gentilhomme était encore devenu plus agressif que
« par le passé. Depuis quelques mois il contredisait, pour con-
« tredire, sans raison, sans justifier ses opinions; il demandait
« le pourquoi de toute chose, s'inquiétait d'un retard ou d'une
« commission, se mêlait, à tout propos, des affaires intérieures; il
« se faisait rendre compte des moindres minuties du ménage, de
« manière à fatiguer sa femme ou ses gens, en ne leur laissant
« point leur libre arbitre. Jadis, il ne s'irritait jamais sans quelque
« motif spécieux; maintenant, son irritation était constante. Peut-
« être, les soins de sa fortune, les spéculations de l'agriculture, une
« vie de mouvement avaient-ils jusqu'alors détourné son humeur
« atrabilaire, en donnant une pâture à ses inquiétudes, en em-
« ployant l'activité de son esprit; et peut-être aujourd'hui le
« manque d'occupations mettait-il sa maladie aux prises avec
« elle-même; en s'exerçant plus au dehors, elle se produisait par
« des idées fixes: le *moi* moral s'était emparé du *moi* physique.
« Il était devenu son propre médecin; il compulsait des livres de
« médecine, croyait avoir les maladies dont il lisait les descrip-
« tions; il prenait alors, pour sa santé, des précautions inouïes,

« variables, impossibles à prévoir, partant, impossibles à con-
« tenter. Tantôt il ne voulait pas de bruit, et quand la comtesse
« établissait autour de lui un silence absolu, tout à coup il se
« plaignait d'être comme dans une tombe : il disait qu'il y avait
« un milieu entre ne pas faire de bruit et le néant de la Trappe.
« Tantôt il affectait une parfaite indifférence des choses terres-
« tres : la maison entière respirait ; ses enfants jouaient ; les tra-
« vaux ménagers s'accomplissaient sans aucune critique ; soudain
« au milieu du bruit, il s'écriait lamentablement :—On veut me
« tuer ! Ma chère, s'il s'agissait de vos enfants, vous sauriez bien
« deviner ce qui les gêne ! disait-il à sa femme en aggravant l'in-
« justice de ses paroles par le ton aigre et froid dont il les accom-
« pagnait. Il se vêtait et se dévêtait à tout moment, en étudiant
« les plus légères variations de l'atmosphère, et ne faisant rien
« sans consulter le baromètre. Malgré les maternelles attentions
« de sa femme, il ne trouvait aucune nourriture à son goût, car
« il prétendait avoir un estomac délabré, dont les douloureuses
« digestions lui causaient des insomnies continuelles ; et néan-
« moins il mangeait, buvait, digérait, dormait avec une perfec-
« tion que le plus savant médecin aurait admirée. Ses volontés
« changeantes lassaient les gens de sa maison, qui, routiniers
« comme le sont tous les domestiques, étaient incapables de se
« conformer aux exigences de systèmes incessamment contraires.
« Le comte ordonnait-il de tenir les fenêtres ouvertes sous pré-
« texte que le grand air était désormais nécessaire à sa santé,
« quelques jours après, le grand air, ou trop humide ou trop
« chaud, devenait intolérable : il grondait alors, il entamait une
« querelle, et, pour avoir raison, il niait souvent sa consigne
« antérieure. Ce défaut de mémoire ou cette mauvaise foi lui
« donnait gain de cause dans toutes les discussions où sa femme
« essayait de l'opposer à lui-même. Au lieu de consoler sa femme
« sur la santé débile de ses enfants, il l'accablait de sinistres pré-
« dictions et la rendait responsable des malheurs à venir, parce
« qu'elle refusait les médications insensées auxquelles il voulait les

« soumettre. La comtesse se promenait-elle avec Jacques et
« Madeleine, le comte lui prédisait un orage, malgré la pureté du
« ciel ; si par hasard l'événement justifiait son pronostic, la satis-
« faction de son amour-propre le rendait insensible au mal de
« ses enfants ; l'un d'eux était-il indisposé, le comte employait
« tout son esprit à rechercher la cause de cette souffrance dans
« le système de soins adopté par sa femme, et qu'il épiloguait
« dans les plus minces détails, en concluant toujours par ces
« mots assassins : «Si vos enfants tombent malades, vous l'aurez
« bien voulu. » Il agissait ainsi dans les moindres détails de
« l'administration domestique, où il ne voyait jamais que le pire
« côté des choses, se faisant à tout propos *l'avocat du Diable*,
« selon l'expression de son vieux cocher. Par une de ces halluci-
« nations particulières aux égoïstes, le comte n'avait pas la plus
« légère conscience du mal dont il était l'auteur ; il se plaignait
« d'être trop bon pour tous les siens : il maniait donc le fléau,
« abattait, brisait tout autour de lui comme eût fait un singe ;
« puis, après avoir blessé sa victime, il niait l'avoir touchée. »

Quelque forte, quelque céleste que fût Mme de Mortsauf, elle ne put supporter ce désert aride où l'avait placée son mari. Si elle parvint à dissimuler à ses gens et au peu de personnes qui venaient au château la non-valeur du maître et ses accès de démence, si elle sut mettre en relief à leurs yeux sa loyauté chevaleresque, sa probité immaculée, si elle ne recula jamais devant la constante immolation de ses goûts et de ses espérances, si enfin elle s'oublia assez complétement pour se mettre toujours au second plan et se faire la servante de son mari, pourtant cette solitude de son âme porta des fruits amers !... Mme de Mortsauf, si courageuse d'abord, eut des tiédeurs devant ses enfants ; elle leur fit des recommandations qui les initièrent à la position de leur père ; ils prirent parti pour elle contre lui : ce qui amoindrit leur amour.

Ces enfants adorés, qui peuplaient la vie de leur mère et qui absorbaient son attention, ne suffisaient cependant pas à tous les besoins de son âme. A toujours donner et ne rien recevoir, l'âme s'épuise, et l'amour maternel est si excessif et si désintéressé, qu'il ne saurait jamais être rémunéré. Cette noble femme, donc, au milieu des largesses que son cœur prodiguait à son mari et à ses enfants, se sentait parfois atteinte de mortelles défaillances.

Ce fut dans un de ces jours de faiblesse que s'offrit à elle un jeune homme, presque un enfant, qu'elle ne connaissait que par l'injure qu'elle en avait reçue.

La justification qu'il entreprit amena la découverte d'une similitude de malheurs, qui donna chez lui naissance à un sentiment fougueux, et chez elle à une affection qui s'infiltra si bien dans tout son être, que cette affection ne tarda pas à faire partie intégrante de son existence... Par une pente insensible, il devint ami, puis commensal de la maison.

La comtesse ne prit pas d'ombrage de sa présence : elle était pure comme un enfant, et sa pensée ne se jetait dans aucun écart. Félix amusait le comte : c'était une pâture de plus à ce lion sans ongles et sans crinière. M. de Mortsauf fournit au jeune homme le prétexte de ses premières visites ; il voulut lui apprendre le tric-trac.

« Ce fut un bonheur pour le maître que de se livrer à de
« cruelles railleries quand l'élève ne mettait pas en pratique le
« principe ou la règle qu'il avait expliqué : si Félix réfléchissait,
« M. de Mortsauf se plaignait de l'ennui que cause un jeu lent;
« s'il jouait vite, il se fâchait d'être pressé; Félix faisait-il des
« écoles, le comte disait, en en profitant, qu'il se dépêchait trop.
« Ce fut une tyrannie de magister, un despotisme de férule dont
« on ne peut donner une idée qu'en comparant Félix à Epictète
« tombé sous le joug d'un enfant méchant. Félix, en cette extré-
« mité, découvrit à Frapesle, dans la bibliothèque de M. de
« Chessel, le *Traité du Tric-trac* et l'étudia. Son hôte voulut bien
« lui donner quelques leçons. Moins durement mené, il fit des pro-
« grès et fut bientôt en état de dompter son maître. Mais quand
« il le gagnait, son humeur devenait exécrable, ses yeux étince-
« laient comme ceux des tigres, sa figure se crispait, ses sourcils

« jouaient, et ses plaintes étaient celles d'un enfant gâté ; parfois
« il jetait les dés, se mettait en fureur, trépignait, mordait son
« cornet et disait des injures. Ces violences eurent un terme quand
« Félix eut acquis un jeu supérieur; il conduisit alors la bataille
« à son gré, s'arrangeant pour qu'à la fin tout fût à peu près égal,
« laissant gagner M. de Mortsauf pendant la première moitié de
« la partie, et rétablissant l'équilibre pendant la deuxième moitié.
« La fin du monde aurait moins surpris le comte que la rapide
« supériorité de son écolier, mais il ne la reconnut jamais. Le
« dénoûment constant de ces parties fut une pâture nouvelle
« dont son esprit s'empara. « Décidément, disait-il à Félix, ma
« pauvre tête se fatigue. Vous gagnez toujours vers la fin de la
« partie, parce que j'ai perdu mes moyens. » La comtesse, qui
« savait le jeu, s'aperçut du manège de Félix et y devina d'im-
« menses témoignages d'affection.

« Mais rien n'était plus difficile que de faire faire au comte
« cette partie de tric-trac dont il avait toujours grande envie.
« Semblable à une petite maîtresse, il voulait être prié, forcé,
« pour ne pas avoir l'air d'être obligé ; peut-être, par cela même
« qu'il en était ainsi. Si, par suite d'une conversation intéres-
« sante, Félix oubliait pour un moment ses salamalecs, il deve-
« nait maussade, âpre, blessant ; il s'irritait de la conversation en
« contredisant tout. Averti par sa mauvaise humeur, lui propo-
« sait-on une partie, alors *il coquetait :* d'abord *il était trop tard,*
« puis *il ne s'en souciait pas ;* enfin, des simagrées désordonnées,
« comme les femmes qui finissent par vous faire ignorer leurs
« véritables désirs. »

Mme de Mortsauf, tout en restant pure et ne se permettant pas
même une seule parole d'amour, ne s'en livra pas moins à une
tendresse coupable, à des confidences que son cœur trop plein ne
put retenir ; d'ailleurs en acceptant dans son intimité ce jeune
homme, elle lui livrait tous les secrets de cette vie malheureuse qui,
avec toutes ses adorables perfections, devait amener l'amour !..

L'ange fut vaincu par la femme, qui ne se sentait plus assez forte pour supporter le fardeau de tant de misère. En admettant à la participation de ses chagrins Félix de Vandenesse, en lui inspirant cette passion qui envahissait toute son âme, en se faisant l'arbitre de sa destinée, elle prenait à son insu l'engagement de le rendre heureux. Elle ne comprit pas cet engagement et crut que ce jeune homme ardent se tiendrait aux pures joies d'une affection toute céleste. Cette distinction subtile des devoirs du cœur et de ceux qu'impose le serment conjugal, cette séparation de l'adultère moral de celui que condamnent les lois humaines et divines, eut son expiation, expiation terrible, infligée par Félix lui-même. Sa liaison éclatante avec lady Dudley fut pour Mme de Mortsauf le réveil de cet heureux rêve où elle aimait sans remords. Elle comprit alors l'ardeur et l'étendue de cet amour qu'elle couvait secrètement en son cœur, et les ravages qu'il avait faits en elle : indignée d'abord contre Félix, elle pardonna... mais elle paya de sa vie l'injure et le pardon !...

« La marquise Dudley m'a sauvée, dit-elle à Félix : à elle les
« souillures, je ne les lui envie point ; à moi le glorieux amour
« des anges!.. J'ai parcouru des champs immenses depuis votre
« retour... J'ai jugé la vie. Il faut aimer ses amis comme on aime
« ses enfants, pour eux et non pour soi. Le *moi* cause les malheurs
« et les chagrins. Mon cœur ira plus haut que ne va l'aigle ; là
« est un amour qui ne me trompera pas... Mais Henriette (son
« nom, pour Félix seul) a peine à mourir, ajoute-t-elle avec un
« pieux et triste sourire, hélas ! Ma vie est conforme à elle-même
« dans ses plus grandes circonstances comme dans ses plus
« petites. Le cœur où je devais attacher les premières racines de
« la tendresse, le cœur de ma mère, fut fermé pour moi, malgré
« ma persistance à y chercher un pli où je pusse me glisser.
« J'étais fille ; je venais après trois garçons morts : je tâchai vai-
« nement d'occuper leur place dans l'affection de mes parents ;
« je ne guérissais pas la plaie faite à l'orgueil de la famille.
« Quand, après cette sombre enfance, je connus mon adorable
« tante, la mort me l'enleva promptement. M. de Mortsauf, à

« qui je me suis vouée, m'a constamment frappée, sans relâche,
« sans le savoir. Son amour a le naïf égoïsme de celui que nous
« portent nos enfants : il n'est pas dans le secret des maux qu'il
« me cause, il est toujours pardonné... Mes enfants, ces enfants
« qui tiennent à ma chair par toutes leurs douleurs, à mon âme
« par toutes leurs qualités, à ma nature par leurs joies innocentes;
« ces enfants ne m'ont-ils pas été donnés pour montrer combien
« il se trouve de force et de patience dans le sein des mères?...
« Oh! oui, mes enfants sont mes vertus! Vous savez si je suis
« flagellée par eux, en eux, malgré eux! Devenir mère, pour
« moi, ce fut acheter le droit de toujours souffrir! Quand Agar
« a crié dans le désert, un ange fit jaillir pour cette esclave trop
« aimée une source pure... Mais, pour moi, cette source ne m'a
« versé que des eaux amères. Vous m'avez infligé des souffrances
« inouïes... Dieu pardonnera sans doute à qui n'a connu l'affec-
« tion que par la douleur!... Mais si les plus vives peines que
« j'aie éprouvées m'ont été imposées par vous, peut-être les ai-je
« méritées! Dieu n'est pas injuste! O Félix! un baiser, furti-
« vement déposé sur un front, comporte des crimes peut-être!
« Peut-être doit-on rudement expier les pas que l'on a faits en
« avant de ses enfants et de son mari, lorsqu'on se promenait,
« le soir, afin d'être seule avec des souvenirs et des pensées qui
« ne leur appartenaient pas!... Il y a crime à se forger un avenir
« en s'appuyant sur la mort... crime à se figurer dans l'avenir
« une maternité sans alarmes, de beaux enfants jouant le soir
« avec un père adoré de toute sa famille, et sous les yeux atten-
« dris d'une mère heureuse. Oui, j'ai péché, j'ai grandement
« péché!... J'ai trouvé goût aux pénitences infligées par l'Église,
« qui ne rachetaient pas assez ces fautes pour lesquelles le prêtre
« fut sans doute trop indulgent. Dieu a placé la punition au
« cœur de toutes les erreurs, en chargeant de sa vengeance celui
« pour qui elles furent commises! Hélas! j'ai moins aimé mes
« enfants, car toute affection vive est prise sur les affections dues.
« Vous voyez, Félix, toute souffrance a sa justice et sa signifi-

« cation. Frappez, frappez plus fort que n'ont frappé M. de
« Mortsauf et mes enfants! »

« J'entendis alors des accents inconnus : ce n'était plus ni sa
« voix de jeune fille et ses notes joyeuses, ni sa voix de femme et
« ses terminaisons despotiques, ni les soupirs de la mère endo-
« lorie ; c'était une déchirante, une nouvelle voix, pour des
« douleurs nouvelles... »

Bien que devant les hommes Mme de Mortsauf fût restée sans tache, le sentiment de sa dégradation devant Dieu porta un instant le trouble et le doute dans son âme ; un instant, toute moralité fut remise en question ; un instant, elle maudit les lois saintes et pures auxquelles elle avait naguère si joyeusement et si glorieusement obéi. Après ce combat, dont elle sortit victorieuse, l'ange reparut, mais pour remonter aux cieux !...

Ce beau caractère de femme, un des plus complets et des plus suivis qu'a tracés M. de Balzac, a le grand mérite d'être toujours parfaitement vrai, et la vérité dans l'art est le génie.

« Il faudrait trouver, pour faire le portrait de Mme de Mortsauf
« ressemblant, l'introuvable artiste qui saurait peindre le reflet
« de feux intérieurs et rendre cette vapeur lumineuse que nie la
« science, que la parole ne traduit pas, mais que voient les
« amants !... Ses cheveux fins et cendrés la faisaient souvent souf-
« frir, et ces souffrances étaient sans doute causées par de subites
« réactions du sang vers la tête. Son front arrondi, proéminent
« comme celui de la Joconde, paraissait plein d'idées inexpri-
« mées, de sentiments contenus, de fleurs noyées dans des eaux
« amères ; ses yeux, verdâtres, semés de points bruns, étaient tou-
« jours pâles ; mais s'il s'agissait de ses enfants, s'il lui échappait
« de ces vives effusions de joie ou de douleur rares dans la vie
« des femmes résignées, son œil lançait alors une lueur subite
« qui semblait s'enflammer aux sources de la vie, et devait les
« tarir...

« Un nez grec, comme dessiné par Phidias, et réuni par un
« double arc à des lèvres élégamment sinueuses, spiritualisait

« son visage, dont le teint, comparable au tissu de camélias blancs,
« se rougissait aux joues par de jolis tons roses... Son embon-
« point ne détruisait ni la grâce de sa taille, ni la rondeur voulue
« pour que ses formes demeurassent belles, quoique développées.
« Le bas de sa tête n'offrait point ces creux qui font ressembler
« la nuque de certaines femmes à des troncs d'arbre. Ses muscles
« n'y dessinaient pas des cordes, et partout les lignes s'arrondis-
« saient en flexuosités désespérantes pour le regard comme pour
« le pinceau; un duvet follet se mourait le long de ses joues, dans
« les méplats du col, en y retenant la lumière qui s'y faisait
« soyeuse...

« Quoiqu'elle eût deux enfants, on ne pouvait rencontrer dans
« son sexe personne qui fût plus jeune fille qu'elle. Son air expri-
« mait une simplesse jointe à je ne sais quoi d'interdit et de
« songeur... Elle était enfant par le sentiment, grave par la
« souffrance, à la fois châtelaine et bachelette : aussi, plaisait-elle
« sans artifice, par sa manière de s'asseoir, de se lever, de parler
« ou de se taire... Habituellement recueillie, attentive comme la
« sentinelle sur qui repose le salut de tous, il lui échappait par-
« fois des sourires qui trahissaient en elle un naturel rieur,
« enseveli sous les chagrins de sa vie...

« En voyant ces deux enfants frêles, à côté d'une mère si
« magnifiquement et si splendidement belle, il était impossible
« de ne pas deviner les sources du chagrin qui attendrissait les
« tempes de la comtesse, et lui faisait taire de ces pensées qui
« n'ont que Dieu pour confident, mais qui donnent aux fronts de
« terribles signifiances...

« Telle est son imparfaite esquisse; mais qui pourra donner
« une idée de la constante émanation de son âme sur les siens,
« de cette essence vivifiante épandue à flots autour d'elle, comme
« le soleil émet sa lumière?.. Qui pourra révéler les charmes et
« les douceurs de sa vie entière, son attitude aux heures sereines,
« sa résignation aux heures nuageuses, et tous les tournoiements
« de la vie où le caractère se déploie?...»

En regard de ce portrait, et pour faire comprendre le perpétuel drame de la vie de cette femme si malheureuse, n'est-il pas nécessaire de tracer le portrait de son mari ?

« A l'âge de quarante-cinq ans, M. de Mortsauf paraissait
« approcher de la soixantaine, tant il avait promptement vieilli
« dans le grand naufrage qui termina le xviii° siècle. La demi-
« couronne qui ceignait monastiquement l'arrière de la tête
« dégarnie de cheveux venait mourir aux oreilles, en caressant
« les tempes par des touffes grises mélangées de noir. Son visage
« ressemblait vaguement à celui du loup blanc qui a du sang au
« museau, car son nez était enflammé comme celui d'un homme
« dont la vie est altérée dans ses principes, dont l'estomac est
« affaibli, dont les humeurs sont viciées par d'anciennes mala-
« dies. Son front plat, trop large pour sa figure qui finissait en
« pointe, ridé transversalement par marches inégales, révélait
« les habitudes de la vie en plein air, et non les fatigues de l'esprit,
« le poids d'une constante infortune, et non les efforts faits pour
« la dominer. Ses pommettes saillantes et brunes, au milieu des
« tons blafards de son teint, annonçaient une charpente assez forte
« pour lui assurer une longue existence. Son œil clair, jaune et
« dur, tombait sur vous comme un rayon de soleil en hiver,
« lumineux sans chaleur, inquiet sans pensée, défiant sans objet.
« Sa bouche était violente et impérieuse ; son menton droit et
« long. Maigre et de haute taille, il avait l'attitude d'un gen-
« tilhomme appuyé sur une valeur de convention qui se sait
« au-dessus des autres par le droit, au-dessous par le fait : le
« laisser-aller de la campagne lui avait fait négliger son extérieur.
« Son habillement était celui du campagnard, en qui les paysans
« ne considèrent plus que la fortune territoriale... Ses mains
« brunies et nerveuses attestaient qu'il ne mettait de gants que
« pour monter à cheval, ou le dimanche pour aller à la messe ; sa
« chaussure était grossière. Quoique les dix années d'émigra-
« tions et les dix années de l'agriculteur eussent influé sur son
« physique, il subsistait en lui des vestiges de noblesse. Le libéral

« le plus haineux (mot qui n'était pas encore monnayé) aurait
« facilement reconnu chez lui la loyauté chevaleresque, les con-
« victions immarcessibles du lecteur à jamais acquis à la *Quoti-*
« *dienne.* Il eût admiré l'homme religieux, passionné pour sa
« cause, franc dans ses antipathies politiques, incapable de
« servir personnellement son parti, très-capable de le perdre, et
« sans connaissance des choses en France. Le comte était effecti-
« vement un de ces hommes droits qui ne se prêtent à rien et
« barrent opiniâtrément tout ; bons à mourir l'arme au bras dans
« le poste qui leur serait assigné, mais pas assez avares pour
« donner leur vie avant de donner leurs écus...

« Dans la dépression de ses joues flétries, dans certains regards
« jetés à la dérobée sur ses enfants, on surprenait la trace de
« pensées importunes dont les élancements expiraient à la sur-
« face. En le voyant, qui ne l'eût compris ? Qui ne l'aurait accusé
« d'avoir fatalement transmis à ses enfants les corps auxquels
« manquait la vie ? Mais s'il se condamnait, il déniait aux autres
« le droit de le juger ; amer comme un pouvoir qui se sait fautif,
« mais n'ayant pas assez de grandeur ou de charme pour com-
« penser la somme de douleur qu'il avait jetée dans la balance,
« sa vie intime devait offrir les aspérités que dénonçaient en lui
« ses traits anguleux et ses yeux incessamment inquiets. »

Des trois personnes de ce drame, M. de Mortsauf occupe certainement la première place, non par l'intérêt qu'il inspire, mais
par l'immense talent avec lequel l'écrivain a tracé ce caractère.
M. de Mortsauf ne manque pas, d'ailleurs, d'une certaine grandeur ;
l'époux trompé dans sa noble confiance n'est cependant pas avili.
Quant à la pauvre martyre qui ne fut pas assez forte pour porter
sa croix, celui qu'elle choisit pour en partager le fardeau lui
ceignit le front d'une couronne d'épines : dans son angoisse,
elle leva les yeux au ciel, qui la rappela à lui, après qu'elle
eut bu le calice amer.

Félix de Vandenesse excite moins de sympathie : âme
tendre, mais sans consistance, il ne sut calmer les ardeurs

d'une jeunesse longtemps contenue qu'en affichant une liaison scandaleuse avec une femme pleine de vanité, à laquelle il sacrifia le saint et pur amour qui l'avait révélé à lui-même. Il crut pouvoir concilier les deux amours qui se disputaient son cœur. Sa douleur, à la mort de Mme de Mortsauf, ne nous émeut pas; on est soulagé même, en voyant l'abandon profond où il tombe, après les confidences de cette phase de sa vie sur laquelle planait Mme de Mortsauf, après la malédiction qui l'exclut à jamais de Clochegourde.

Mᵐᵉ DE GRANDVILLE

ETTE femme, dont une fausse piété a desséché le cœur, toujours drapée dans l'orgueil de sa vertu, n'obéit qu'à des devoirs et non à des sentiments; dominée sans cesse par l'idée de son salut, elle immole à cette idée le bonheur de tous ceux qui l'entourent, sans comprendre le mal qu'elle produit; elle ne connaît pas même le maître qu'elle croit servir, et ne voit en lui que le juge terrible qui punit ou récompense, et non le Dieu qui donna de perpétuels exemples de charité, de dévouement et d'amour. Aussi, ne connaîtra-t-elle jamais cette immolation pepétuelle qui rend la femme si chère aux siens et si grande aux yeux du Seigneur!... Cette femme enfin a matérialisé sa religion, au lieu de la spiritualiser; son culte est une espèce de marché à terme avec le ciel, qui, pour des jeûnes rigoureusement observés et des prières strictement dites aux heures voulues, lui sera livré au moment de la mort.

Et, comme le dit Balzac : « Rien ne peut combattre ni détruire
« la tyrannie des fausses idées religieuses; une éternité de bon-
« heur, mise en balance avec les plaisirs mondains, triomphe de
« tout et fait tout supporter. »

Le visage de la jeune fille fait pressentir ce que sera un jour la femme. Elle est belle d'une beauté régulière et froide. Ses yeux, d'un bleu pâle, expriment la candeur ; son nez, presque aquilin, possède une fermeté rare dans les contours. Ses lèvres sont minces. Elle est blonde et rose; mais aucun mouvement de physionomie ne vient déranger l'ordonnance de ses traits corrects et purs, pendant cette phase ordinairement si agitée qui précède le mariage d'une jeune fille. Si Roger de Grandville, son fiancé, n'eût pas été sous l'empire toujours si puissant des impressions de l'enfance, il eût infailliblement deviné sur ce visage la sécheresse de cœur, dont il devait tant souffrir un jour !...

Mᵐᵉ Angélique Bontems, fille d'un Jacobin subitement enrichi dans la première Révolution par l'achat de biens du clergé, a été élevée à Bayeux, dans les austérités et les pratiques de la plus minutieuse dévotion. Sa mère, gouvernée entièrement par les prêtres, qui lui font peut-être racheter et expier les fautes de son mari, destine sa fille, d'après leurs conseils, à l'état religieux. Le vieux comte de Grandville, voisin de la riche veuve, fait changer subitement ces projets, en demandant secrètement la main d'Angélique pour son fils Roger. Mᵐᵉ Bontems, éblouie par cette magnifique alliance, et surtout pleine de l'idée de nommer sa fille comtesse, donne son consentement à cette union, qui se fait dans le plus bref délai.

Angélique, toujours soumise, a accepté le fiancé, comme elle a accepté le cloître, en ne voyant dans ce changement de destinée qu'une autre voie de salut.

Les jeunes mariés s'établissent à Paris, où Roger vient d'être nommé avocat-général. Tout entier aux travaux de sa nouvelle charge, il laisse sa femme arranger sa maison à sa guise. Il est surpris de l'austérité qu'elle y imprime : tout, dans cette maison, révèle les principes sévères de la jeune femme. De nombreux tableaux de piété ornent la chambre nuptiale; les couleurs sombres choisies pour l'ameublement n'ont entre elles aucune harmonie ni doux contrastes ; le luxe enfin est entièrement banni de cette demeure, où il aurait pu déployer ses enchantements et ses grâces.

Roger de Grandville, amoureux, ne voit dans ces indices de caractère que les preuves du mauvais goût et de l'ignorance de la jeune provinciale; il accuse les fournisseurs d'avoir profité de ces circonstances pour se défaire de choses *invendables*. Mais il est bientôt forcé de reconnaître en sa femme une dévotion étroite, qui donne à sa maison de vagues ressemblances avec le cloître, tant la maîtresse et les gens s'y soumettent à des règles presque monastiques. La liberté et le temps manquent au comte pour combattre ces idées exagérées, qui sont d'ailleurs pour lui des garanties de vertu.

L'austérité de Mme de Grandville va toujours croissant ; elle fait fuir de la maison les amis de son mari; celui-ci est bientôt forcé de renoncer à mener sa femme dans un monde dont elle ne comprend pas les lois et auquel elle ne veut sacrifier aucun de ses principes sévères. Elle est soutenue en ses rébellions par l'abbé Fontanon, ce prêtre fanatique qui l'avait élevée pour le cloître : venu de Bayeux à Paris, il est attaché à l'église où Mme de Grandville va prier tous les jours.

La conduite de la jeune femme, sa résistance aux désirs de son mari, font bientôt comprendre à ce dernier qu'Angélique ne respecte la sainteté d'aucun épanchement, et que pas une de ses actions ni de ses paroles n'est ignorée de ce directeur redoutable, qui s'interpose sans cesse entre les deux époux. Roger sent, jusque dans le secret de la chambre nuptiale, l'autorité et les commandements du prêtre, que lui-même ne peut atteindre.

« Un crucifix placé près d'eux devient le symbole de la desti-
« née du jeune comte. L'ivoire de cette croix est moins froid
« qu'Angélique, crucifiant son mari au nom de la vertu. Par un
« jour de Mercredi des Cendres, se lève la pâle et livide figure
« de l'Abstinence, ordonnant le carême complet. »

Le comte ne peut cependant articuler aucune plainte. N'a-t-il pas une femme jeune, jolie, attachée à ses devoirs, le modèle de toutes les vertus ? Angélique nourrit ses nombreux enfants, les élève dans les meilleurs principes; on admire sa vie exemplaire, son dévouement perpétuel à sa famille. Le chœur des dévotes qui composent sa triste et froide société la proclame ange et martyre de la barbarie d'un mari qui la soumet à de si laborieux travaux maternels : on se garde bien d'y voir les scrupules religieux de la femme.

Le comte de Grandville, méconnu dans la maison, est saisi d'un profond dégoût pour ce triste intérieur, que l'intolérance lui rend insupportable. En proie au chagrin que donne le sentiment de l'isolement au milieu de la famille, le comte est obligé de s'abstenir de toute confiance envers sa femme, afin de ne pas livrer à un tiers le secret de ses pensées, de ses projets, de ses espérances : avec sa confiance, sa femme perdra bientôt son amour !...

Fatigué également du monde où il est solitaire, ayant une trop haute idée des obligations que lui impose sa place pour se livrer à une existence irrégulière, le comte de Grandville se jette dans le travail pour s'étourdir sur ses peines domestiques, et il entreprend un grand ouvrage de droit. Mais il ne jouira même pas de la liberté sur laquelle il comptait. Déjà déclaré coupable par la coterie qui gouverne la divine Angélique, celle-ci, toujours poussée par son confesseur, entreprend de convertir son mari. Le voilà donc en butte aux petites idées, aux raisonnements vides, aux pensées étroites de sa femme, qui ne comprend ni les besoins de son intelligence supérieure ni ceux de son âme aimante. Le malheur a commencé pour ces deux êtres...

Le comte se lasse de ces luttes perpétuelles où personne ne doit jamais triompher ; il n'espère plus vaincre ces terribles puissances occultes, au-dessous desquelles sa femme le place ; d'ailleurs, il a reconnu que celle-ci n'a que des devoirs dans l'âme, au lieu de sentiments. Et qu'est le devoir, s'il n'est réchauffé au feu de la charité et de l'amour, soit envers les proches, soit envers l'humanité? N'est-ce pas l'accomplissement aride du devoir dépouillé de toute la sainteté qu'ajoute au devoir la coopération du cœur, qui fait les ingrats et rend stériles jusqu'aux bonnes actions elles-mêmes?...

De quelles fautes les Angéliques ne sont-elles pas la cause ? De quelles responsabilités ne seront-elles pas chargées un jour ? Pourquoi cette fausse piété fait-elle illusion à tant d'âmes, et en égare-t-elle un si grand nombre?...

En regard d'Angélique, est une femme dont l'amour fera toute la vie. C'est une jeune ouvrière, prédisposée à la séduction par une misère que ne peut vaincre le travail excessif auquel elle consacre ses jours et ses nuits, et par les plaintes incessantes et les désirs dangereux de sa mère, dont le sens moral a été faussé dans les errements de l'Opéra, sa première patrie. Mme Crochart voit dans la beauté de sa fille un moyen de se soustraire au travail qu'elle hait ; elle guette les hasards qui peuvent amener la fortune, en femme disposée à en profiter et même à les faire naître. C'est ainsi qu'elle persuade à Caroline qu'un homme qui passe souvent devant leur fenêtre du rez-de-chaussée est amoureux d'elle, même avant que tous deux se soient remarqués.

Cet homme est le comte de Grandville, arrivé à une indifférence, à un égoïsme pires que la mort, vivant séparé de sa femme, quoique demeurant dans la même maison, courbé sous la tyrannie du malheur, les traits flétris par le chagrin et par le travail. Il finit par intéresser la jolie brodeuse, qui répète trop souvent cette phrase dangereuse : « Cet homme est malheureux !... »

De son côté, le comte s'est ému du courage de la jeune fille à vouloir dompter la misère par le travail : une circonstance lui révèle l'âme tendre de Caroline, et l'amour désintéressé qu'elle ressent pour lui.

Le comte lui cache son nom, son titre, sa fortune, ses liens, et la décide à vivre avec lui dans un quartier éloigné de la demeure de sa femme. Il exige la séparation de la mère, dont il a pénétré le caractère dangereux. Il assure l'existence de cette mère en ne lui imposant, pour toute reconnaissance, que de garder le silence le plus absolu sur le sort de sa fille. Les bienfaits du comte sont à ce prix. Mᵐᵉ Crochart se soumet à cette condition, qui lui rappelle encore les lois de sa première existence. Caroline travaille avec ardeur à combler les lacunes d'une première éducation plus que négligée. Attentive à satisfaire aux exigences intellectuelles de celui qu'elle aime avec tout le dévouement que comporte l'amour vrai, le comte, qui n'est que M. Roger pour elle, trouve chez sa maîtresse tout le bonheur qui lui manque chez lui, tout... hors le repos de sa conscience !...

L'auteur analyse avec un suprême talent toutes les phases de cette double existence dont une partie est cachée à tous les yeux. Une circonstance vient tout révéler : la veuve Crochart se meurt; ses voisines, qui la croient riche et sans héritier, vont chercher un prêtre, auquel elles se recommandent pour leur faire obtenir quelques legs. Ce prêtre est l'abbé Fontanon. Effrayée par lui, la mourante lui livre tous ses secrets.

L'abbé Fontanon entre chez Mᵐᵉ de Grandville, dans une grande agitation.

« —Vous serait-il arrivé malheur, mon père ? lui demanda-t-
« elle avec une sollicitude filiale.

« —Ah ! je voudrais, répondit le prêtre normand, que toutes les
« infortunes dont vous afflige la main de Dieu me fussent répar-
« ties ! C'est encore une épreuve à laquelle il faut savoir vous
« soumettre.

« —Eh ! peut-il m'arriver de châtiments plus grands que ceux
« par lesquels la Providence m'accable, en se servant de mon
« mari comme d'un instrument de colère ?

« —Préparez-vous, ma fille, à plus de mal encore que nous
« n'en supposions jadis avec vos pieuses amies.

« —Je dois alors remercier Dieu, reprit la comtesse, de ce qu'il
« se sert de vous pour me transmettre ses volontés, plaçant ainsi
« comme toujours les trésors de sa miséricorde auprès des fléaux
« de sa colère...

« —Il a mesuré vos peines à la force de votre résignation et au
« poids de vos fautes.

« —Parlez! je suis prête à vous entendre.

« A ces mots, la comtesse leva les yeux au ciel et ajouta :

« —Parlez, monsieur l'abbé.

« —Depuis sept ans, M. de Grandville commet le péché d'adul-
« tère avec une concubine, de laquelle il a deux enfants, et il a
« dissipé pour ce ménage adultérin plus de cinq cent mille francs
« qui devraient appartenir à sa famille légitime.

« —Il faudrait que je le visse de mes propres yeux !...

« —Gardez-vous-en bien!, s'écria l'abbé; vous devez pardonner,
« ma fille, et attendre, dans la prière, que Dieu éclaire votre
« époux, à moins d'employer contre lui les moyens que vous offrent
« les lois humaines.

« La longue conversation que l'abbé Fontanon eut alors avec
« sa pénitente produisit un changement violent dans la comtesse.
« Elle le congédia, et montrant sa figure presque colorée à ses gens,
« qui furent effrayés de son activité de folle, elle commanda d'at-
« teler les chevaux : ordre qu'elle donnait rarement ; mais elle
« changea plusieurs fois d'avis dans la même heure ; enfin, comme
« si elle prenait une grande résolution, elle partit sur les trois
« heures, laissant sa maison étonnée d'une si subite révolution.

« —Monsieur doit-il revenir dîner? avait-elle demandé au valet
« de chambre, auquel elle ne parlait jamais.

« —Non, madame.

« —L'avez-vous conduit au Palais ce matin?

« —Oui, madame.

« —N'est-ce pas aujourd'hui lundi?

« —Oui, madame.

« —On va donc maintenant au Palais le lundi?

« —Que le diable t'emporte! dit le valet de chambre, en
« voyant partir sa maîtresse, qui dit au cocher : *Rue Taitbout*.

. . . .

« Caroline de Bellefeuille était en deuil et pleurait......

« —Eh bien! oui, mon ange, dit Roger, après un long silence
« voilà le grand secret, je suis marié... Je ne souhaite pas la mort
« de Mme de Grandville; mais s'il plaisait à Dieu de l'appeler à lui,
« je crois qu'elle serait plus heureuse dans le paradis qu'au milieu
« d'un monde dont ni les peines ni les plaisirs ne l'affectent.

« —Combien je hais cette femme! Comment a-t-elle pu te rendre
« malheureux? Et c'est à ce malheur que je dois ma félicité!...

« —Ne t'effraie pas de ce qu'a pu te dire cet abbé. Quoique
« le confesseur de ma femme soit un homme redoutable par son
« influence dans la Congrégation, s'il essayait de troubler notre
« bonheur, je saurais prendre un parti.

« —Que ferais-tu?

« —Nous irions en Italie; je fuirais...

« Un cri jeté dans le salon voisin fit à la fois frissonner le
« comte de Grandville et trembler Mlle de Bellefeuille, qui se
« précipitèrent dans le salon, et y trouvèrent la comtesse
« évanouie. Quand Mme de Grandville reprit ses sens, elle sou-
« pira profondément en se voyant entre le comte et sa rivale,
« qu'elle repoussa par un geste involontaire plein de mépris.

« Mlle de Bellefeuille se leva pour se retirer.

« —Vous êtes chez vous, Madame, restez! dit le comte de
« Grandville, en arrêtant Caroline par le bras.

« Le magistrat saisit sa femme mourante, la porta jusqu'à
« sa voiture et y monta près d'elle.

« —Qui donc a pu vous amener à désirer ma mort et à me
« fuir? demanda la comtesse, d'une voix faible, en contemplant
« son mari avec autant d'indignation que de douleur. N'étais-je
« pas jeune? Vous m'avez trouvée belle? Qu'avez-vous à me
« reprocher? Vous ai-je trompé? N'ai-je pas été une épouse
« sage et vertueuse? Mon cœur n'a conservé que votre image,
« mes oreilles n'ont entendu que votre voix! A quel devoir ai-je
« manqué? Que vous ai-je refusé?...

« —Le bonheur! répondit le comte, d'une voix ferme : vous
« m'avez sacrifié à votre salut; vous étiez en prières, quand

« j'arrivais à vous le cœur joyeux ; vous pleuriez, quand vous
« auriez dû égayer mes travaux; vous n'avez su satisfaire à aucune
« des exigences de mes plaisirs...

« —Et s'ils étaient criminels ! s'écria la comtesse avec feu.
« Fallait-il donc perdre mon âme pour vous plaire?

« —C'eût été un sacrifice, qu'une autre plus aimante a eu le
« courage de me faire, dit froidement Grandville.

« —O mon Dieu ! s'écria-t-elle en pleurant, tu l'entends !...
« Etait-il digne des prières et des austérités au milieu desquelles
« je me suis consumée pour racheter ses fautes et les miennes?...
« A quoi sert la vertu !

« —A gagner le ciel, ma chère; vous avez dépouillé votre
« âme, au profit de l'avenir, de tout l'amour, de tout le dévoue-
« ment que Dieu vous avait ordonné d'avoir pour moi...

« —Ne vous ai-je donc point aimé? lui demanda-t-elle.

« —L'amour! ma chère, répondit Grandville avec une sorte
« de surprise ironique, vous n'êtes pas en état de le comprendre.
« Se ployer à nos caprices, les deviner, trouver des plaisirs dans
« une douleur, sacrifier l'opinion du monde, l'amour-propre,
« la religion même : voilà l'amour...

« —L'amour des filles d'Opéra ! dit la comtesse avec horreur.
« De tels feux doivent être peu durables et ne laissent bientôt
« que des cendres ou des charbons, des regrets ou du désespoir;
« une épouse doit vous offrir, à mon sens, une amitié vraie, une
« chaleur égale...

« —Vous parlez de chaleur comme les nègres parlent de la
« glace, répondit le comte avec un sourire amer; mais je vous
« rends justice : vous vous êtes si bien tenue dans la ligne de
« devoir apparent, prescrit par la loi, que, pour vous démontrer
« en quoi vous avez failli à mon égard, il faudrait entrer dans
« certains détails que votre dignité ne saurait supporter, et vous
« instruire de choses qui vous sembleraient le renversement de
« toute morale.

« —Vous osez parler de morale, en sortant de la maison où

« vous avez dissipé le bien de vos enfants! dans un lieu de
« débauche! s'écria la comtesse, que les réticences de son mari
« rendaient furieuse.

« —Madame, je vous arrête, lui dit le comte avec sang-froid :
« si Mlle de Bellefeuille est riche, elle ne l'est aux dépens de
« personne ; mon oncle était maître de sa fortune; il avait plu-
« sieurs héritiers : de son vivant, et par pure amitié pour celle
« qu'il considérait comme une nièce, il lui a donné ses terres de
« Bellefeuille; quant au reste, je le tiens de ses libéralités.

« —Cette conduite est digne d'un jacobin! s'écria la pieuse
« Angélique.

« —Vous oubliez, Madame, que votre père était un de ces
« jacobins que vous condamnez avec si peu de charité? dit
« sévèrement le comte...

« Madame de Grandville se tut ; mais, après un moment de
« silence, le souvenir de ce qu'elle venait de voir réveilla dans
« son âme une jalousie que rien ne saurait éteindre dans le cœur
« d'une femme ; elle dit à voix basse, et comme si elle se parlait
« à elle-même :

« —Perdre ainsi son âme et celles des autres!

« —Vous répondrez de tout ceci un jour, peut-être! reprit le
« comte, fatigué de cette conversation.

« Cette parole fit trembler la comtesse.

« —Peut-être aussi, le Juge indulgent qui apprécie nos fautes
« vous excusera-t-il, par la bonne foi avec laquelle vous avez ac-
« compli mon malheur! Je ne vous hais point; je hais les gens qui
« ont faussé votre cœur et votre raison... Vous avez prié pour moi,
« comme Mlle de Bellefeuille m'a donné son cœur et m'a comblé
« d'amour. Vous deviez être tour à tour et ma maîtresse et la
« sainte priant au pied des autels. Rendez-moi cette justice
« d'avouer, que je ne suis ni pervers ni débauché; mes mœurs
« sont pures. Hélas! au bout de sept ans de douleur, le besoin
« d'être heureux m'a, par une pente insensible, conduit à aimer
« une autre femme que vous...

« —Grand Dieu! s'écria la comtesse, combien ma croix est
« devenue lourde à porter! Si l'époux que tu m'as imposé dans
« ta colère ne peut trouver ici-bas de félicité que par ma mort,
« rappelle-moi dans ton sein!

« —Si vous aviez toujours eu de si admirables sentiments et
« ce dévouement, nous serions encore heureux, dit froidement le
« comte.

« —Eh bien! dit Angélique en versant un torrent de larmes,
« pardonnez-moi si j'ai pu commettre des fautes : je suis prête à
« vous obéir en tout, certaine que vous ne désirerez rien que de
« juste et de naturel; je serai désormais ce que vous voudrez
« que soit une épouse.

« —Madame, si votre intention est de me faire dire que je ne
« vous aime plus, j'aurai l'affreux courage de vous éclairer.
« Puis-je commander à mon cœur? puis-je effacer en un instant
« le souvenir de quinze années de chagrin? *Je n'aime plus :* ces
« paroles renferment un mystère aussi profond que celui contenu
« dans le mot *j'aime*. L'estime, la considération, les égards
« s'obtiennent, disparaissent, reviennent; mais quant à l'amour,
« je me prêcherais mille ans, que je ne le ferais pas renaître,
« surtout pour une femme qui s'est vieillie à plaisir.

« —Ah! Monsieur le comte, je désire bien sincèrement que
« ces paroles ne vous soient pas prononcées un jour, par
« celle que vous aimez, avec le ton et l'accent que vous y
« mettez!

« —Voulez-vous porter ce soir une robe à la grecque, et venir
« à l'Opéra?

« Le frisson que cette demande causa à la comtesse fut une
« muette réponse. »

La maîtresse du comte de Grandville, suivant la pente sur laquelle elle s'est placée en ne reconnaissant d'autres lois que celles du sentiment, abandonne celui auquel elle devait le développement de son être moral, sa fortune, des années de bonheur, le père de ses enfants enfin, pour une passion nouvelle. N'est-ce pas là encore le vrai? Les Carolines de Bellefeuille ne se font-elles pas une gloire de n'obéir qu'à l'amour? Elle sacrifie donc son bienfaiteur et l'avenir de ses enfants à un jeune homme plein de vices, qui la fait retomber dans la misère dont le comte l'avait tirée. Les turpitudes de ce nouvel amant, les tortures qu'il lui fait subir ne la guérissent pas de cette passion insensée, qui s'exalte par les sacrifices qu'elle lui fait chaque jour. Caroline se dévoue à ce misérable, comme elle s'est dévouée jadis au comte. L'expiation suit de près les fautes : Caroline, après avoir dévoré sa fortune et celle de ses enfants, dont elle a négligé l'éducation, les voit se perdre par le mauvais exemple de celui qui a remplacé leur père; ils tombent dans l'infamie, dont ils ne se relèveront jamais, tandis qu'elle meurt sur un grabat, tuée autant par la misère que par le chagrin et le remords.

Le comte de Grandville ne peut oublier celle qui l'a si indignement trahi, mais qui l'a tant aimé. Révolté de la lâcheté de son cœur, sans s'avouer à lui-même ses regrets, il suit avec rage, dans la rue, au milieu de la nuit, l'ombre du misérable qui l'a remplacé auprès de Caroline mourante. Le grand médecin qui la soigne rencontre le comte de Grandville, qu'il connaît; une conversation s'engage entre eux : conversation terrible qui fait comprendre l'étendue de la misère du cœur de cet homme, qui ne croit plus qu'aux vices de l'espèce humaine.

Les enfants de la comtesse de Grandville, élevés à l'ombre d'une honorabilité sans tache, prospèrent et sont tous bien placés dans le monde; la femme, au cœur sec, mène à bien sa famille, par le seul fait d'une conduite irréprochable. Mais ne doit-elle pas compte du bonheur de l'homme à qui elle était unie et qu'elle a jeté dans un scepticisme desséchant, où il s'est endurci et où il mourra peut-être, en doutant de toutes les affections et n'aimant plus rien, pas même les siens?...

Mlle GUILLAUME

« AR une matinée pluvieuse du mois de mars, un
« jeune homme soigneusement enveloppé dans son
« manteau, se tenait, rue Saint-Denis, sous l'auvent
« d'une boutique, en face d'un vieux logis qu'il sem-
« blait examiner avec un enthousiasme d'archéologue.
« Son attention se portait particulièrement sur d'hum-
« bles croisées, à petites vitres d'une couleur verte ;
« parfois, cet observateur, ennuyé de sa contempla-
« tion sans résultat, abaissait ses regards vers les ré-
« gions inférieures. Un sourire involontaire se dessi-
« nait alors sur ses lèvres en regardant un antique
« tableau représentant un chat qui pelotait ; à droite
« du tableau, sur un champ d'azur, les passants
« lisaient : *Guillaume, marchand de drap ;* et à gauche :
« *successeur du sieur Chevrel.* Ce jeune homme fut enfin ré-
« compensé de sa longue attente : une figure, fraîche comme
« un de ces blancs calices qui fleurissent au sein des eaux,
« se montra couronnée d'une ruche en mousseline, qui donnait
« à sa tête un air d'innocence admirable ; son cou, ses épaules
« s'apercevaient, grâce à de légers interstices ménagés, dans

« ses vêtements, par les mouvements du sommeil ; aucune ex-
« pression de contrainte n'altérait ni l'ingénuité de ce visage,
« ni le calme de ces yeux immortalisés par avance dans les su-
« blimes compositions de Raphaël : c'était la même grâce, la
« même tranquillité de ces vierges devenues proverbiales. Il
« existait un charmant contraste produit par la jeunesse de cette
« figure, sur laquelle le sommeil avait comme mis en relief une
« surabondance de vie, et par la vieillesse de cette fenêtre massive,
« aux contours grossiers, dont l'appui était noir. La jeune fille, à
« peine éveillée, laissa errer ses yeux bleus sur les toits voisins et
« regarda le ciel ; puis, par une sorte d'habitude, elle les baissa
« sur les sombres régions de la rue, où ils rencontrèrent aussitôt
« ceux de son adorateur. La coquetterie la fit sans doute souffrir
« d'être vue en déshabillé ; elle se retira vivement en arrière, et
« la vision disparut. Il semblait à ce jeune homme que la plus
« brillante des étoiles du matin avait été soudain cachée par un
« nuage. »

Ce jeune homme était Théodore de Sommervieux, peintre célèbre, homme riche et élégant ; la jeune fille, Mlle Augustine
Guillaume, dont il était éperdument épris.

C'est par cette première entrevue que commence, pour le lecteur, la révélation de cette passion innocente et romanesque, née
dans une arrière-boutique, où les rêves naïfs d'une imagination
chaste de jeune fille la croit éternelle et sans dénoûment possible.
Passion d'autant plus violente qu'elle blesse tout ce que la raison
lui oppose.

Augustine, « à peine âgée de dix-huit ans, était mignonne, gra-
« cieuse et pleine de candeur ; un homme du monde n'aurait pu
« reprocher à cette charmante créature que des gestes mesquins,
« certaines attitudes communes, et parfois de la gêne. Sa figure
« respirait cette mélancolie passagère qui s'empare de toutes les
« jeunes filles, trop faibles pour avoir une volonté. Toujours mo-
« destement vêtues, sa sœur et elle ne pouvaient satisfaire la
« coquetterie innée chez la femme, que par un luxe de propreté

« qui leur allait à merveille..... Élevées pour le commerce, ha-
« bituées à n'entendre que des raisonnements et des calculs tris-
« tement mercantiles, n'ayant étudié que la grammaire, la tenue
« des livres, un peu d'histoire Juive, l'histoire de France dans Le
« Ragois ; leurs idées n'avaient pas pris beaucoup d'étendue.
« Elles savaient parfaitement tenir un ménage ; elles connaissaient
« le prix des choses ; elles appréciaient les difficultés qu'on
« éprouve à amasser de l'argent ; elles étaient économes et por-
« taient un grand respect aux qualités du négociant. Les réunions
« occasionnées par les solennités de famille formaient tout l'avenir
« de leurs joies terrestres.

« Mme Guillaume exigeait que ses deux filles fussent habillées
« de grand matin, qu'elles descendissent tous les jours à la même
« heure, et soumettait leurs occupations à une régularité monas-
« tique.

« Cependant, Augustine avait reçu du hasard une âme assez
« élevée pour sentir le vide de cette existence. Parfois, ses yeux
« bleus se relevaient comme pour interroger les profondeurs de
« cet escalier sombre et de ces magasins humides. Après avoir
« sondé le silence du cloître, elle semblait écouter de loin des
« révélations de cette vie passionnée qui met les sentiments à
« un plus haut prix que les choses. En ce moment, son visage se
« colorait ; ses mains inactives laissaient tomber sa broderie sur le
« chêne poli du comptoir, et bientôt, sa mère lui disait, d'une voix
« qui restait toujours aigre, même dans ses tons les plus doux :
« — Augustine, à quoi pensez-vous donc, mon bijou ?... »

L'intérieur presbytérien de cette famille frappa un soir Théodore de Sommervieux, passant à la nuit tombante devant l'obscure
boutique du *Chat qui pelote* ; il y resta en contemplation, à l'aspect d'un tableau qui aurait arrêté tous les peintres du monde.
« Le magasin, n'étant pas encore éclairé, formait un plan noir au
« fond duquel se voyait la salle à manger du marchand. Une
« lampe astrale y répandait ce jour jaune qui donne tant de
« grâce aux tableaux de l'école hollandaise. Augustine parais-

« sait pensive et ne mangeait pas. Par une disposition de la
« lampe, dont la lumière tombait entièrement sur son visage, son
« buste semblait se mouvoir dans un cercle de feu qui détachait
« plus vivement les contours de sa tête et l'illuminait d'une
« manière quasi-surnaturelle ; l'artiste la compara involontaire-
« ment à un ange exilé qui se souvenait du ciel : l'amour inonda
« son cœur. Après être demeuré, pendant un moment, comme
« écrasé sous le poids de ses idées, il rentra chez lui, ne mangea
« pas, ne dormit pas ; le lendemain, il entra dans son atelier pour
« n'en sortir qu'après avoir déposé sur une toile la magie de
« cette scène dont le souvenir l'avait en quelque sorte fanatisé.
« Sa félicité fut incomplète, tant qu'il ne posséda pas un fidèle
« portrait de son idole. Il passa plusieurs fois devant la maison
« du *Chat qui pelote*; il y entra plus d'une fois, afin de voir de
« plus près la ravissante créature que Mme Guillaume couvrait
« de son aile. Pendant huit mois donnés à son amour, à ses pin-
« ceaux, il oublia le monde, le théâtre, la musique, ses plus
« chères habitudes.

« Les deux toiles furent exposées. Augustine, entraînée au
« Salon par une de ses parentes, pénétra, à travers la foule, jus-
« qu'à un tableau couronné. Un frisson la fit trembler comme
« une feuille de bouleau, quand elle se reconnut dans le portrait
« de jeune fille qu'il représentait. En ce moment, ses yeux effrayés
« rencontrèrent la figure enflammée du peintre ; elle se rappela
« tout-à-coup la physionomie d'un promeneur, que, curieuse, elle
« avait souvent remarqué.

« — Vous voyez ce que l'amour m'a fait faire ! » dit l'artiste à
« l'oreille de la timide créature, qui resta tout épouvantée de ces
« paroles. Mlle Guillaume et sa cousine furent ensuite poussées
« par la foule à quelques pas du second tableau. Augustine
« pleura involontairement à l'aspect de cette merveilleuse scène
« de la maison du *Chat qui pelote,* où elle se reconnut encore...
« Par un sentiment presque inexplicable, elle mit un doigt sur ses
« lèvres, en apercevant la figure extatique de l'artiste. Elle se vit

« accompagnée jusqu'à la voiture de sa cousine par ce jeune
« homme, resplendissant de bonheur et d'amour. Augustine éprou-
« vait une sorte de joie mêlée de terreur, en pensant que sa
« présence causait la félicité de celui dont le nom était sur toutes
« les lèvres, dont le talent donnait l'immortalité à de passagères
« images : elle était aimée ; il lui était impossible d'en douter ;
« elle entendait retentir dans son cœur ces paroles si simples :
« —Vous voyez ce que l'amour m'a fait faire !... »

« Quel vide elle reconnut dans cette noire maison ! Quels trésors
« elle trouva dans son âme ! Être la femme d'un homme de
« talent ! Partager sa gloire ! Quel ravage cette idée ne devait-
« elle pas faire au cœur d'une enfant élevée au sein de cette
« famille ?... Augustine aima tout-à-coup ; incapable de de-
« viner les choses qui résultent de l'alliance d'une femme
« aimante avec un homme d'imagination, Augustine crut être
« appelée à faire le bonheur du peintre, sans apercevoir aucune
« disparate entre elle et lui !...

Augustine épousa M. de Sommervieux, le jour où sa sœur
(femme selon le cœur de sa mère et de son père) épousait Joseph
Lebas, premier commis de M. Guillaume, auquel il succédait.

« La fougue de passion qui possédait Théodore fit dévorer au
« jeune ménage près d'une année, sans que le moindre nuage
« vînt altérer l'azur du ciel sous lequel ils vivaient. Simple et
« naïve, l'heureuse Augustine ne connaissait ni la coquetterie des
« refus, ni l'empire qu'une jeune fille du grand monde se crée
« sur un mari par d'adroits caprices. Elle aimait trop pour cal-
« culer l'avenir ; elle n'imaginait pas qu'une vie si délicieuse pût
« jamais cesser. La félicité de l'amour l'avait rendue si brillante,
« que sa beauté lui inspira de l'orgueil et lui donna la conscience
« de pouvoir toujours régner sur un homme aussi facile à
« enflammer que l'était M. de Sommervieux. Ainsi, son état de
« femme ne lui apporta d'autres enseignements que ceux de
« l'amour. Au sein de ce bonheur, elle ne pensa pas à prendre
« les manières, le ton, et l'instruction du monde dans lequel elle

« devait vivre. Cependant, à l'expiration de cette année, aussi
« charmante que rapide, Sommervieux sentit la nécessité de
« reprendre ses travaux et ses habitudes. Théodore en était
« arrivé à vouloir cette jouissance d'amour-propre que nous
« donne la société, quand nous y apparaissons avec une belle
« femme, objet d'envie et d'admiration.

« Parcourir les salons en s'y montrant avec l'éclat emprunté
« de la gloire de son mari, se voir jalouser par toutes les femmes,
« fut pour Augustine une nouvelle moisson de plaisirs, mais ce
« fut le dernier reflet que devait jeter son bonheur conjugal. Elle
« commença par offenser la vanité de son mari, quand, malgré de
« vains efforts, elle laissa percer son ignorance, l'impropriété
« de son langage et l'étroitesse de ses idées. Théodore ne put se
« refuser à l'évidence d'une vérité cruelle : sa femme n'habitait
« pas sa sphère ; elle marchait terre à terre dans le monde réel,
« tandis qu'il avait la tête dans les cieux. Augustine préférait un
« regard au plus beau tableau : le seul sublime qu'elle connût
« était celui du sentiment ; si le peintre montrait à sa femme les
« croquis de ses compositions, il l'entendait s'écrier comme eût
« pu le faire le père Guillaume : — C'est bien joli !...

« Théodore éprouva insensiblement une froideur qui ne pouvait
« aller qu'en croissant. Augustine réfléchit, compara; le malheur
« lui déroula les premiers textes de l'expérience : il est inutile de
« marquer chacune des dégradations de couleur par lesquelles la
« teinte brillante de leur lune de miel atteignit à une profonde
« obscurité.

« A vingt-et-un ans, dans tout l'éclat de la jeunesse et de la
« beauté, Augustine se vit trahie pour une femme de trente-six
« ans. En se sentant malheureuse au milieu du monde, la pauvre
« petite ne comprit rien ni à l'admiration qu'elle y excitait, ni à l'en-
« vie qu'elle inspirait; sa figure prit une nouvelle expression : la
« mélancolie versa dans ses traits la douceur de la résignation et
« la pâleur d'un amour dédaigné. Une lueur fatale lui fit entrevoir
« les défauts de contact qui, par suite des mesquineries de son

« éducation, empêchaient l'union complète de son âme avec celle
« de Théodore. Elle eut assez d'amour pour l'absoudre et pour
« se condamner. Elle pleura des larmes de sang, et reconnut
« trop tard qu'il y a des mésalliances d'esprit aussi bien que des
« mésalliances de mœurs et de rang !...

« Cependant, elle aimait trop sincèrement pour perdre toute
« espérance ; elle voulut s'instruire ; mais, en dévorant des
« volumes, en apprenant avec courage, elle ne réussit qu'à
« devenir moins ignorante. La légèreté de l'esprit, les grâces de
« la conversation, sont un don de la nature, ou le fruit d'une
« éducation commencée au berceau. Il était trop tard pour orner
« sa rebelle mémoire des beautés de la poésie. Si elle entendait
« avec plaisir les entretiens du monde, elle n'y fournissait rien
« de brillant ; ses idées religieuses, ses préjugés d'enfance, s'oppo-
« saient, d'ailleurs, à la complète émancipation de son intelligence !

« Enfin, il s'était glissé, entre elle et Théodore, des préventions
« que rien ne pouvait vaincre, et il imposait tellement à cette
« jeune et touchante créature, qu'en sa présence et dans le tête-
« à-tête elle semblait embarrassée par son trop grand désir de
« plaire, et sentait son esprit et ses connaissances s'évanouir dans
« un seul sentiment... »

A qui pouvait-elle demander des conseils et des consolations ?
Séparée maintenant des siens, ses idées, moins élevées que celles
de son mari, planaient au-dessus de toutes les idées de sa famille !

« La pauvre femme se trouva donc seule dans la froide atmos-
« phère de son ménage et livrée à l'horreur de ses méditations...
« L'étude n'était plus rien pour elle, puisque l'étude ne lui
« avait pas rendu le cœur de son mari. Initiée aux secrets
« de ces âmes de feu, mais privée de leurs ressources, elle parti-
« cipait avec force à leurs peines, sans partager leurs plaisirs. »

Dans sa douleur et dans son ignorance des usages du monde,
Augustine fit une démarche qui, pour toute autre qu'elle, eût été
un acte de déraison. Elle alla trouver la duchesse de Carigliano,
sa rivale, et l'attendrit un instant par sa naïveté et sa candeur.

— Madame la duchesse, lui dit-elle, le désespoir a sa folie : c'est à vous que je viens demander les moyens de triompher de vous ; vous savez plaire, et j'ai le tort de n'être plus aimée.

Cette simplicité de cœur rappelle-t-elle à la duchesse ses sentiments de jeune fille, ou bien, lui plait-elle par son étrangeté même? On peut admettre la deuxième supposition plutôt que la première ; car cette femme, encore jeune, a une trop grande habileté pour n'avoir pas toujours été coquette.

Elle donne à la jeune femme des conseils de haute politique conjugale, qu'Augustine ne peut comprendre. On ne passe pas tout-à-coup du blanc pur aux couleurs chatoyantes de l'opale. La duchesse a bientôt jugé la jeune femme. Peut-être le peu de mérite de son triomphe lui en ôte-t-il la saveur, ou peut-être s'ennuie-t-elle des bizarreries et des excentricités de l'homme supérieur à qui elle n'a voulu plaire un instant que par vanité. Elle voit dans la démarche de Mme de Sommervieux un moyen de rupture qui évite toute explication.

M. de Sommervieux doit aimer ou haïr : en cela, il ressemble à sa femme, il ne connaît pas de nuance dans le sentiment. Qu'il haïsse donc ! car madame la duchesse n'aime plus !...

Elle conduit Augustine à une somptueuse galerie, et s'arrête devant le portrait que Théodore avait fait de Mlle Guillaume.

A cet aspect, Augustine jette un cri.

— Je savais bien qu'il n'était plus chez moi, dit-elle, mais... ici !...

— Ma chère, je ne l'ai exigé que pour voir jusqu'à quel degré de bêtise un homme de génie peut atteindre. Tôt ou tard, il vous aurait été rendu par moi ; mais je ne m'attendais pas au plaisir de voir l'original devant la copie ! Si, armée de ce talisman, vous n'êtes pas pendant cent ans maîtresse de votre mari, vous n'êtes pas une femme, et vous mériterez votre sort.

Hélas ! ce fut l'arrêt d'Augustine. Il eût fallu être la duchesse elle-même pour conduire et dominer la scène que la vue de cette toile amènera ! La pauvre femme, comme le mouton de la fable,

« était pleine de courage en l'absence du loup. Elle parlait à son
« mari : loin de lui, elle retrouvait cette éloquence vraie qui
« n'abandonne jamais les femmes. Puis, en songeant au regard
« fixe et clair de Théodore, elle tremblait déjà. Quand elle
« demanda si Monsieur était chez lui, la voix lui manqua ; en
« apprenant qu'il ne reviendrait pas dîner, elle éprouva un
« mouvement de joie inexplicable. Semblable au criminel qui se
« pourvoit en cassation contre un arrêt de mort, un délai lui
« semblait une vie entière. Elle plaça le portrait dans sa chambre,
« attendit son mari avec angoisse, frissonnant à toute espèce
« de bruits, même au murmure de la pendule, qui semblait
« appesantir ses terreurs en les lui mesurant. Elle eut l'idée de
« faire une toilette qui la rendît en tous points semblable au
« portrait ; puis, connaissant le caractère inquiet de son mari,
« elle fit éclairer son appartement d'une manière inusitée, certaine
« qu'en rentrant la curiosité l'amènerait chez elle. Minuit sonna
« quand, au cri du jockey, la porte de l'hôtel s'ouvrit ; la voiture
« du peintre roula sur le pavé de la cour silencieuse. »

—Que signifie cette illumination ? demanda Théodore, d'une voix joyeuse, en entrant dans son appartement.

Augustine s'élance au cou de son mari, et lui montre le portrait.

L'artiste reste immobile comme un rocher. Ses yeux se dirigent alternativement sur Augustine et sur la toile accusatrice. La timide épouse, demi-morte, épie le front changeant, le front terrible de son mari. Elle en voit par degrés les rides expressives s'amonceler comme des nuages ; puis, elle croit sentir son sang se figer dans ses veines, quand, par un regard flamboyant, et d'une voix profondément sourde, elle est interrogée.

—Où avez-vous trouvé ce tableau ?...
—La duchesse de Carigliano me l'a rendu.
—Vous le lui avez demandé ?...
—Je ne savais pas qu'il fût chez elle.

La douceur, ou plutôt la mélodie enchanteresse de la voix de

cet ange, eût attendri tout autre qu'un artiste en proie aux tortures de la vanité blessée.

— Cela est digne d'elle ! s'écrie-t-il d'une voix tonnante. Je me vengerai ! elle en mourra de honte : je la peindrai en Messaline sortant la nuit du palais de Claude.

— Théodore ! dit une voix mourante.

— Je la tuerai !...

— Mon ami !...

— Elle aime ce petit colonel de cavalerie, parce qu'il monte bien à cheval...

— Théodore !...

— Laissez-moi ! dit le peintre à sa femme, avec un son de voix qui ressemblait presque à un rugissement.

Mais il serait odieux de peindre toute cette scène, à la fin de laquelle l'ivresse de la colère suggéra à l'artiste des paroles et des actes qu'une femme moins jeune qu'Augustine aurait attribués à la démence.

« Sur les huit heures du matin, Mme Guillaume surprit sa fille
« pâle, les yeux rouges, la coiffure en désordre, tenant à la main
« un mouchoir trempé de larmes, contemplant sur le parquet des
« fragments épars d'une toile déchirée, et les morceaux d'un
« grand cadre doré mis en pièces.

« Augustine, que la douleur rendait presque insensible, montra
« ces débris par un geste empreint de désespoir. »

— Voilà une grande perte ! s'écria la vieille régente du *Chat qui pelote* : il était ressemblant, c'est vrai ; mais il y a, sur le boulevard, des hommes qui font des portraits charmants pour cinquante écus.

« Augustine mit un doigt sur ses lèvres pâlies, pour implorer le
« silence. Sa mère ne pouvait la consoler. »

Le malheur lui avait fait trouver la résignation qui, chez les mères et chez les femmes aimantes, surpasse, dans ses effets, l'énergie humaine, et révèle peut-être dans le cœur des femmes l'existence de certaines vertus que Dieu a refusées à l'homme.

Une inscription gravée sur un cippe du cimetière Montmartre indique que Mme de Sommervieux mourut à vingt-sept ans.

Les humbles et modestes fleurs écloses dans les vallées ne peuvent vivre transplantées sur les montagnes, aux régions où se forment les orages, où le soleil est brûlant!...

LA FEMME DE TRENTE ANS

Par une belle matinée d'avril 1813, jour d'une grande revue de l'empereur Napoléon, une jeune fille traverse précipitamment les Tuileries, entraînant son vieux père, qui ne marche pas assez vite au gré de son impatience. Chacun remarque la vivacité joyeuse et enfantine de cette jeune fille; chacun lui fait place, car elle est belle!...

« Une douce malice animait ses grands yeux noirs,
« surmontés de sourcils bien arqués, bordés de longs
« cils, et qui nageaient dans un fluide pur. La vie et
« la jeunesse étalaient leurs trésors sur un gai visage,
« et sur un buste gracieux encore, malgré la ceinture
« alors placée sous le sein. »

Le colonel Victor d'Aiglemont lui a donné rendez-vous à cette revue : elle craint de ne pas y arriver à temps. Son père ignore cette circonstance, et surpris de l'impatience presque fébrile de sa fille, il suit ses regards et surprend son secret, qu'un incident vient trahir.

« —Victor ne te convient pas, dit-il à sa fille avec tristesse ; si tu

« l'épouses, je n'emporterai pour toi dans la tombe aucune espé-
« rance de bonheur. Tu crois aimer cet homme? c'est l'uniforme
« brillant du colonel qui te séduit en lui. Victor n'est doué d'aucune
« de ces délicatesses qui nous font esclave du bonheur d'une femme :
« il est ignorant, égoïste, brutal ; sa gaîté est une gaîté de caserne,
« sa beauté toute physique, sa bonté sans intelligence : il ne connaît
« pas plus la vie que les femmes; enfin, c'est un de ces êtres
« créés pour prendre et pour digérer quatre repas par jour, pour
« dormir, pour aimer n'importe quelle femme, et pour se
« battre. »

Mais Julie comprend si peu la portée des paroles de son père, qu'elle lui répond avec une mutinerie enfantine.

— Voulez-vous donc me marier pour vous, et non pour moi?...

Un an après cette scène, nous retrouvons Julie sur la route de la Loire, avec le colonel son mari. La campagne de 1814 commence.

Le colonel, chargé d'ordres de l'Empereur pour le maréchal Soult, profite de cette circonstance pour conduire sa femme à Tours, chez sa vieille tante, Mme de Listomère, chez laquelle elle sera en sûreté : un trait de la voiture vient à casser près du pont de la Cisse, à quelques lieues de la ville. Victor s'est élancé sur le chemin, prêt à chercher querelle au postillon ; mais, en voyant l'adresse de celui-ci à réparer le mal, sa colère s'apaise aussitôt. Il bâille, se détire les bras, et jette les yeux sur la vallée de la Cisse. « — Regarde donc, Julie, comme ce paysage est beau !... Ne voudrais-tu pas demeurer là? — Là ou ailleurs, qu'importe ! » répond-elle en jetant un regard triste et découragé sur ce joli pays... Le portrait de son père mort s'échappe de son sein : Julie pleure en le contemplant. Les regrets seuls font-ils couler ses larmes? ou n'a-t-elle pas déjà reconnu la vérité des prédictions de son père ? « La jeune femme ne ressemble déjà plus à la jeune fille
« qui courait naguère avec tant de joie et de bonheur à la revue
« des Tuileries; son visage, toujours délicat, est privé des couleurs
« roses qui lui donnaient jadis un si riche éclat ; ses cheveux

« noirs font ressortir la blancheur mate de sa tête, dont la viva-
« cité semble engourdie, quoique ses yeux brillent d'un éclat
« surnaturel; mais au-dessous de leurs paupières quelques teintes
« violettes se dessinent sur ses joues fatiguées. » Pourquoi cette
tristesse, pourquoi cette langueur? se demande Victor.

Un homme qui se promène à cheval sur les bords de la Cisse
débouche sur le pont, pendant que la voiture est arrêtée : il aperçoit Julie; frappé de sa beauté mélancolique, il cherche le secret
de sa tristesse... Par désœuvrement, peut-être, il a étudié la
médecine à Montpellier, où il était prisonnier de guerre; il a ses
degrés de docteur; il vient d'être transféré brusquement de
Montpellier à Tours : ce jeune homme est Anglais; il s'appelle lord
Grandville.

Mme de Listomère voit la tristesse de sa nièce, et provoque ses
confidences : «—Mon neveu se conduit avec vous comme un Lans-
quenet; mon cœur, je vous le changerai et vous rendrai au
bonheur! » dit-elle. Mais la Restauration survint; Victor, rallié
au nouveau gouvernement, rappelle sa femme à Paris, et Mme de
Listomère meurt de joie en voyant un Bourbon à Tours.

Un an après sa nouvelle installation à Paris, Julie devient
mère; mais sa fille, nommée Hélène, ne lui rend ni la santé ni
la joie. Elle pense quelquefois au jeune Anglais, passant tous les
jours sous ses fenêtres à Tours, qui l'a suivie à Paris et l'a protégée à Orléans, au milieu des troupes alliées. Julie le retrouve
chez Mme de Cérisy, maîtresse de son mari; quelques paroles
brutales de M. d'Aiglemont, sur sa femme, sont entendues par lord
Grandville, et révèlent à ce dernier le danger et le malheur de
Julie. Avec la bizarrerie et l'excentricité anglaises, il aborde au
milieu de la fête le colonel, devenu marquis. — « Je suis médecin,
« et de plus gentilhomme, lui dit-il; votre femme est en danger de
« mort, je peux la sauver, et vous offre loyalement le secours de ma
« science. Je m'ennuie assez pour qu'il me soit indifférent de
« dépenser mon temps et mes voyages au profit d'un être souf-
« frant, au lieu de satisfaire quelques sottes fantaisies... »

Julie a retrouvé la santé; elle habite momentanément le château de Moncontour, situé dans cette vallée de la Cisse, déjà entrevue... « dans cette belle et suave contrée où l'air est caressant, où la « terre sourit partout, où partout de douces magies enveloppent « l'âme, la rendent paresseuse, amoureuse, l'amollissent et la « bercent. Là s'endorment les douleurs et s'éveillent les tendres « passions ; là mourut plus d'une ambition et naquit plus d'un « bonheur ! »

Par une belle soirée d'août 1821, Julie se promène avec lord Grandville et son mari, qui, un fusil sur l'épaule, les devance ou les suit, sans jamais les perdre de vue... Julie, fraîche, légère, heureuse comme aux premiers jours de sa jeunesse, aspire l'air avec ivresse.—« Que ce pays est beau! s'écrie-t-elle avec un « enthousiasme croissant et naïf... Vous l'avez habité longtemps? « reprend-elle après une pause... A ces mots, lord Grandville « tressaille.—C'est là, répond-il avec mélancolie, en montrant « un bouquet de noyers sur la route, là que, prisonnier, je vous « vis pour la première fois ! — Oui, j'étais bien triste alors... « Cette nature me rendait sauvage, et maintenant... Elle s'arrête.. « Lord Grandville n'ose pas la regarder.—C'est à vous, dit enfin « Julie, après un long silence, que je dois ce plaisir ; ne faut-il « pas être vivante pour éprouver les joies de la vie, et jusqu'à « présent n'étais-je pas morte à tout ? Vous m'avez donné plus « que la santé, vous m'avez appris à en sentir tout le prix !... »

« Les femmes ont un inimitable talent pour exprimer leurs « sentiments, sans employer de trop vives paroles; leur éloquence « est surtout dans l'accent, dans le geste, l'attitude, le regard. « Lord Grandville cache sa tête dans ses mains, car des larmes « roulent dans ses yeux. Ce remercîment était le premier que « Julie lui adressât depuis leur départ de Paris. Pendant une « année entière, il avait soigné la marquise avec le dévouement « le plus entier; secondé par d'Aiglemont, il l'avait conduite aux « eaux d'Aix, puis sur les bords de la mer, à La Rochelle, épiant « à tous moments les changements que ses savantes et simples

« prescriptions produisaient sur la constitution délabrée de Julie;
« il l'avait cultivée comme une plante rare peut l'être par un
« horticulteur passionné : la marquise avait paru recevoir les
« soins intelligents d'Arthur avec tout l'égoïsme d'une Parisienne
« habituée aux hommages...

« L'influence exercée sur l'âme par les lieux est une chose
« digne de remarque. Si la mélancolie nous gagne infaillible-
« ment lorsque nous sommes au bord des eaux, une autre loi
« de notre nature impressible fait que sur les montagnes nos
« sentiments s'épurent : la passion gagne en profondeur ce qu'elle
« paraît perdre en vivacité. L'aspect du vaste bassin de la Loire,
« l'élévation de la jolie colline où les deux amants s'étaient assis,
« causaient peut-être le calme délicieux dans lequel ils savou-
« rèrent d'abord le bonheur qu'on goûte à deviner l'étendue
« d'une passion cachée sous des paroles insignifiantes en appa-
« rence.

« Au moment où Julie achevait la phrase qui avait si vivement
« ému lord Grandville, une brise caressante agita la cime des
« arbres, répandit la fraîcheur des eaux dans l'air ; quelques
« nuages couvrirent le soleil, et des ombres molles laissèrent voir
« toutes les beautés de cette jolie nature. Julie détourna la tête
« pour dérober au jeune lord la vue des larmes qu'elle réussit à
« retenir, car l'attendrissement d'Arthur l'avait promptement
« gagnée !.. Elle n'osa lever les yeux sur lui, dans la crainte qu'il
« ne lût trop de joie dans ce regard. Son instinct de femme lui
« faisait sentir qu'à cette heure dangereuse, elle devait ensevelir
« son amour au fond de son cœur ! Cependant le silence pouvait
« être également redoutable... Et s'apercevant que lord Gran-
« ville était hors d'état de prononcer une parole, Julie reprit
« d'une voix douce : «—Vous êtes touché de ce que je vous ai dit,
« milord ? Peut-être cette vive expansion est-elle la manière que
« prend une âme, gracieuse et bonne comme l'est la vôtre, pour
« revenir sur un faux jugement... Vous m'avez crue ingrate, en
« me trouvant froide et réservée, ou moqueuse et insensible,

« pendant ce voyage qui va se terminer. Je n'aurais pas été digne
« de recevoir vos soins, si je n'avais su les apprécier. Milord, je
« n'ai rien oublié. Hélas ! je n'oublierai rien... ni la sollicitude
« qui vous faisait veiller sur moi comme une mère veille sur son
« enfant, ni surtout la noble confiance de nos entretiens fra-
« ternels, ni la délicatesse de vos procédés, séductions contre
« lesquelles nous sommes sans armes. Milord, il est hors de mon
« pouvoir de vous récompenser... »

« A ce mot, Julie s'éloigna vivement, et lord Granville ne fit
« aucun mouvement pour l'arrêter. La marquise alla sur une
« roche, à une faible distance, et y resta immobile. Leurs émo-
« tions furent un secret pour eux-mêmes ; sans doute ils pleurèrent
« en silence : les chants des oiseaux si prodigues d'expressions
« tendres au coucher du soleil durent augmenter la violente
« commotion qui les avait forcés de se séparer; la nature se
« chargea de leur exprimer un amour dont ils n'osaient parler...
« —Eh bien ! milord, reprit Julie, en se mettant devant lui avec une
« attitude de dignité qui lui permit de prendre la main d'Arthur,
« je vous demanderai de laisser pure et sainte la vie que vous
« m'avez rendue... Ici, nous nous quitterons... Je sais, ajouta-t-
« elle, en voyant pâlir lord Grandville, que, pour prix de votre
« dévouement, je vais exiger un sacrifice plus grand que tous ceux
« dont l'étendue devrait être mieux reconnue par moi... Mais il
« le faut... Vous ne resterez pas en France... Vous le commander,
« n'est-ce pas vous donner des droits qui seront sacrés ?... »

« Arthur se leva : —J'obéirai, dit-il ; je ne vous parlerai pas de
« mon amour ; nos âmes se comprennent trop bien, Julie !...
« Quelque profonds, quelque secrets que fussent mes plaisirs
« de cœur, vous les avez tous partagés, je le sens, je le sais, je
« le vois ! J'acquiers maintenant la délicieuse preuve de la
« constante sympathie de nos cœurs ; mais je fuirai... car j'ai
« plusieurs fois calculé trop habilement le moyen de tuer cet
« homme, pour pouvoir toujours y résister, si j'étais près de
« vous !

« Les deux amants restèrent un moment silencieux,
« occupés à dévorer leurs peines et leurs joies bonnes et
« mauvaises; leurs pensées étaient fidèlement les mêmes, et ils
« s'entendaient aussi bien dans leurs intimes plaisirs que dans
« leurs douleurs les plus cachées. — Je ne dois pas murmurer :
« le malheur de ma vie est mon ouvrage, dit Julie, en levant au
« ciel ses yeux pleins de larmes... Je ne me crois pas coupable,
« non, les sentiments que j'ai conçus pour vous sont irrésistibles,
« éternels, mais bien involontaires, et je veux rester irrépro-
« chable... »

Julie sera donc fidèle à ses devoirs, à ses sentiments; elle aura pour son mari un dévouement sans bornes, elle conservera à sa fille une mère vertueuse et ne se prostituera jamais ni à celui qu'elle aime, ni à celui qu'elle n'aime pas! Tel est l'arrêt qu'elle a porté sur elle; cet arrêt est irrévocable, et si lord Granville cédait à une passion criminelle, la veuve de M. d'Aiglemont, à jamais séparée du monde, entrerait dans un cloître...

« —Ces aveux étaient peut-être inévitables, ajouta-t-elle ; mais
« que ce soit la dernière fois que nos âmes aient si fortement
« vibré; partez demain et quittons-nous pour ne plus nous
« revoir !... »

Julie, épuisée par cet effort suprême, sent ses genoux fléchir; un froid mortel la saisit, elle s'assied pour ne pas tomber dans les bras d'Arthur. «—Julie!... » crie lord Granville, en la voyant pâlir. Ce cri perçant retentit comme un coup de tonnerre. Le marquis l'a entendu : il accourt. « — Qu'a donc Julie? dit-il. — La fraîcheur de ce noyer a failli me faire perdre connaissance, reprend Julie, qui s'est remise aussitôt, et mon docteur en a frémi; ne suis-je pas pour lui comme une œuvre d'art qu'il ne voudrait jamais détruire? » Julie sourit à son mari et à lord Granville; elle se lève, contemple un instant le paysage avant de quitter la colline : « Je n'oublierai jamais ce site ! » dit-elle en prenant le bras d'Arthur.

« Ils se promenèrent encore sur la levée, au bord des eaux,

« aux dernières lueurs du soir, disant de vagues paroles, douces
« comme le murmure de la Loire, mais qui remuèrent l'âme; plus
« souvent ils étaient silencieux ; le soleil, au moment de dispa-
« raître, les enveloppa de ses reflets rouges, image mélancolique
« de leur fatal amour... Ils avaient renversé le frêle édifice
« construit dans leur imagination et sur lequel ils n'osaient
« respirer, semblables aux enfants qui prévoient la chute des
« châteaux de cartes qu'ils ont bâtis!... Ils étaient sans espé-
« rance !... »

Lord Granville partit le soir même; le dernier regard qu'il jeta à Julie prouva que, depuis le moment où la sympathie leur avait révélé l'étendue de leur passion, il avait raison de se méfier de lui...

Le marquis et sa femme retournèrent à Paris. Julie tint ses serments : elle obtint de M. d'Aiglemont une séparation que le monde ne soupçonna pas et que sa santé et les infidélités de M. d'Aiglemont lui donnaient le droit d'obtenir.

Elle pleurait souvent en secret d'être si fidèlement obéie par celui qui l'aimait si chèrement, et elle s'étonnait de son silence. « Ne pouvait-il écrire au moins ! » disait-elle. Après deux ans de séparation, voici enfin une lettre, qu'elle jette au feu et qui brûle son cœur ; cette lettre lui apprend qu'Arthur ne l'a jamais quittée : il habite à deux pas d'elle. Il a pu vivre, parce qu'il l'aperçoit, la suit, connaît son existence ; maintenant, il réclame la faveur d'un adieu ; cet adieu sera éternel cette fois ! il le jure !.. Julie refusera cette faveur : telle est sa résolution, lorsque ses gens annoncent lord Granville.

Lord Granville arrive publiquement, sans mystère : Julie se rassure ; mais l'aspect de lord Granville dit plus que les plus touchantes plaintes, que les plus déchirantes paroles. Julie est sans force contre tant de passion. Au milieu des projets insensés qu'enfante leur amour, le marquis, parti pour une chasse royale où il devait passer plusieurs jours, rentre inopinément. Julie, sans être coupable, perd la tête, et cache son amant. Un événement affreux rompt ce premier amour : lord Granville meurt, pour ne pas compromettre Julie.

La voici maintenant avec sa fille Hélène dans un château situé au milieu d'une campagne désolée comme son cœur. Son mari fait partie de l'expédition d'Espagne. Le désespoir de Julie est analysé avec un talent suprême.

Aucun sentiment religieux ne la soutient; privée de sa mère dès son bas âge, elle a été élevée sans la foi qui rend les femmes si saintes et si sublimes, qui les fait s'oublier, se dévouer et se soumettre aux plus rudes épreuves de la vie, en regardant le ciel ! Julie veut se tuer : elle manque de courage et maudit sa faiblesse. Dieu ne la soutient pas; sa fille ne saurait la consoler; d'ailleurs, en aimant Arthur, l'infortunée a compris qu'il y a plusieurs degrés dans l'amour maternel!... On croirait qu'une femme a pu seule écrire ces pages éloquentes sur les différentes maternités, si on ne savait pas que le génie a des intuitions lumineuses qui lui révèlent la vérité.

« Hélène est l'enfant du devoir, du hasard, dit-elle au curé de
« Saint-Lange qui veut la sauver de son désespoir par sa fille et
« la religion; à Hélène je sacrifie ma vie, mon bonheur : c'est
« tout ce que je puis faire pour elle; ses cris émeuvent mes en-
« trailles : qu'un danger la menace, je m'élancerai entre elle et
« le danger; mais elle ne peut me faire rien oublier, et quand elle
« n'aura plus besoin de moi, tout sera dit entre elle et moi. Lors-
« que l'enfant n'a pas eu le cœur de sa mère pour première enve-
« loppe, la maternité cesse en nous comme chez les animaux.
« A mesure que ma fille grandit, ma tendresse diminue, et les
« sacrifices que je lui ai faits m'ont déjà détachée d'elle! L'amour
« m'a fait rêver une maternité plus grande, plus complète; j'ai
« caressé dans un songe évanoui l'enfant que les désirs ont conçu
« avant que de naître! Pour celui-là, mon cœur eût été inépui-
« sable ! pour celui-là, rien n'eût été sacrifice, tout se fût trans-
« formé en plaisirs, en bonheur!... Quand ma fille me parle, je lui
« voudrais une autre voix ; quand elle me regarde, je lui voudrais

« d'autres yeux. Elle est l'enfant de son père, elle n'est pas le
« mien! Pour moi, le jour est plein de ténèbres, la pensée est un
« glaive, mon cœur est une plaie, mon enfant une négation!
« Hélène ne s'y trompe pas; hélas! Il existe des regards, des
« accords, des accents, des gestes de mère, qui caressent et qui
« pénètrent l'âme des enfants! Ma pauvre petite ne sent pas mon
« bras frémir, ma voix s'attendrir, mes yeux s'adoucir, quand je
« la regarde, quand je lui parle, quand je la prends!... Elle me
« lance parfois des regards accusateurs que je ne peux soutenir...
« Elle sera peut-être pour moi un juge sévère qui me condamnera
« sans m'entendre!... Fasse le ciel que la haine ne soit pas un
« jour entre nous! Que Dieu ouvre plutôt ma tombe et qu'il me
« fasse retrouver mon autre âme qui me donnera les joies de cette
« maternité sublime que je comprends!... Mais je suis folle!...
« Pardon de ces paroles!... elles m'étouffaient, je les ai dites!...
« Plaignez-moi, ne me méprisez pas. »

Malgré les douces exhortations du prêtre, figure sublime, dessinée en quelques lignes avec un art merveilleux, le curé de Saint-Lange ne put ramener à Dieu cette brebis égarée, ni faire rentrer la résignation dans cette âme ; il a reconnu le moi humain, la grande clameur de l'égoïsme dans toutes les plaintes de la marquise ; il est obligé de cesser ses visites, car il s'aperçoit que la marquise voit en lui, non l'apôtre, mais le confesseur avec qui elle peut s'entretenir secrètement de celui qui n'est plus et qu'elle n'oubliera jamais, dit-elle.

« —Vous vous trompez, madame la marquise, lui répond le saint
« homme en la quittant, vous l'oublierez ; Dieu seul sanctifie les
« peines et les joies, les rend viables et salutaires ; vous vous
« consolerez même ; mais comme vous cherchez vos consolations
« sur la terre et non dans les cieux, vous changerez de douleur,
« voilà tout, car les plaisirs que vous cherchez n'engendrent que
« malheurs et souffrances. »

Comme le père de la marquise, le prêtre fut prophète. Quelques mois passèrent et la marquise quitta le château de Saint-Lange,

redevenue fraîche et belle dans l'oisiveté d'une douleur, « qui,
« d'abord violente comme un disque lancé vigoureusement, avait
« fini par s'amortir dans la mélancolie, comme s'arrête le disque
« après des oscillations graduellement plus faibles... »

« La marquise a trente ans : elle est belle, quoique grêle de
« formes et d'une excessive délicatesse... Son plus grand charme
« vient d'une physionomie dont le calme trahit une étonnante
« profondeur dans l'âme ; son œil plein d'éclat, mais qui semble
« voilé par une pensée constante, accuse une vie fiévreuse et le
« découragement le plus complet. Ses paupières, presque toujours
« baissées vers la terre, se relèvent rarement ; si elle jette des
« regards autour d'elle, c'est par un mouvement triste, et vous
« diriez qu'elle réserve le feu de ses yeux pour d'occultes contem-
« plations : aussi, tout homme supérieur se sent-il curieusement
« attiré vers cette femme douce et silencieuse...

« Les nattes de sa chevelure largement tressées formaient une
« sorte de couronne, à laquelle ne se mêlait aucun ornement, car
« elle semblait avoir dit adieu pour toujours aux recherches de
« la toilette... Le luxe de sa robe consistait dans sa coupe élé-
« gante : ses plis nombreux et simples lui communiquaient une
« grande noblesse... Le laisser-aller de son corps, fatigué mais
« souple, ses mouvements pleins de tristesse et de lassitude, tout
« en elle révélait une femme sans intérêt dans la vie... »

Charles de Vandenesse, diplomate fin et habile, fut pris de
curiosité, à l'aspect de cette femme, qu'il admira d'abord comme
un composé d'art merveilleux. Cette curiosité le conduisit à une
passion vraie que la marquise d'Aiglemont partagea en abjurant
les serments faits à lord Granville : la marquise devint cette
femme flétrie jadis par elle-même avec une si profonde horreur.
L'auteur a trouvé d'autres mots, d'autres couleurs pour peindre
ce second amour, où la science de la vie a remplacé la naïveté,
la fraîcheur et la pureté du premier sentiment. La marquise
connaîtra cette maternité tant souhaitée, et trouvera sa punition
dans ses fautes mêmes, car cette maternité fera son supplice.

La marquise se promène près de la Bièvre, avec Charles de Vandenesse et deux enfants, Hélène que nous connaissons, Hélène qui a perdu sa gaîté et ses grâces naïves, Hélène jalouse du joli frère qui la suit, ce charmant blondin aux yeux noirs, paré avec amour par la mère, et qui reçoit un baiser chaque fois qu'il va se plaindre de la méchante sœur qui le repousse et ne veut pas jouer avec lui... «—Laisse là cette vilaine!» lui répond enfin sa mère, en lançant un regard froid et sévère à sa fille. Hélène, oppressée, émue par ce regard glacé, inspirée par la cruelle jalousie qui lui ronge le cœur, pousse son frère avec rage quand il revient près d'elle, en lui tendant gracieusement un jouet, dans l'espérance d'un raccommodement. L'enfant, placé près de la berge, perd l'équilibre et roule dans l'eau boueuse et profonde, qui l'engloutit aussitôt!... La mère, de l'endroit où elle suivait des yeux la voiture qui emportait Charles de Vandenesse, a entendu deux cris déchirants : elle accourt... Hélas! elle ne ramènera qu'un enfant au logis!... Que dira la femme à son mari, en y rentrant? Avant d'y arriver, que dira Hélène à sa mère? et la mère à son enfant? Hélène livrera-t-elle son terrible secret, saura-t-elle se taire? Quels ordres Julie donnera-t-elle à Hélène?

L'auteur, qui, par la magie de son talent, fait penser autant par ce qu'il dit que par ce qu'il ne dit pas, laisse chacun inventer ces terribles scènes à son gré...

A quelques années de là, voici la famille d'Aiglemont réunie chez Charles de Vandenesse. L'heure du dîner a été avancée, car le marquis conduit ses enfants au mélodrame. Un notaire, vrai comme tous les personnages qu'invente l'auteur, arrive au moment du dîner, pour causer d'importantes affaires, et reste imperturbablement entre Charles de Vandenesse et la marquise, sans comprendre ni leur liaison ni son inopportunité : il croit les distraire agréablement, et les entretient des drames secrets que son état lui révèle à chaque instant. Il n'a pas encore terminé ces récits, qui frappent sur l'existence de ses auditeurs, quand le marquis revient avant la fin du spectacle.

Au milieu du drame, un enfant a été jeté dans un torrent ; à cet endroit de la pièce, Hélène, prise d'un spasme effrayant, a balbutié des paroles sans suite que son père l'a forcée d'expliquer quand, emportée sans connaissance hors de la salle, elle est revenue à elle. Le marquis connaît maintenant la terrible tragédie de la Nièvre, que jusqu'alors il avait ignorée. Une scène affreuse se passe entre lui et sa femme, dans un salon voisin de celui où sont le notaire et M. de Vandenesse ; pendant cette explication, où l'on entend par moments les éclats de la voix tonnante du marquis, son plus jeune fils raconte naïvement au maître de la maison les événements de la soirée.

L'apparente paix qui avait régné jusque-là dans la maison du marquis est à jamais troublée, et les abîmes formés depuis longtemps entre Hélène et sa mère vont, en se creusant, s'élargir encore, et les séparer toujours davantage. La jalousie de la mère pour cette fille, qu'elle n'aime pas et qui est devenue admirablement belle, ajoute encore aux supplices de la malheureuse enfant, qui ne peut confier à personne ce qu'elle souffre au fond du cœur !... Pour s'y soustraire, elle fuit la maison paternelle, et elle mourra misérablement, pour avoir enfreint aussi, comme sa mère, les lois sociales et divines.

Si ces terribles événements sont exceptionnels, si les Julies échappent le plus souvent à ces malheurs éclatants, souffrent-elles moins des malheurs plus cachés que leurs fautes entraînent ! Les passions illicites sont pavées d'angoisses : les souffrances du père, les jalousies que les tendresses différentes inspirent aux enfants, ont presque toujours de cruelles influences sur la destinée de la famille !...

M⁽ᵐᵉ⁾ d'Aiglemont a maintenant soixante ans : les nombreuses tortures de sa vie ont amené sur son visage une vieillesse plus grande que son âge. Ici, l'auteur place un quatrième portrait de la marquise, que nous regrettons de ne pouvoir copier en entier.

« Les peintres ont des couleurs pour ces portraits, tandis
« que les idées et les paroles sont impuissantes à les traduire

« fidèlement. La coupe de la figure de la marquise, la régu-
« larité de ses traits, ne donnent plus qu'une faible idée de
« cette beauté dont elle a été jadis si orgueilleuse! Les douleurs
« aiguës ont usé ce visage, desséché les tempes, meurtri les
« paupières dégarnies de cils, cette grâce du regard!... »

La marquise est veuve, et n'a conservé de tous ses enfants que sa dernière fille, nommée Moïna. Sa mère l'a tellement adulée, qu'aucune des qualités qui sont peut-être en germe dans son âme n'ont été développées!... Moïna est impertinente, vaine, orgueilleuse, coquette, capricieuse, légère. Les adulations excessives ne portent-elles pas toujours ces fruits amers? Il faudrait peut-être à cette jeune femme les dures leçons de l'adversité, pour lui faire retrouver les bons instincts de son cœur, que les prospérités y ont étouffés?... La marquise d'Aiglemont, pour faire contracter à sa fille un riche mariage qui la place au sommet de la société parisienne, a donné toute sa fortune: tout, jusqu'à l'hôtel où Moïna trône en reine, accablant sa mère de ses dédains et de son indifférence..... La marquise ne voit, dans ces crimes du cœur, que la légèreté et l'étourderie d'une jeunesse enivrée de sa beauté et des succès que cette beauté lui donne!... Il faut suivre tous les degrés de la déchéance de cette superbe marquise, de cette mère privée de toutes distractions, de toute société dans sa maison, où elle perd bientôt toute considération, tout pouvoir!...

Presque toujours seule, la malheureuse femme, sans cesse avec les souvenirs de ses fautes, en suit avec terreur les terribles conséquences; elle a fait le malheur de ceux qu'elle a aimés et de ceux qu'elle a haïs; goutte à goutte, elle boit sans cesse tous les calices de sa vie, et accepte avec résignation ses dernières tortures, comme l'expiation de ses fautes!... Moïna, soit par ses souvenirs d'enfance, soit par les indiscrétions du fils de Charles Vandenesse, intime dans la maison, connaît toutes les pensées qui torturent sa mère, car elle connaît tout son passé!... Elle s'autorise de ce passé pour suivre son exemple, sans avoir, comme sa mère, le malheur et l'amour pour excuses de ses fautes. La marquise voit Moïna s'engageant par coquetterie et par légèreté dans une intrigue en l'absence de son mari : intrigue qui peut la perdre aux yeux du monde; ce jeune fat de Vandenesse tiendra peut-être à honneur de compromettre Moïna pour établir sa réputation d'homme à bonnes fortunes ! La marquise vient d'acquérir la preuve de leur liaison naissante, et malgré le péril des remontrances, elle essaiera de sauver sa fille ! Que lui importe de souffrir encore davantage, d'être méprisée même, si sa fille est sauvée !... La marquise parlera à l'instant même, il le faut !... Elle obtient avec difficulté, cependant, l'entretien qu'elle sollicite : elle est si émotionnée et si tremblante devant sa fille, que Moïna, malgré le peu d'attention qu'elle porte à sa mère, est cependant frappée de son extrême affliction. « — Qu'y a-t-il donc ? » demande-t-elle, aux premières paroles de cette mère si humble et si tendre dans ses supplications. Moïna l'arrête par un mot plus ironique et plus cruel encore que tous ceux qui ont fait déjà tant souffrir cette malheureuse mère. « — *Je ne vous croyais jalouse que du père !* » dit-elle. Ce mot tue la marquise, atteinte depuis longtemps d'un anévrisme que personne ne soupçonne et que les chagrins de sa vie ont formé : elle expire subitement ! Moïna, épouvantée, tombe à genoux, en se tordant les bras et criant avec désespoir : « — Ma mère est morte ! »

Ce cri, parti de l'âme, y laissera-t-il la douleur et le remords qui peuvent sauver encore cette jeune criminelle ?...

Telle est la fin de ce drame saisissant ; telle est la mort de cette femme si malheureuse, qui nous fait passer par tant de sentiments divers, d'intérêt, d'affection, de répugnance et de pitié, arrache des larmes. Cette autopsie saignante des joies et des douleurs que renferment les passions coupables porte avec elle de terribles enseignements. Les Julies sont-elles une exception dans notre société du dix-neuvième siècle ? Nous aimons à le croire.

PAULINE

Les convives dormaient ou causaient entre eux, sans se comprendre ; Raphaël, moins ivre que les autres, racontait à Émile Blondet l'histoire de sa vie, et poursuivait cette histoire avec la ténacité de l'homme, auquel l'ivresse donne des idées fixes, et qui sait que son auditeur ne peut lui échapper.

« —Oui, mon cher, disait-il, mon père mort, toutes
« ses dettes payées, il me restait douze cents francs.
« Je n'avais pour toute espérance que cet ouvrage qui
« devait faire ma fortune et ma renommée. Il fallait
« l'achever et vivre avec ces douze cents francs le plus
« longtemps possible ; je vécus trois ans...

« —C'est impossible, s'écria le jeune Blondet.

« —Je te dis que j'ai vécu trois ans avec cette faible somme,
« reprit Raphaël avec fierté. L'homme qui croit à un bel avenir
« marche sans honte dans sa vie de misère !... Je vivais avec
« une grande pensée, un beau rêve !... un mensonge, auquel nous
« commençons tous par croire plus ou moins. Aujourd'hui, je ris
« de moi, de ce *moi* saint et sublime qui n'existe plus !... »

« Je cherchai une mansarde dans un quartier désert de Paris.
« Un soir, passant par la rue des Cordiers, je vis, à l'angle de la
« rue de Cluny, une jeune fille d'environ quatorze ans, qui jouait
« au volant dans la rue avec une de ses camarades. Leurs rires
« et leur espièglerie amusaient les voisins. Il faisait beau, la
« soirée était chaude ; devant chaque porte, les femmes étaient
« assises et devisaient comme dans une ville de province par un
« jour de fête. La physionomie de la jeune fille avait une expres-
« sion admirable. »

« C'était Pauline, la fille de la maîtresse de l'hôtel de *Saint-
Quentin*. Le délabrement de cette maison me fit espérer d'y
rencontrer un gîte peu coûteux. J'entrai dans l'hôtel. Mme Gaudin,
femme d'environ quarante ans, dont les traits exprimaient des
malheurs, dont le regard semblait terni par les pleurs, vint à
moi ; je lui soumis humblement le tarif de mon loyer.

« Sans en paraître étonnée, elle me conduit à une mansarde
nue, qui attendait son savant. Je m'y installe avec les meubles qui
me restaient, » et je travaille, nuit et jour, dans ce sépulcre aérien,
« avec tant de joie, que l'étude me semblait être le plus beau
« thème, la plus heureuse solution de la vie humaine ! Le calme
« et le silence, si nécessaires aux savants, ont je ne sais quoi de
« doux et d'enivrant comme l'amour.

« L'exercice de la pensée, la recherche des idées, nous prodi-
« guent d'ineffables délices, indescriptibles comme tout ce qui
« participe à l'intelligence... Voir une idée poindre dans le
« champ de l'abstraction humaine, comme le lever du soleil au
« matin, et s'élever comme lui, mieux encore, grandir comme
« un enfant, se faire lentement virile, est une joie supérieure aux
« autres joies terrestres, ou plutôt c'est un plaisir divin !... »

« Pendant les dix premiers mois de ma réclusion, j'étais, tout
ensemble, mon maître et mon serviteur. Je *diogénisais* avec une
incroyable fierté. Après ce temps, pendant lequel l'hôtesse et
sa fille épièrent mes mœurs, mes habitudes, et comprirent
ma misère, peut-être parce qu'elles étaient elles-mêmes fort

malheureuses, il s'établit d'inévitables liens entre elles et moi.

« Pauline, cette charmante créature dont les grâces naïves m'avaient attiré dans cette maison, me rendit de ces services qu'on ne peut refuser. Toutes les infortunes ont le même langage, la même générosité, qui consiste à donner le temps et le sentiment!

« La mère raccommodait mon linge, et rougissait, si je la surprenais dans cette charitable occupation. Pauline m'apportait mon frugal repas, quand elle s'apercevait que depuis sept ou huit heures je n'avais rien mangé. Puis, avec les grâces de la femme et l'ingénuité de l'enfant, elle me souriait en me faisant un signe pour me dire que je ne devais pas la voir. C'était Ariel, se glissant comme un sylphe, sous mon toit, en prévoyant mes besoins!...

« Un soir, Pauline me raconta son histoire avec une touchante ingénuité. Son père, chef d'escadron dans les grenadiers à cheval de la garde impériale, avait été fait prisonnier, au passage de la Bérésina. Plus tard, quand Napoléon proposa de l'échanger, les autorités russes le firent vainement chercher en Sibérie. Au dire des autres prisonniers, il s'était échappé avec le projet d'aller aux Indes. Depuis ce temps, la mère de Pauline n'avait pu obtenir aucune nouvelle de son mari. Les désastres de 1814 et de 1815 étaient arrivés. Seule, sans ressource et sans secours, elle avait pris le parti de tenir un hôtel garni pour faire vivre sa fille. Elle espérait toujours revoir son mari. Son plus cruel chagrin était de laisser Pauline sans éducation, sa Pauline! filleule de la princesse Borghèse! Quand Mme Gaudin me confia cette amère douleur, elle me dit avec un accent déchirant :

« — Je donnerais bien et le chiffon de papier qui crée Gaudin
« baron de l'Empire, et le droit que nous avons à la dotation de
« Wistchnau, pour voir Pauline élevée à Saint-Denis. »

Je tressaillis, en pensant que je pouvais m'acquitter envers ces deux femmes. Je m'offris pour maître. Ces leçons furent mes heures de récréation. Pauline avait d'heureuses dispositions.

Elle m'écoutait avec recueillement et plaisir, en arrêtant sur moi ses yeux noirs et veloutés qui semblaient sourire. Elle répétait ses leçons, d'un accent doux et caressant, en témoignant une joie enfantine quand j'étais content d'elle.

« Sous l'étoffe grossière dont elle était vêtue, le moindre
« mouvement révélait toutes les grâces et les attraits de cette
« taille si souple. Comme l'héroïne de *Peau-d'Ane*, elle avait un
« pied mignon dans de grosses chaussures ; mais tout ce luxe de
« beauté fut perdu pour moi. Je m'étais ordonné de ne voir qu'une
« sœur en Pauline ; j'admirais cette charmante fille comme un
« tableau : c'était mon enfant, ma statue. Pygmalion d'une nou-
« velle espèce, je voulais faire un marbre d'une jeune fille sensible
« et parlante. J'étais sévère avec elle ; mais plus je lui faisais
« éprouver les effets de mon despotisme magistral, plus elle
« devenait douce et soumise. Je ne comprends pas la probité des
« écus, sans la probité de la pensée ; tromper une femme ou faire
« faillite a toujours été la même chose pour moi. Nous sommes
« maîtres d'abandonner la femme qui se vend, mais non pas la
« jeune fille qui se donne : elle ignore l'étendue de son sacrifice.
« Épouser Pauline eût été une folie ; n'était-ce pas livrer cette
« jeune fille à d'effroyables malheurs? Mon indigence parlait son
« langage égoïste, et venait toujours mettre sa main de fer entre
« cette bonne créature et moi.

« Combien de fois n'ai-je pas vêtu de satin ses pieds mignons !
« emprisonné sa taille svelte, comme un jeune peuplier, dans une
« robe de gaze ! jeté sur son sein une légère écharpe, en lui fai-
« sant fouler aux pieds les tapis de son hôtel et la conduisant à
« une voiture élégante ! Je l'eusse adorée ainsi ! Qu'elle eût été
« belle, avec toutes ses vertus, ses grâces naïves, son délicieux
« naturel et son sourire ingénu !

« Dans les derniers jours de folies qui ont succédé à ces jours
« de sagesse, le souvenir m'a montré Pauline comme il nous peint
« les scènes de notre enfance. Plus d'une fois je suis resté atten-
« dri, en songeant à de délicieux moments. Soit que je la revisse

« assise à côté de sa mère, occupée à coudre, paisible, silen-
« cieuse, recueillie, éclairée par un rayon de soleil faisant briller
« sa belle chevelure noire, soit que j'entendisse son rire jeune ou
« sa voix douce chantant de gracieuses cantilènes !... ma cruelle
« mémoire me jetait cette jeune fille à travers les excès de mon
« existence, comme une image de la vertu.

« Mais laissons la pauvre enfant à sa destinée ; quelque malheu-
« reuse qu'elle puisse être, au moins l'aurai-je mise à l'abri d'un
« effroyable malheur, en évitant de la traîner dans mon enfer... »

« Dans les premiers jours de décembre 1829, je rencontrai Rastignac, qui, malgré le mauvais état de mes vêtements, me donna le bras et s'enquit de ma fortune avec un intérêt vraiment fraternel. Je lui racontai ma vie, mes espérances. Il me traita d'homme de génie et de sot, me fit comprendre que je n'arriverais à rien dans ma mansarde de la rue des Cordiers...

« —Tu dois aller dans le monde, me dit-il, *égoïser* adroitement,
« faire ton succès toi-même : ce qui est le plus sûr. Moi qui ne
« travaille pas, je parviendrai, parce que je connais la vie et le
« monde. Je me pousse : on me fait place ; je me vante : l'on me
« croit !... Sois demain soir chez moi : je te présenterai chez la
« comtesse Fœdora, la femme à la mode. Quand un livre est
« adopté dans son salon, il réussit ; et, quand par hasard le livre
« est bon, les gens qui ont fait son succès ont donné, sans le
« savoir, un brevet de génie à l'auteur. »

« Le lendemain, j'étais dans le salon de la comtesse Fœdora. Cette femme, avare avec faste, vaine avec simplicité, défiante avec bonhomie, capricieuse, avide, impérieuse, égoïste, perfide même, et par-dessus tout insensible, me fit souffrir mille maux. Tu as connu toute cette histoire ?... Pauline devina, je crois, les tourments que cette femme sans cœur me faisait endurer : tourments plus cruels encore que ma misère.

« Un soir, rentrant tard à mon hôtel, j'aperçus une lumière projetée dans la rue, à travers les découpures en forme de cœur pratiquées dans les volets.

« Pauline travaillait, sa mère m'attendait.

—Comment n'aime-t-on pas M. Raphaël ? disait Pauline ; ne le trouves-tu pas mieux que tous les étudiants, ma mère ? Ses cheveux blonds sont d'une si jolie couleur ! ses manières sont si charmantes ! il est si bon, malgré son air fier ! il a quelque chose de si doux dans la voix, qui remue l'âme.

—Tu me parles comme si tu l'aimais, mon enfant ! répondit Mme Gaudin, à-la-fois inquiète et attendrie.

—Mais ne lui devons-nous pas beaucoup ? répondit Pauline en rougissant. Tu ne fais pas attention à mes progrès, ma chère mère : bientôt je serai, grâce à lui, en état de donner des leçons de français, et nous pourrons alors avoir une servante.

« Je me retirai doucement ; puis, après avoir marché avec bruit, j'entrai dans la salle pour y prendre ma lampe, que Pauline voulut allumer. La pauvre enfant venait de jeter un baume délicieux sur mes plaies ; ce naïf éloge me consolait de mon insuccès.

« J'examinai avec attendrissement le tableau que m'offraient ces
« deux femmes. La mère, assise auprès d'un foyer à demi éteint,
« tricotait des bas, en souriant à sa fille. Pauline coloriait des
« écrans ; ses couleurs, ses pinceaux, étalés sur la table, parlaient
« aux yeux par de piquants effets. Debout pour allumer ma
« lampe, sa blanche figure en recevait toute la lumière. Quelle
« charmante tête !... Quelle attitude virginale !... La nuit, le
« silence, prêtaient leur charme à cette laborieuse veillée, à ce
« paisible intérieur. Ces travaux continus, gaîment supportés,
« attestaient une résignation religieuse, pleine de sentiments
« élevés. »

« Chez Fœdora, le luxe était sec : il réveillait en moi de mauvaises pensées ; dans cet humble logis, la vue de ces douces femmes me rafraîchissait l'âme : leur vie simplifiée semblait se réfugier dans les émotions du cœur.

« Quand je fus près de Pauline, elle me jeta un regard presque
« maternel, et s'écria :—Comme vous êtes pâle ! et posant la

« lampe précipitamment, elle me dit joyeusement et d'une voix
« caressante :

« —Nous avons du bon lait ici ; voulez-vous y goûter?

« Elle alla vivement me chercher un bol de porcelaine, plein de
« crème, plaça du pain à côté. J'hésitais.

« —Vous me refuseriez? dit-elle, d'une voix altérée.

« Nos deux fiertés se comprenaient. Pauline paraissait souffrir
« de sa pauvreté, et me reprochait ma hauteur. J'acceptai.
« C'était sans doute son déjeuner du lendemain. La joie de la
« pauvre fille brillait dans ses yeux.

« —J'en avais besoin ! dis-je en m'asseyant.

« Une expression soucieuse passa sur le front de Pauline.

« —Vous souvenez-vous, repris-je, de ce passage où Bossuet
« nous peint Dieu récompensant le don d'un verre d'eau plus
« richement que le gain d'une bataille?

« Son sein battait comme celui d'une fauvette entre les mains
« d'un enfant, pendant que je parlais...

« —Soyez sûre que Dieu vous récompensera un jour des soins
« que vous avez eus de moi. Nous nous quitterons bientôt, dis-je
« d'une voix mal assurée; gardez tout ce qui m'appartient ici, je
« n'aurai pas besoin de toutes ces choses dans le voyage que je
« vais entreprendre... Et peut-être reviendrai-je un jour !... ajou-
« tai-je en voyant la tristesse et l'effroi qui se peignaient sur le
« visage de Pauline.

« L'accent de mélancolie avec lequel j'avais parlé de notre
« séparation l'avait éclairée sur mes desseins. J'étais donc
« aimé là !... Cette affection, que j'avais cherchée au milieu des
« froides régions du grand monde, était donc là, vraie, sans
« faste, mais onctueuse, et peut-être durable?...

« —Ne vous tourmentez pas, répliqua la mère ; ce travail dont
« vous êtes chargé vous donnera quelque argent : je puis attendre.
« Nous allons être tous heureux !... Ce soir, j'ai lu l'Évangile
« de saint Jean, pendant que Pauline tenait entre ses doigts notre
« clef attachée dans une Bible; la clef a tourné : ce présage

« annonce que mon mari existe, qu'il reviendra riche !... Nous
« avons recommencé pour vous ; la clef a tourné encore : vous
« serez donc heureux aussi ! »

« Ces paroles et celles qui les suivirent ressemblaient aux
« vagues chansons avec lesquelles une mère endort son enfant.
« Pauline m'examinait avec perspicacité et inquiétude : elle devi-
« nait mes projets comme elle avait deviné mon amour aussi
« insensé que malheureux. »

Et pendant que la comtesse Fœdora, avec cette insouciance
des gens riches qui ne comprennent jamais la misère, me jetait
en des dépenses qui me privaient du nécessaire, me forçait à
prendre des voitures pour retourner chez moi en sortant des
Italiens, sans comprendre mon goût pour la pluie, Pauline accourait à la voiture, en disant :

—Monsieur Raphaël, si vous n'avez pas de monnaie, je vais
payer?...

Pauline devinait aussi bien mes peines que mes détresses.

Un jour, il fallait conduire la comtesse Fœdora aux Funam-
bules : elle avait eu cette fantaisie. Mes ressources étaient épuisées. Pauline était là !...

—J'ai trouvé, en rangeant votre linge dans votre commode,
deux pièces de cent sous que vous y aviez sans doute oubliées?
me dit-elle. Je les ai mises sur votre table.

—Monsieur Raphaël, reprit la mère, vous toucherez sans doute
bientôt l'argent de votre travail : je puis vous prêter quelques
écus, si vous en avez besoin?

Le lendemain, Pauline m'apportait, en rougissant, l'argent dont
sa mère pouvait disposer.

« —Ah ! Pauline, lui dis-je, ce prêt me touche moins que la
« pudeur du sentiment avec lequel vous me l'offrez ! Autrefois, je
« désirais une femme riche, élégante, titrée ; maintenant, je
« voudrais posséder des millions, et rencontrer une jeune fille,
« pauvre comme vous, riche de cœur comme vous : alors, je
« renoncerais à une passion fatale qui me tuera.

«—Assez ! dit-elle ; et elle s'enfuit joyeuse, chantant de sa voix
« de rossignol des roulades fraîches qui retentissent encore dans
« mon cœur ! »

« Mais mon découragement était complet ; Fœdora m'avait
congédié ; mes œuvres ne se vendaient pas. J'achevais les travaux
que m'avait procurés Rastignac, afin de m'acquitter avec mes
chères hôtesses ; puis je voulais en finir avec mon triste sort. Je
ne sortais plus de ma mansarde.

« Un soir, Pauline entre chez moi. — Vous vous tuez, me dit-
elle : je vous en supplie, allez voir vos amis, distrayez-vous !...

«—Pauline, lui dis-je, je ne puis plus supporter la vie !...

« Le lendemain, Rastignac venait me chercher et m'emmenait
chez lui. Sans aucun doute, Pauline, cette femme dévouée, avait
envoyé sa mère chercher cet ami qui devait m'enlever à elles,
mais me sauver du désespoir !...

«—Je vous quitte, ma chère Pauline, lui dis-je.

« Elle me fit un signe de tête qui signifiait qu'elle le savait, et
« me jeta des regards qui pesaient sur mon cœur.

« Elle ne pouvait parler !...

«—Adieu, Pauline ; et sur son front je mis un baiser de frère.

« Elle se sauva.

« Je ne voulus pas voir Mme Gaudin. Des pas légers de femme
« me suivaient.

«—Je vous ai brodé cette bourse, dit Pauline ; la refuserez-
« vous ?...

« En la prenant, je crus voir, à la lueur du réverbère, des
« larmes dans ses yeux. »

— Pauvre jeune fille, dit Émile Blondet, elle t'aimait !...

— A présent je le crois, fit Raphaël.

« Chez Rastignac, le trente et quarante nous fit vivre pendant
quelques mois dans des folies qui dévorent l'existence ; mais le
bonheur insolent qui nous faisait riches m'abandonna, si bien
qu'hier j'allai jouer mon dernier écu, en me promettant de me
jeter dans la Seine si le bonheur ne revenait pas. L'angoisse ne

fut pas longue... Je courus à la Seine ; il faisait jour encore, les ponts étaient couverts de passants ; je flânai sur les quais en attendant l'heure de mourir sans spectateurs. Pour gagner du temps, j'entrai chez un marchand de curiosités, sous un prétexte frivole. Le vieillard qui me reçut était un savant, un philosophe qui avait voyagé en tous pays ; il lisait sur les physionomies, il devina mes projets et les combattit.

« —Est-ce la maladie de l'or qui vous tient, et voulez-vous mourir riche et puissant? Voici un talisman, fit-il en me montrant accrochée à un mur une peau de chagrin, dont la dimension n'excédait pas celle d'une peau de renard ; talisman qui réalisera tous vos désirs...

« Je crus le vieillard en enfance, et regardant cette peau d'onagre, j'y découvris l'empreinte du sceau que les Orientaux nomment le sceau de Salomon.

« —Vous êtes donc orientaliste? reprit le vieillard ! Eh bien, tâchez de lire les mots qui sont tracés sur le talisman.

« J'approchai de la lampe, et j'aperçus des caractères incrustés dans le tissu cellulaire de cette peau merveilleuse, comme s'ils eussent été produits par l'animal auquel elle avait jadis appartenu.

« Ces paroles voulaient dire en français :

    Si tu me possèdes, tu possèderas tout.
      Mais ta vie m'appartiendra. Dieu l'a
        voulu ainsi. Désire, et tes désirs
          seront accomplis. Mais règle
          tes souhaits sur ta vie.
           Elle est là. A chaque
           vouloir, je décroîtrai
           comme tes jours.
           Me veux - tu ?
           Prends. Dieu
           t'exaucera.
            Soit !

« —Est-ce une plaisanterie? Est-ce un mystère? lui demandai-je.

« Le vieillard hocha la tête, et dit gravement : » —Je ne saurais répondre. J'ai offert le terrible pouvoir que donne ce talisman à des hommes doués de plus d'énergie que vous ne paraissez en avoir ; tous, en se moquant de la problématique influence de ce talisman, l'ont refusé ; comme eux, je doute, mais je m'abstiens. Et ceci cependant, dit-il, d'une voix éclatante, est peut-être le *pouvoir* et le *vouloir* réunis....

« —Eh bien! moi qui voulais mourir! dis-je en me saisissant de la peau de chagrin....

« —Jeune homme, prenez garde ! répliqua le vieillard avec une extrême vivacité.

« —Voyons ! dis-je, en tenant le talisman d'une main convulsive : je veux une orgie capable de fondre toutes les tristesses dans une joie !...

« —Vous avez signé le pacte : tout est dit, maintenant, repartit le vieillard ; vos volontés seront sans doute satisfaites, mais aux dépens de votre vie. Le cercle de vos jours, figuré par cette peau, se resserrera suivant la force et le nombre de vos souhaits, depuis les plus légers jusqu'aux plus exorbitants! Le brahmane auquel je dois ce talisman m'a jadis expliqué qu'il s'opérait un mystérieux accord entre la destinée et les souhaits du possesseur ; votre premier désir est vulgaire, je pourrais le réaliser, mais j'en laisse le soin aux événements de votre nouvelle existence. Après tout, vous vouliez mourir, votre suicide n'est que retardé.

« Je traversai les salles, je descendis les escaliers avec la prestesse d'un voleur surpris en flagrant délit. La peau de chagrin, devenue souple comme un gant, se roula sous mes doigts frénétiques, et put entrer dans la poche de mon habit, où je la mis presque machinalement. En m'élançant de la porte du magasin sur la chaussée, je heurtai trois jeunes gens.

« —Animal !...

« —Imbécile !...

« Telles furent les gracieuses interpellations que nous échangeâmes.

« —C'est toi, Raphaël !...

« C'était Rastignac, Bixiou et Vignon, qui me cherchaient pour m'amener ici. Le banquier Taillefer fondait un journal, et l'inaugurait par cette fête digne de Sardanapale. »

—Mon talisman se connaît en orgie ! fit Raphaël en le montrant à Émile Blondet....

—Il me semble qu'elle était plus grande ? dit-il, déjà effrayé malgré l'ivresse. Au diable la mort ! fit-il ensuite, en brandissant la peau de chagrin !... Je veux maintenant deux cent mille livres de rente : riche, j'aurai toutes les vertus et tous les attraits ; mais plus de Fœdora ; c'est ma maladie, je meurs de Fœdora, je veux oublier Fœdora !...

—Si tu continues à crier, je t'emporte dans la salle à manger ! dit Émile.

—Tu auras des cigares de la Havane, avec la peau, mon ami, la peau souveraine. Toujours la peau !...

—Jamais je ne l'ai vu si stupide.

—Je veux te le prouver, prenons la mesure !...

Valentin, animé d'une adresse de singe, furète, trouve une écritoire, une serviette, en répétant toujours : Prenons la mesure !...

—Eh bien ! oui, dit Émile, prenons la mesure !...

Les deux amis étendirent la serviette, y superposèrent la peau de chagrin, et Émile, dont la main était plus assurée que celle de Raphaël, décrivit à la plume les contours du talisman, pendant que celui-ci disait :

—J'ai souhaité deux cent mille livres de rente ; quand je les aurai, tu verras la diminution de mon chagrin.

—Dors maintenant, cuve ton or, millionnaire !...

—Et toi, tes articles... Bonsoir !

Bientôt les deux amis unirent leurs ronflements à la musique qui retentissait encore dans les salons : concert inutile, personne ne l'entendait plus !... Les bougies s'éteignirent une à une en faisant éclater leur bobèche de cristal.

—Personne ne pourra travailler aujourd'hui! dit Taillefer, le lendemain. Déjeunons...

Au moment où l'intrépide assemblée borda la table du capitaliste, le notaire Cardot, qui avait prudemment disparu la veille avant la fin de l'orgie, montra sa petite tête pointue.

—Messieurs, dit-il, j'apporte quatre millions à l'un de vous : j'ai entendu hier nommer ici M. Raphaël de Valentin.

—C'est moi, dit Raphaël, se levant.

—Votre mère n'était-elle pas une demoiselle O'Flaharty? Eh bien! monsieur, vous êtes l'unique héritier du major O'Flaharty, décédé en août 1828 à Calcutta.

Raphaël laissa échapper le mouvement d'un homme qui reçoit une blessure.

—Qu'a-t-il donc? demande Taillefer, il a pourtant sa fortune à bon compte!...

—*Soutiens-le, Châtillon!* la joie va le tuer, dit Bixiou à Émile.

Raphaël, rendu à la raison par la brusque obéissance du sort, étendit sur la table la serviette avec laquelle ils avaient mesuré la peau de chagrin : il y superposa le talisman, et frissonna en voyant une assez grande distance entre le contour tracé sur le linge et celui de la peau. Ses traits se contractèrent, ses yeux devinrent fixes, sa figure était livide... il voyait *la mort!*...

Le monde lui appartenait, mais chacun de ses vouloirs allait dévorer ses jours!...

—Désirez-vous des asperges? lui demanda le banquier.

—Je ne désire rien, répondit Raphaël d'une voix tonnante.

—Je ne te donne pas deux mois pour devenir fangeusement égoïste, lui dit Blondet : te voilà déjà stupide, tu crois à ta peau de chagrin!...

Raphaël s'enivra, pour oublier un instant sa fatale puissance!...

Le marquis Raphaël de Valentin habite un hôtel où il se renferme comme en une prison; personne ne peut approcher de lui. Jonathas, le vieux serviteur qui l'a élevé, le gouverne comme un enfant; il a les ordres les plus précis pour en agir ainsi. Il ne doit jamais lui dire : *Désirez-vous? Voulez-vous?* mais commander en maître.

Raphaël, triste et malheureux, se prive de toutes les joies de ce monde ; plus de bienfaisance, plus de travaux, plus d'amour ! Les bienfaits coûtent des vouloirs, le travail fait souhaiter la célébrité, l'amour a mille désirs qui tuent!...

—O ma vie! ma belle vie! s'écrie Raphaël douloureusement : où sont vos espérances et vos fêtes?

Et Raphaël regrette jusqu'au temps de la misère!...

Jonathas, pour le distraire, le force un soir à aller aux Italiens.

En entrant dans sa loge, le marquis aperçoit la comtesse Fœdora ; elle a regardé rapidement les femmes, les toilettes; elle a la conscience d'écraser toutes ses rivales par sa parure et par sa beauté!... Raphaël la regarde sans crainte ; il la méprise trop pour souhaiter même de se venger d'elle... Mais cette vengeance arrive, sans qu'il l'ait demandée.

Cette délicieuse pensée qui fait tout le bonheur de la froide coquette : *Je suis la plus belle!* devient bientôt un mensonge pour Fœdora ; la salle entière laisse échapper un murmure d'admiration à l'entrée d'une jeune femme qui s'assied dans une loge vide, à côté de celle de Raphaël.

Émile, debout à l'orchestre, semble dire à son ami :—Regarde donc la belle créature qui est auprès de toi?...

Mais Raphaël ne regarde rien. Sa lorgnette, par la science de l'opticien, défigure les plus charmants visages, afin d'empêcher la passion ou le caprice d'arriver à son cœur. Un instant, le bras de sa voisine touche son bras ; ce contact produit une sensation, une commotion comme électrique, qui lui fait tourner involontairement la tête ; ses yeux rencontrent ceux de sa voisine :

—Pauline!...

—Monsieur Raphaël!... Demain, à midi, à l'hôtel de *Saint-Quentin!* soyez exact, lui dit la jeune fille, dont la beauté éblouissante rappelle à Raphaël les plus purs et les plus chers souvenirs.

Le lendemain, il était rue des Cordiers.

—Cet hôtel est-il toujours tenu par Mme Gaudin? demanda-t-il.

—Non, monsieur; son mari est revenu : Mme Gaudin est riche maintenant; elle habite une belle maison; elle m'a donné cet hôtel : elle est bien bonne et pas plus fière qu'avant sa fortune.

Raphaël n'entend pas la fin de ce discours; il monte lestement à cette chère mansarde.

—Vous voilà! crie Pauline avec joie. Pourquoi nous avez-vous quittées? qu'êtes-vous devenu?...

—Ah! Pauline, j'ai été et je suis bien malheureux!...

La jeune fille lui prend la main, la lui serre.

—Tous tes malheurs sont finis, Raphaël! Je suis riche, riche! ta Pauline est riche!...

Et elle se jette dans ses bras.

Valentin ne peut retenir ses larmes : elles roulent dans ses yeux; il s'écrie :

—Et moi aussi, je t'aimais, Pauline!...

Et son cœur déborde dans son regard!...

—Je le savais, dit Pauline comme en délire. Ah! combien de fois j'ai pleuré là... en déplorant ta misère et la mienne!... Je comprenais ton âme, mon Raphaël!

—Hélas! reprend Raphaël tristement, je suis riche aussi moi, et je ne puis rien t'offrir; mais que dis-je! j'ai ma vie, prends ma vie!...

Et il serre Pauline sur son cœur.

—Embrasse-moi, Raphaël, pour effacer les peines que toutes tes peines m'ont données; embrasse-moi pour toutes les nuits que j'ai passées à travailler pour toi!... Pauvre cher! comme il est facile de tromper les hommes d'esprit! je t'attrapais sur tout : sur le bois, sur l'huile, sur le pain, sur l'argent. Ma mère ne prenait que la moitié du prix de mes écrans, et tu avais l'autre!...

Ils se regardèrent pendant un moment, tous deux ivres de joie et d'amour!...

Heureux ceux qui comprendront leurs sentiments : ils les auront connus!...

L'amour de la femme aimée devint aussi passionné que l'amour de la jeune fille dédaignée avait été contenu, et cette passion inextinguible, qui s'allume et se ravive aux feux du désir, tua Raphaël : la femme fit mourir l'amant que la jeune fille avait fait vivre !...

Les médecins déclarèrent que le marquis Raphaël de Valentin mourrait poitrinaire comme sa mère. Mais, à sa mort, il ne restait plus rien du talisman !...

Mᵐᵉ MARNEFFE

« E reproche d'immoralité n'a jamais failli à l'écri-
« vain courageux qui signale un abus, qui marque,
« d'un signe, le mauvais, pour être retranché (dit
« Balzac, dans la préface de la *Comédie humaine*,
« publiée en juillet 1842). Ce reproche est, d'ailleurs,
« le dernier qui reste à faire quand on n'a plus rien à
« dire à un poëte! Si, à force de veilles, vous parvenez
« à écrire la langue la plus difficile du monde, si vous
« arrivez à être vrai dans vos peintures, on vous jette
« le mot *immoral* à la face, on vous taxe d'immo-
« ralité !

« En copiant la société, en la saisissant dans l'im-
« mensité de ses agitations, *il arrive, il devait arriver*
« *que telle composition offrait plus de mal que de bien, que telle*
« *partie de la fresque représentait un groupe coupable* : et la
« critique de crier à l'immoralité, sans faire observer la moralité
« de telle autre partie destinée à former un contraste parfait.

« Comme la critique ignorait le plan général de mon œuvre, je
« lui pardonnais, d'autant mieux qu'on ne peut pas plus empê-

« cher la critique, qu'on ne peut empêcher la vue, la parole, le
« jugement de s'exercer; puis, *le temps de l'impartialité n'est pas*
« *encore venu pour moi!* D'ailleurs, l'auteur qui ne sait pas se
« résoudre à essuyer le feu de la critique ne doit pas plus se
« mettre à écrire, qu'un voyageur ne doit se mettre en route en
« comptant sur un ciel toujours serein...

« Sur ce point, il me reste encore à faire observer que, dans ce
« grand tableau de la société, il se trouvera plus de personnages
« vertueux que de personnages répréhensibles, et que les crimes,
« les actions blâmables, les fautes même, depuis les plus légères
« jusqu'aux plus graves, y reçoivent toujours leurs punitions
« humaines ou divines, éclatantes ou secrètes; en ceci, je
« fais mieux que l'histoire, mieux que l'historien... je suis plus
« libre!... »

Le livre des Parents pauvres est une de ces compositions qui offrent plus de mal que de bien, un de ces coins de la fresque qui représentent un groupe coupable.

L'écrivain devait-il faire grâce, en les oubliant, aux vices qu'il expose dans ce livre? là est toute la question. Il la débattit dans sa conscience.

« Dévier du sentiment de l'honneur est, pour la femme ma-
« riée, un crime inexcusable (dit-il, dans les *Parents pauvres*);
« mais il est des degrés dans ce crime : quelques femmes, loin
« d'être dépravées, cachent leurs fautes, et tâchent de les
« racheter par l'exercice de grandes vertus, tandis que d'autres
« joignent à ces fautes les ignominies de la spéculation. Mme Mar-
« neffe est le type de ces courtisanes mariées, qui, de prime
« abord, acceptent la dépravation dans toutes ses conséquences,
« et sont décidées à faire fortune en s'amusant, sans scrupule
« sur les moyens!... Celles-là ont presque toujours, comme
« Mme Marneffe, leur mari pour complice.

« Ces machiavels en jupons sont les femmes les plus dange-
« reuses, et de toutes les mauvaises espèces parisiennes, c'est la
« pire espèce !

« Une vraie courtisane, comme Josépha, porte un avertisse-
« ment dans la franchise de sa situation. Un homme sait qu'il
« s'agit là de sa ruine ; mais les façons hypocrites d'une femme
« mariée qui se refuse en apparence aux folies, amènent des
« désastres sans éclat.

« Ces réflexions iront comme des flèches au cœur de bien des
« familles !... On voit des Valéries Marneffe à tous les étages
« de l'état social, et même au milieu des cours !... Car cette
« femme est une triste réalité, moulée sur le vif dans tous ses
« détails, et il y a trop de Valéries, pour qu'elle ne se trouve
« pas dans cette histoire des mœurs de notre vieille société.

« Dans le monde, ces femmes offrent la réunion enchanteresse
« de la candeur pudique et rêveuse, de la décence irréprochable,
« de l'esprit rehaussé par la grâce et les talents...

« Dans le tête-à-tête, elles dépassent les courtisanes ; elles sont
« drôles, amusantes, fertiles en inventions nouvelles. Et cepen-
« dant, avec ces femmes, la passion paraît presque raisonnable,
« car on n'aperçoit chez aucune d'elles ni moqueries, ni orgies, ni
« dépenses folles, ni dépravations, ni mépris des choses sociales :
« on croit échapper surtout à cette rapacité des courtisanes,
« comparable à la soif du sable.

« Mme Marneffe, l'une de ces femmes dont le cœur est un coffre
« fort, a une figure candide, la peau d'une blancheur éblouis-
« sante ; elle résout ce problème d'être à-la-fois grasse et svelte ;
« elle a des dents de jeune chien, des yeux comme des étoiles,
« un front superbe, des oreilles à mouler, de petits pieds pas
« plus larges que son busc, de petites mains, des manières de
« créole. »

Fille naturelle du comte de Montcornet, maréchal de France,
Valérie Fortin avait été mariée avec une dot de vingt mille francs
à un employé du ministère de la guerre, qui arriva ainsi à la place
de premier commis de son bureau.

Le sieur Jean-Paul-Stanislas Marneffe, son mari, est un petit
homme maigre, à cheveux et à barbe grêles, à figure étiolée,

pâlotte, plus fatiguée que ridée, qui réalise le type que l'on prête aux hommes traduits en cour d'assises pour attentat aux mœurs.

Il allait être nommé sous-chef, lorsque la mort subite du maréchal anéantit ses espérances d'avancement. L'exiguïté des appointements de l'employé, les exigences d'une jolie femme habituée chez sa mère à des jouissances auxquelles elle ne voulut pas renoncer, fondit promptement la dot de Mlle Valérie Fortin, et força le ménage à de grandes économies, surtout après le départ d'un jeune Brésilien, amoureux de Valérie, retourné au Brésil pour vendre ses biens, et revenir près d'elle en France.

Après ce départ, M. et Mme Marneffe louèrent, rue du Doyenné, un appartement dont le prix était fort modique. Cet appartement offrait les trompeuses apparences de ce faux luxe qui règne dans tant d'intérieurs parisiens.

Dans le salon, les meubles, les tentures, les bronzes, tout chantait misère comme un pauvre en haillons à la porte d'une église.

Dans la salle à manger, tout était encrassé, nauséabond, mal soigné, mal entretenu.

La chambre du maître, semblable à la chambre d'un étudiant où tout est en désordre, révélait l'homme à qui son ménage est indifférent, et qui vit en dehors de sa maison, au jeu, dans les cafés ou ailleurs!...

La chambre de Mme Marneffe faisait exception à ce désordre, à ce délabrement; elle était, ainsi que le cabinet de toilette, élégamment tendue en perse; des meubles en bois de palissandre et des tapis de moquette y révélaient la jolie femme, presque la femme entretenue; sur le manteau de velours de la cheminée, s'élevait une pendule encore à la mode; il y avait un petit dunkerque bien garni, des jardinières en porcelaines du Japon luxueusement montées; le lit, la toilette, l'armoire à glace, le tête-à-tête, les colifichets obligés, signalaient les recherches ou les fantaisies du jour.

Cet ameublement datait de trois ans. Quelques futilités de

riche bijouterie, qui s'y trouvaient, devaient sans cesse rappeler à Valérie le Brésilien regretté. Mais ce qu'elle appelait *les cruelles nécessités de sa vie* la relevait, à ses yeux, du vœu de fidélité qu'elle lui avait fait. A l'exception de la chambre de Mme Marneffe, tout trahissait donc dans ce ménage une misère sans dignité, due à l'insouciance de la femme et du mari pour la maison et pour la famille ; en les voyant, on aurait deviné que ces deux êtres en étaient arrivés à chercher quelques moyens honteux pour vivre.

« —Samanon ne veut prendre tes lettres de change qu'à cin-
« quante pour cent, et demande en outre une délégation sur tes
« appointements comme garantie, dit Mme Marneffe à son mari,
« qui, depuis deux heures, l'attendait pour dîner.

« —Diable ! qu'allons-nous devenir ? le propriétaire nous fera
« saisir ! Et ton père qui s'avise de mourir sans tester !...

« —Pauvre père ! il m'aimait pourtant bien : la comtesse aura
« brûlé le testament.

« —Nous devons quatre termes...

« —Tiens ! dit Valérie en se levant précipitamment de table,
« aux grands maux les grands remèdes...

« —Que veux-tu faire ?...

« —Je vais chez notre propriétaire, répondit-elle en arrangeant
« ses cheveux sous un très-joli chapeau.

« —Tu auras bientôt mis mon directeur, le baron Hulot, dans
« mes intérêts ? reprit Marneffe, en souriant et en regardant sa
« femme.

« —Je le crois ! dit-elle, sans s'épouvanter de la réflexion et de
« la joie de Marneffe. Le baron m'a aperçue hier : il viendra ici
« demain, sous le prétexte de voir sa cousine, ajouta-t-elle en
« femme sûre de l'effet de ses charmes. Toi, tu devrais tâcher
« de te mettre bien avec cette vieille fille qui demeure ici ? Quel
« heureux hasard pour nous !... »

A cette entrée en scène, à ce point de départ de Valérie Marneffe, il est facile de reconnaître que l'écrivain n'atténue pas le mal, il le montre dans toute sa hideur : c'est bien là le vice dont on s'épouvante.

M{to} Lisbeth Fischer, que Mme Marneffe conseille à son mari de captiver, est âgée de quarante ans, laide, sèche et noire; elle habite deux chambres dans leur maison ; elle est cousine de la baronne Hulot: elles allaient ensemble filer du chanvre à la veillée de leur village, lorsque M. Hulot, baron de l'Empire, en tout temps conduit par ses passions, ébloui par la suprême beauté de la paysanne, l'épousa par amour.

Adeline Fischer devint promptement digne du rang où son mari l'élevait ; aussi vertueuse que belle, la distinction naturelle de son esprit et de ses sentiments, rehaussée par l'instruction qu'elle sut acquérir, la fit admirer et respecter partout où elle paraissait ; mais son amour et sa reconnaissance pour l'homme à qui elle devait sa brillante place dans la société et quinze ans de bonheur la firent trop indulgente : elle souffre, sans se plaindre, tous les tourments que lui inflige la conduite de son mari, et cache à son fils et à sa fille les désastres de fortune qu'entraîne l'inconduite de leur père. Des actrices célèbres par leur beauté ont déjà entamé grandement la fortune du baron Hulot : fortune que Valérie Marneffe achèvera de détruire.

Lisbeth, née envieuse, ne pardonne à sa cousine Adeline ni sa beauté, ni son bonheur, ni sa fortune; mais, aussi fière qu'envieuse, elle ne voulut jamais tenir son pain de la famille, ni enchaîner son indépendance; son travail, en la sauvant de toute obligation, maintient une espèce d'égalité entre elle et sa cousine. Elle va chez ses parents aux jours qui lui conviennent ; elle y est reçue avec la considération et l'estime qu'inspirent son courage et sa fierté; et on l'aime avec une telle confiance, que la famille Hulot n'a pas de secrets pour cette Lisbeth qu'on nomme familièrement, dans la maison de M. Hulot, *la cousine Bette.*

Elle a pour voisin un pauvre et noble réfugié polonais, nommé Wenceslas Steimbock ; ce jeune homme, plein de génie, meurt de faim, comme tout génie naissant et inconnu. Wenceslas fait d'admirables sculptures que, dans son ignorance du monde parisien, il ne peut ni vendre ni placer. Lisbeth l'aime sans oser se l'avouer à elle-même, car elle sait qu'elle ne peut espérer qu'une amitié filiale en échange de ses plus tendres sentiments : elle le soigne donc comme un fils ; elle lui vient en aide si souvent et si généreusement que toutes ses économies ont passé dans les travaux de l'artiste.

Lisbeth ne connaît rien aux arts ; elle veut un jour savoir à quoi s'en tenir sur le talent de son débiteur : elle apporte donc à la fille du baron Hulot, la belle Hortense, un cachet sculpté que Wenceslas vient d'achever ; elle lui demande pour ce jeune homme la protection du baron. Hortense conduira son père chez un marchand, dans la boutique duquel Wenceslas a déposé un groupe représentant Samson terrassant un lion.

— Si ce groupe vaut quelque chose, dit Lisbeth à Hortense, le baron pourra le faire acheter, et obtenir quelques commandes du ministère pour le pauvre artiste...

Hortense rencontre Wenceslas chez le marchand ; les deux jeunes gens s'aiment, et leur union se décide, sans que la cousine Bette se doute même de leur amour. C'est quelques jours seulement avant la célébration du mariage, qu'elle en apprend la nouvelle ; elle regarde ce mariage comme une trahison, et à l'envie qui ronge son âme viennent s'ajouter la jalousie et le désir de la vengeance.

Le baron Hulot, dont Mme Marneffe projette la conquête, a passé cinquante ans ; par la protection de son frère, maréchal de Franco, une des gloires de l'Empire, il est arrivé à une des directions du ministère de la guerre, au conseil d'État, et il a été nommé grand-officier de la Légion-d'Honneur. C'est un de ces hommes dont l'amabilité fait oublier les vices : adoré de sa femme, adoré de ses enfants, adoré de ses maîtresses, il eût honoré non-seulement sa famille, mais son pays, s'il n'eût pas employé une grande partie de son intelligence au service des mauvaises passions.

Aussitôt épris de Mme Marneffe, elle remplace dans son cœur la belle Josépha, qui vient de le quitter pour le duc d'Hérouville, infiniment plus riche que lui. Le baron avait supplanté jadis le sieur Crevel auprès de Josépha. — Les courtisanes rendent la justice à leur manière. — Ce Crevel, ancien parfumeur, ancien rival de César Birotteau, est veuf et entièrement libre depuis le mariage de sa fille unique avec le fils du baron Hulot; il veut jouir de la vie et devenir maire de son arrondissement. La vanité, l'ambition et l'amour (en style d'opéra-comique) se partagent donc le cœur de l'ex-parfumeur. Il a connu le baron Hulot chez les actrices qu'ils entretenaient; là s'est arrangé le mariage de leurs enfants. Crevel admirait le baron, cherchait à copier ses grâces séductrices et s'honorait de son amitié; mais depuis que le baron lui a enlevé Josépha, cette amitié s'est singulièrement refroidie. Crevel guette l'occasion de prendre une éclatante revanche, en enlevant au baron Hulot quelque brillante conquête. L'ex-parfumeur, lancé dans de grandes spéculations, est devenu millionnaire, tandis que Hulot s'est fort appauvri : Crevel se sait donc maintenant le plus fort.

Ce caractère de Crevel, aussi vrai que celui de Hulot, jette un peu de gaîté sur cette triste comédie, où se déroulent toutes les orgies du vice!...

Lisbeth, pour exécuter ses projets de vengeance, se lie avec Mme Marneffe, dont elle a deviné l'avidité : Valérie deviendra l'instrument de sa vengeance. Hulot, séduit, est ruiné et déshonoré par Valérie, qui l'abandonne ensuite avec mépris.... Cet homme supérieur, placé si haut, descend un à un tous les degrés de l'échelle sociale, tombe et meurt dans l'infamie, malgré les constants efforts et les sacrifices surhumains de sa famille pour le sauver; et la pente qui l'entraîne est si insensible, et les événements qui le poussent sont si vraisemblables, que ce Hulot rappelle aux lecteurs les Hulots qu'ils ont pu connaître. Et qui n'a pas connu un Hulot!...

Mais ce n'est pas assez d'une victoire pour Lisbeth. Crevel est le beau-père d'Augustin Hulot : elle atteindra encore la famille dans Crevel. Crevel, riche, est amené par Lisbeth à Valérie, comme une belle proie. Celui-ci, séduit par l'idée d'enlever Valérie à Hulot, donne tête baissée dans les filets de cette femme, qu'il épouse, après la mort de Marneffe, en lui assurant toute sa fortune !

Lisbeth n'est pas encore satisfaite ; elle a encore à se venger d'Hortense, qui, en épousant Wenceslas, l'a privée de ce sentiment qui faisait la joie de sa vie : elle connaît l'insatiable Valérie, elle peut tout espérer d'elle. Valérie, semblable à l'idole de Jagrenat, n'a besoin que de se montrer, pour voir des adorateurs tomber sous les roues de son char ! Lisbeth lui parle de Wenceslas, de son génie, de la beauté de sa femme : beauté dont aucune rivale ne pourrait triompher. Valérie veut voir Wenceslas et lui faire oublier Hortense, et la courtisane tue le génie de l'artiste en enivrant son âme par d'infernales séductions.

Mais le seul homme que Valérie aime est revenu. Voici le Brésilien : Valérie ne perdra pas cet amour !... et le Brésilien, comme tous les autres adorateurs de cette Vénus impudique, se croit bientôt le seul aimé.

Avec quelle adresse ce serpent féminin séduit ses amants et les fait servir à sa fortune !... Elle emploie Hulot pour avancer Marneffe ; elle emploie Marneffe pour dompter Crevel et contenir son amour dans les bornes du respect et de la discrétion : elle a transformé pour lui cet infâme mari en un jaloux féroce et sanguinaire. Crevel, qui s'aime, qui aime ses millions, qui veut être maire et jouir de la vie sans aucun souci, a peur de Marneffe, et jette des gâteaux dans la gueule de ce Cerbère, à chacun de ses aboiements. Wenceslas ne voit en Hulot et en Crevel que les amis de Valérie. Quant au sauvage Brésilien, trop lucide pour être trompé, Valérie lui a avoué ce qu'elle appelle ses fautes : il les a pardonnées, et, sûr d'être le seul aimé, il attend la mort de Marneffe, pour épouser cette Valérie qu'il croit redevenue fidèle !...

La famille du baron Hulot est comme une île verte, fraîche et pure, au milieu de cet océan de fange ; le maréchal Hulot, la baronne, son fils, sa fille, reposent les yeux de ce tableau effrayant des turpitudes humaines.

Marneffe meurt, tué par ses débauches. Valérie épouse Crevel. Le Brésilien, trompé dans son espoir, éclairé sur la conduite de l'ange Valérie, se venge d'elle en sauvage : Valérie et Crevel expirent dans les horribles tortures du plus affreux empoisonnement. Cette femme devient un objet d'horreur : ses chairs tombent en lambeaux ; elle meurt en confessant ses crimes, et en donnant tous ses biens à la famille qu'elle avait dépouillée.

Telle est la donnée de cette œuvre capitale.

Les caractères y sont d'une telle vérité qu'ils ont aussitôt été acceptés comme types ; on dit aujourd'hui : *C'est une Marneffe, c'est un Hulot, c'est un Crevel, c'est un Marneffe,* comme on dit : *C'est un Tartufe.* Et les séductions des Valéries, nées et à naître, sont si bien décrites, qu'il est loisible à chacun de les reconnaître et de trembler à leurs discours, à leurs sourires, à leurs joies ; car chacun sait maintenant ce que coûtent ces sourires, quelle portée ont ces joies, et ce qu'il y a de mépris, dans leurs paroles, pour tout ce qui est saint et pur !

Ces Marneffes, mâles et femelles, méritaient-ils grâce ? Ces Hulots infâmes qui donnent aux Valéries le pain et l'honneur de leurs enfants ; ces Crevels, ces Falstafs de l'amour, qui leur abandonnent tous leurs biens, méritent-ils la pitié ?... Le silence ne les protége-t-il pas ?... et les vices qu'ils représentent et personnifient ne font-ils pas plus de mal et ne dégradent-ils pas plus l'humanité, que certains crimes que la société punit du bagne et de l'échafaud, et qu'elle expose aux regards de tous dans ses feuilles publiques ? La loi ne peut atteindre ces vices : laissez donc l'écrivain les stigmatiser, les mettre au pilori ; laissez l'écrivain éclairer ces boues de votre vieille Babylone, comme la police éclaire, la nuit dans Paris, ses égouts dégradés, afin qu'aucun passant ne s'y jette !

Ne vous méprenez pas sur l'intention de l'écrivain : celui qui peignit César Birotteau, le Médecin de campagne, le Curé de village et tant d'autres âmes d'élite qui font aimer la terre ; celui qui peignit ces femmes si chastes et si tendres, appelées Mmes de Mortsauf, Claës, Birotteau, et les Eugénie Grandet, les Ursule Mirouët, les Pierrette Lorrain, les Armande d'Esgrignon, jeunes filles dont les larmes sont si pures qu'elles ressemblent à la rosée des fleurs, véritables vases d'élection où aucun sentiment n'aigrit, où les injustices et les déceptions ne déposent ni fiel ni lie, celui-là, certes, a le droit de peindre les Valérie Marneffe, sans être accusé d'immoralité.

MARGUERITE CLAËS

Si l'on ignorait par combien de souffrances Marguerite achète le droit d'être sublime, on ne verrait que de la sécheresse et de l'égoïsme, là où il n'y a qu'abnégation de soi-même, dévouement pour les siens, respect pour son père et obéissance à la voix sacrée de cette autre femme trop aimante et trop résignée, morte en proie au remords d'avoir été plus épouse que mère. Les sentiments les plus nobles et les plus désintéressés animent seuls le cœur de Marguerite. Mais avant de parler d'elle exclusivement, montrons son entourage. C'est le plus sûr moyen de faire admirer sa conduite.

Balthazar Claës, le héros principal de ce drame, avait beaucoup voyagé dans sa jeunesse. A Paris, il se lia intimement avec Lavoisier et se passionna pour la science que cultivait ce savant.

De retour à Douai, sa patrie, M. Claës songea à se marier. Il chercha à Gand, à Bruges, à Anvers, et ne trouva personne qui lui convînt. Mais un jour il entendit parler d'une demoiselle de Bruxelles, qui devint l'objet d'une discussion assez vive. « Les

« uns trouvaient Mlle de Temminck disgracieuse et contre-
« faite, malgré sa beauté; les autres, belle, malgré son pied
« trop court et son épaule trop grosse. Un vieux cousin de Bal-
« thazar dit à ses convives que, belle ou non, elle avait une âme
« qui la lui ferait épouser, s'il était à marier. »

Peu de jours après, Balthazar recherchait Mlle de Temminck, dont il s'était vivement épris. Joséphine se crut d'abord l'objet d'un caprice et refusa d'écouter M. Claës. « Elle se
« demandait si M. Claës n'avait pas quelques imperfections
« secrètes qui l'obligeaient à se contenter d'une pauvre fille bos-
« sue. Elle provoquait de délicates discussions en exagérant sa
« disgrâce, afin de pénétrer jusqu'au fond de la conscience de
« son amant. Ces incertitudes, ces combats, communiquaient le
« charme de la passion à sa poursuite et inspiraient à Balthazar
« un amour presque chevaleresque. »

Le mariage eut lieu en 1795. Peu de femmes furent plus heureuses que Mme Claës. Elle eut quatre enfants. L'aînée, nommée Marguerite, était née en 1795. Le dernier, Jean-Balthazar, avait trois ans au moment où commence cette histoire.

« En 1805, le frère de Mme Claës mourut sans laisser d'en-
« fants. Il légua à sa sœur une somme de soixante mille ducats.
« L'emploi de cette somme fut assez difficile à déterminer. La mai-
« son Claës était si richement fournie en meubles, en tableaux, en
« objets d'art et de prix, qu'il semblait difficile d'y ajouter des
« choses dignes de celles qui s'y trouvaient déjà. Le goût de cette
« famille y avait accumulé des trésors. »

« Une génération s'était mise à la piste des beaux tableaux :
« puis la nécessité de compléter la collection avait rendu le goût
« de la peinture héréditaire. » — De même pour la porcelaine, les meubles, l'argenterie, les fleurs. Claës avait, de plus, une maison de campagne dans la plaine d'Orchies. « Balthazar con-
« seilla à sa femme d'acheter des bois maltraités alors par les
« guerres qui avaient eu lieu, mais qui devaient prendre à dix
« ans de là une valeur énorme. »

Jusqu'en 1809, le bonheur de Mme Claës fut sans mélange. A cette époque, le caractère de Balthazar changea. Il devint distrait, rêveur; il passa des journées entières loin de tous les siens, dans un grenier de sa maison dans lequel avaient travaillé des ouvriers de diverses professions. On ignorait ce qu'il y faisait : aussi les conjectures ne manquèrent-elles pas. On savait qu'il faisait venir de Paris des matières précieuses, des livres, des machines, et l'on en conclut qu'il cherchait la pierre philosophale. Tout le monde plaignit Mme Claës. Elle apprit, par des amis, ce qu'ils pensaient de Balthazar. Ce fut pour elle un coup de foudre. Un de ses parents, Pierquin, jeune notaire, lui dit que M. Claës avait emprunté sur ses biens trois cent mille francs. Mme Claës, au désespoir, voulut savoir la cause de ces dépenses. Ici, il faudrait pouvoir copier mot à mot ces longues pages, dans lesquelles l'auteur décrit si bien l'effroi secret de la pauvre Joséphine, au moment où elle fait appeler Balthazar : — l'insouciance de celui-ci, qui ne se doute pas du mal qu'il cause ; — sa terreur, lorsqu'il voit sa femme près de mourir dans ses bras ; — la tendresse qu'il lui montre ; — l'art avec lequel il élude ses questions, et la promesse qu'il lui fait de l'initier le soir même à tous ses secrets. Joséphine, fascinée par son mari, veut que tout le monde soit heureux autour d'elle. Là, une délicieuse peinture de la vie intérieure, de cette vie de famille, qui donne la force de supporter toutes les douleurs et qui double toutes les joies.

Après une journée, passée dans une sorte d'ivresse, Joséphine se retrouva seule avec Balthazar. Elle apprit de sa bouche comment il s'était laissé entraîner, par les conseils d'un étranger, à la recherche de l'Absolu; comment (comme tous les chimistes à la poursuite d'une chimère!) il était sûr qu'il ne lui fallait plus que quelques efforts, que quelques expériences, qu'un jour peut-être, pour créer à son tour les plus précieux métaux, des diamants, tout enfin!... Pour tout cela, il ne fallait peut-être plus qu'une heure!... Était-il donc raisonnable de s'arrêter au moment même où l'on touchait au but?... Mais Joséphine, profitant à son tour de la tendresse que lui témoignait son mari, lui montra l'abîme dans lequel il les plongeait tous par ses folles dépenses, et obtint de lui la promesse de renoncer à la chimie.

Pour célébrer cet heureux événement, une fête fut annoncée. Vingt jours entiers suffirent à peine à en faire les préparatifs. Pendant ces vingt jours, tout fut joie, tout fut bonheur dans la famille ! Hélas ! ce terme fatal fut celui de toutes les illusions !

On était en 1812. Le jour fixé pour cette splendide réunion arriva. Dans la soirée, le 29° bulletin et les nouvelles des désastres éprouvés par la grande armée en Russie et à la Bérésina s'étaient répandus. Les Douaisiens, par un sentiment patriotique, refusèrent unanimement de danser. Le souper seul donna quelque vie à cette fête, «dont la
« reine était la jeune Marguerite, alors âgée de seize ans, et que
« ses parents présentèrent au monde. Elle attira tous les regards
« par une extrême simplicité, par son air candide et surtout par
« sa physionomie en accord avec ce logis. C'était bien la jeune
« fille flamande telle que les peintres du pays l'ont représentée :
« une tête parfaitement ronde et pleine ; des cheveux châtains
« lissés sur le front et séparés en deux bandeaux ; des yeux gris
« mélangés de vert; de beaux bras; un embonpoint qui ne nui-
« sait pas encore à la beauté ; un air timide; mais sur son front
« haut et plat, une fermeté qui se cachait sous un calme et une
« douceur apparente. Sans être triste ni mélancolique, elle avait
« peu d'enjouement. La réflexion, l'ordre, le sentiment du de-
« voir, ces trois principales expressions du caractère flamand,
« animaient sa figure, froide au premier aspect, mais sur laquelle
« le regard était ramené par une certaine grâce dans les contours
« et par une paisible fierté, qui donnait les gages d'un constant
« bonheur domestique.

« Telle parut Marguerite, au milieu de cette magnificence, de
« ces curiosités amassées par six générations, dont chacune avait
« eu sa manie, et que les Douaisiens admiraient pour la der-
« nière fois. »

Depuis ce jour, Mme Claës tenta inutilement tout ce que

l'amour le plus vrai pouvait faire inventer pour ramener à elle Balthazar : tout fut inutile. Lui-même s'efforçait vainement de paraître gai et tranquille : sa distraction, son dépérissement, attestaient trop ses combats intérieurs. Joséphine en fut tellement effrayée, qu'un jour elle lui dit : « Mon ami, je te délie de tes « serments. »

La joie, la reconnaissance de Balthazar, à ces mots, prouvèrent à Mme Claës combien la passion de cet homme était plus forte que lui. Ce fut pour elle le coup de la mort. Balthazar, incapable de songer à autre chose qu'à sa funeste science, ne s'aperçut ni du sacrifice que lui faisait sa femme, ni du coup mortel dont elle était frappée. Il épuisa l'argent que Mme Claës avait obtenu de la vente de ses diamants, et ses efforts n'eurent aucun résultat. Accablé de honte et de douleur, il parla d'attenter à ses jours. Joséphine, épouvantée, voulut encore une fois le secourir, et lui proposa de vendre ses tableaux pour acquitter ses dettes et se procurer les moyens de recommencer ses expériences. — « Ah ! « s'écria-t-il, je n'osais te dire qu'entre moi et l'Absolu, à peine « existe-t-il un cheveu de distance ! Pour gazéifier les métaux, il « ne me manque plus que de trouver un moyen de les soumettre « à une immense chaleur, dans un milieu où la pression de l'at- « mosphère soit nulle, enfin, dans le vide parfait. »

« Mme Claës ne put soutenir l'égoïsme de cette réponse. « Elle attendait des remercîments passionnés pour ses sacrifices, « et elle trouvait un problème de chimie !

« Elle quitta brusquement son mari, descendit au parloir, y « tomba sur sa bergère entre ses deux filles effrayées, — et s'é- « cria : « Pauvres enfants ! je suis morte, je le sens ! »

En effet, depuis ce moment, l'état de Mme Claës empira de moment en moment. Balthazar, absorbé par ses expériences, ne s'en aperçut pas. Une scène semblable devait inspirer à Marguerite de cruelles réflexions. « Il arrive un moment dans la vie « intérieure des familles où les enfants deviennent, soit volontai- « rement, soit involontairement, les juges de leurs parents.

« Mme Claës avait compris le danger de cette situation. Par
« amour pour son époux, elle s'efforçait de justifier, aux yeux de
« Marguerite, ce qui, dans l'esprit juste d'une fille de seize ans,
« pouvait paraître des fautes chez un père. — Mais aucune puis-
« sance humaine ne pouvait empêcher que parfois un mot échappé
« aux domestiques ne révélât à Marguerite la cause de la situa-
« tion dans laquelle la maison se trouvait depuis quatre ans. —
« Marguerite allait être, dans un temps donné, la confidente
« active de sa mère, et, au dénoûment, le plus redoutable des
« juges. » Mme Claës s'effrayait donc de ce qui pouvait arriver
après sa mort, et tâchait de communiquer à sa fille les sentiments dévoués et l'amour qu'elle portait à Balthazar.

Tourmentée par un scrupule de conscience, un jour elle fit
appeler son confesseur, le vénérable abbé de Solis, qui, malgré son
grand âge et ses infirmités, arriva soutenu par son neveu. Emmanuel de Solis, élevé par son oncle avec la plus vive tendresse,
« fut préparé aux souffrances de la vie par des travaux continus et
« par une discipline presque claustrale. » Le résultat de cette
éducation devait être un amour pur pour une créature angélique :
Emmanuel et Marguerite le ressentirent en même temps, sans
oser se le dire, sans presque se l'avouer à eux-mêmes : Mme Claës
seule le devina. Pendant près de quatre années, elle observa
Emmanuel, et ce lui fut une douce pensée de se dire : Un jour, il
rendra Marguerite heureuse !

Cependant, Balthazar s'éloignait chaque jour davantage de tous
les siens. La maladie de Mme Claës empirait. Elle ne quittait
plus son lit, dressé dans le parloir, et à chaque moment elle sentait la vie se retirer d'elle, lorsqu'un jour Pierquin lui dit à l'o-
reille : « M. Claës m'a chargé d'emprunter trois cent mille francs
« sur ses propriétés; prenez des précautions pour la fortune de
« vos enfants. »

Ces mots furent le coup de poignard qui tua Mme Claës.
Elle eut à peine le temps de rassembler sa famille autour d'elle,
d'écrire à Marguerite une lettre qu'elle lui recommanda de

n'ouvrir que si elle se trouvait un jour sans aucune ressource.
« Marguerite, ajouta-t-elle, aime bien ton père ! mais aie soin
« de ta sœur et de tes frères. Dans quelques jours, dans quel-
« ques heures peut-être, tu vas être à la tête de la maison. Sois
« économe. Si tu te trouvais opposée à la volonté de ton père, et
« le cas pourrait arriver, puisqu'il a dépensé de grandes sommes
« à chercher un secret dont la découverte doit être l'objet d'une
« gloire et d'une fortune immense, il aura sans doute besoin
« d'argent, peut-être t'en demandera-t-il. Déploie alors toute la
« tendresse d'une fille et sache bien concilier les intérêts dont tu
« seras la seule protectrice, avec ce que tu dois à un père, à un
« grand homme, qui sacrifie son bonheur, sa vie, à l'illustration
« de sa famille. Ne lui reproche rien, ne le juge pas ! Mais
« sois forte, conserve de la raison pour ceux qui n'en ont pas ici.
« Fais en sorte que tes frères, que ta sœur ne m'accusent jamais !
« Aime bien ton père, mais ne le contrarie pas... trop ! »
Ce dernier mot traça la ligne de conduite que Marguerite
adopta dès ce moment solennel. Mme Claës expira, après avoir
pardonné à son mari ; et ses dernières paroles furent pour lui
recommander l'avenir de leurs enfants. Balthazar, anéanti par sa
douleur, s'efforça pendant quelques mois de renoncer à cette
science funeste, qui, après avoir englouti toute sa fortune, avait
conduit sa femme au tombeau. Mais au bout d'une année, l'ennui,
le désœuvrement, le ramenèrent insensiblement à ses premières
idées. Il capitula avec sa conscience. Il se dit que sa femme n'a-
vait pas voulu accepter de lui un serment ; qu'ainsi rien n'en-
chaînait son désir et sa volonté. Peu à peu il reprit ses anciennes
habitudes, fit secrètement de nouveaux achats, et se remit plus
que jamais à la recherche de l'Absolu.

Vainement Pierquin avait pressé Marguerite de séparer ses intérêts et ceux de ses frères et sœur de ceux de Balthazar. La noble
fille n'avait voulu consentir à rien qui pût chagriner son père.
Pierquin, jeune et libre, eût souhaité que Marguerite le choisît
pour époux. Marguerite était protégée contre ce vœu du rusé no-

taire par l'amour d'Emmanuel. Elle obéissait à sa mère en ne se mariant pas avant que son frère Gabriel fût en âge de se mettre à la tête de la maison à sa place : son devoir, dans cette circonstance, était d'accord avec son cœur.

Un jour, Marguerite apprit que son père avait vendu les bois de la forêt de Waignies à des spéculateurs, que les arbres en étaient déjà coupés, que Balthazar avait touché trois cent mille francs avec lesquels il avait payé ses dettes, et qu'il avait, de plus, engagé cent mille francs sur les cent mille écus qui lui restaient à recevoir. Marguerite se détermina alors à écouter les conseils d'Emmanuel, et résolut de sauver, s'il était possible, le peu qui restait encore de la fortune de sa mère. Quelques jours après, Martha lui dit que Balthazar avait vendu sa collection de tulipes, le mobilier de la maison de devant et toute son argenterie. Marguerite jugea qu'il était temps de parler à son père. Elle le fit une première fois sans succès. Elle acquit la triste conviction que non-seulement Balthazar ne possédait plus rien, mais qu'il avait contracté des dettes. Atterrée par cet aveu, elle n'osa continuer à l'interroger.

Un mois après, on lui présentait une lettre de change de dix mille francs.—Et le banquier qui l'apporta la prévint qu'il en existait neuf autres de même somme, payables de mois en mois.

« Tout est dit, s'écria Marguerite, l'heure est venue! »

Et elle monta au laboratoire.

« L'aspect de son père, qui, presque agenouillé devant ses four-
« neaux, recevait d'aplomb la lumière du soleil, et dont les che-
« veux épars ressemblaient à des fils d'argent, son crâne bossué,
« son visage contracté par une attente affreuse, la singularité
« des objets dont il était entouré, l'obscurité dans laquelle se
« trouvaient les parties de ce vaste grenier d'où s'élançaient des
« machines bizarres; tout contribuait à frapper Marguerite, qui
« se dit avec terreur : Mon père est fou. »

Toutefois, elle voulut tenter un dernier effort. — Elle avertit son père de la visite du banquier. Elle le supplia de renoncer à ses expériences. Elle parla au nom de sa mère, qui lui avait ordonné de résister, de protéger ses frères et sa sœur : elle fut sublime d'éloquence et de dévouement, et elle ne put rien obtenir.

Elle comprit alors qu'il était temps d'ouvrir la lettre que Mme Claës lui avait remise à son lit de mort.

Elle courut la chercher et lut ce qui suit :

A ma fille Marguerite.

« Mon enfant, si Dieu le permet, mon esprit sera dans ton
« cœur quand tu liras ces lignes, les dernières que j'aurai tra-
« cées ! Elles sont pleines d'amour pour mes chers petits qui res-
« tent abandonnés à un démon, le démon de la science, auquel
« je n'ai pas su résister. Il aura donc absorbé votre pain, comme
« il a dévoré ma vie et même mon amour ! Tu savais, ma bien-
« aimée, si j'aimais ton père ! Je vais expirer l'aimant moins,
« puisque je prends contre lui des précautions que je n'aurais pas
« avouées de mon vivant. Oui, j'aurai gardé dans le fond de
« mon cercueil une dernière ressource pour le jour où vous serez
« au plus haut degré du malheur. S'il vous a réduits à l'indigence
« ou s'il faut sauver votre honneur, mon enfant, tu trouveras chez
« M. de Solis, s'il vit encore, sinon chez son neveu, *notre bon*
« *Emmanuel*, cent soixante et dix mille francs environ, qui vous
« aideront à vivre. Si rien n'a pu dompter la passion de ton père,
« si ses enfants ne sont pas une barrière plus forte pour lui que
« ne l'a été mon bonheur et ne l'arrêtent pas dans sa marche cri-
« minelle, quittez votre père, vivez au moins ! Je ne pouvais
« l'abandonner, je me devais à lui. Toi, Marguerite, sauve la
« famille ! Je t'absous de tout ce que tu feras pour défendre *Ga-*
« *briel*, *Jean* et *Félicie*. Prends courage ; sois l'ange tutélaire
« des Claës. Sois ferme ; je n'ose dire : Sois sans pitié ; mais pour
« pouvoir réparer les malheurs déjà faits, il faut conserver quel-
« que fortune, et tu dois te considérer comme étant au lendemain
« de la misère : rien n'arrêtera la fureur de la passion qui m'a
« tout ravi. Ainsi, ma fille, ce sera être pleine de cœur que d'ou-

« blier ton cœur; ta dissimulation, s'il fallait mentir à ton père,
« serait glorieuse; tes actions, quelque blâmables qu'elles puis-
« sent paraître, seraient toutes héroïques, faites dans le but de
« protéger ta famille. Le vertueux M. de Solis me l'a dit, et ja-
« mais conscience n'a été ni plus pure ni plus clairvoyante. Je
« n'aurais pas eu la force de te dire ces paroles, même en mou-
« rant. Cependant sois toujours respectueuse et bonne dans cette
« horrible lutte! Résiste en adorant, refuse avec douceur. J'au-
« rai donc eu des larmes inconnues et des douleurs qui n'éclate-
« ront qu'après ma mort. Embrasse, en mon nom, mes chers
« enfants, au moment où tu deviendras ainsi leur protection. Que
« Dieu et les saints soient avec toi!

« JOSÉPHINE. »

« A cette lettre était jointe une reconnaissance de MM. de
« Solis, qui s'engageaient à remettre le dépôt fait par Mme Claës
« entre leurs mains à celui de ses enfants qui leur représenterait
« cet écrit. »

Marguerite envoya sur-le-champ chercher Emmanuel. Tous deux convinrent d'aller payer les cent mille francs de lettres de change et de conserver les soixante-dix mille francs qui resteraient, pour vivre.

Balthazar, se croyant sans ressources, redevint humble et triste. Lorsqu'il apprit que les cent mille francs étaient payés, il fut d'abord muet de surprise.

« — Tu as donc de l'argent? » dit-il à Marguerite; et, ses traits s'animant tout à coup, prirent une expression de joie, d'espoir, de délire, qui fit frémir sa fille.

« — J'ai ma fortune, dit-elle.

« — Donne-la-moi!... je te rendrai le tout au centuple. »

Avec un pareil homme, il ne pouvait plus rester à Marguerite une lueur d'espérance.

Le soir, Emmanuel apporta, en or les soixante-dix mille francs, débris du dépôt fait à MM. de Solis. Les jeunes gens s'occupaient à les cacher, lorsque Balthazar les surprit. Les ducats s'échappèrent des mains de Marguerite, et elle sentit à l'instant la nécessité de tromper son père. Elle se hâta donc de remercier Emmanuel du *prêt* qu'il venait de lui faire.

A peine est-il sorti, que Balthazar presse sa fille de lui donner cet argent, lui jurant que, si cette fois il ne réussit pas, il s'en remettra complétement à sa discrétion. Elle s'y refuse avec une grande énergie. Après l'avoir suppliée en vain, il la maudit, — puis la supplie de nouveau, — et enfin s'éloigne, en la menaçant de se donner la mort.

Marguerite reste un moment indécise. Mais un noir pressentiment la frappe. Elle vole sur les pas de son père. Elle entre dans sa chambre, et le voit appuyant un pistolet sur son front.

« — Prenez tout ! s'écrie-t-elle.

« Elle tombe sur un fauteuil. Balthazar, la voyant pâle, se mit
» à pleurer comme pleurent les vieillards. Il la baisa au front, lui
« dit des paroles sans suite. Il était prêt à sauter de joie.

« — Assez, assez, mon père, dit-elle. Si vous ne réussissez
« pas, vous m'obéirez !

« — Oui.

« — Oh ! ma mère, dit-elle en se tournant vers la chambre de
« Mᵐᵉ Claës, vous auriez tout donné, n'est-ce pas ? »

Deux mois après cette scène, Balthazar resta toute une journée assis dans son jardin, plongé dans une méditation triste.

« — Eh bien ! mon père, vous n'avez pas réussi ?

« — Non, mon enfant.

« —Ah ! dit Marguerite d'une voix douce, je ne vous adresserai
« pas le plus léger reproche. Je réclamerai seulement l'exécu-
« tion de votre parole. Vous êtes un Claës : elle doit être sacrée. Vos
« enfants vous entoureront d'amour et de respect ; mais d'aujour-
« d'hui vous m'appartenez et me devez obéissance.

« Je vous quitte pour un mois. Demain, Félicie conduira la
« maison. »

Le lendemain, M. Conyncks, frère de M. Claës, vint chercher sa nièce, et ils partirent pour Paris.

Ils revinrent au bout de quelques semaines. Marguerite annonça à son père que, par le crédit de son oncle, elle avait obtenu pour lui une place de receveur en Bretagne; que M. Conyncks se chargeait de son cautionnement; qu'elle ne lui demanderait aucun compte des dix-huit ou vingt mille francs qu'il allait avoir à dépenser; qu'elle, ses frères et Félicie vivraient avec les revenus de Gustave, jusqu'à ce qu'elle fût parvenue à rétablir leur fortune.

Balthazar reprocha à Marguerite de le chasser de sa maison. C'est dans le roman qu'il faudrait lire tous les détails des conversations du père et de la fille : la résistance de Balthazar, qui ne peut se résoudre à abandonner ses expériences, à quitter son laboratoire; la fermeté de Marguerite pour l'y contraindre.

C'est ce mélange de l'amour filial combattu par le devoir, par la nécessité, qui rend ce caractère admirable. Marguerite a senti que, son père présent, elle ne pourrait lui résister : elle l'oblige donc à s'éloigner; mais elle veut que, dans son exil, il soit riche, honoré, qu'il n'ait à subir aucune privation; tandis qu'elle, pauvre fille, dévouée à sa sœur, à ses frères, elle va se condamner à la vie la plus rude, la plus laborieuse; cinq années s'écouleront avant qu'elle ait pu réaliser son rêve. Pendant ces cinq années, une seule pensée apporte quelque adoucissement à ses peines. Touchée du dévouement d'Emmanuel, elle l'a choisi pour époux; mais elle ne veut se donner à lui qu'après avoir complétement rétabli la fortune de son père, et, pendant ces cinq années d'épreuve, elle n'a pas un moment d'hésitation, elle ne dévie pas pendant une seconde de la ligne qu'elle s'est tracée. Parvenue à son but, elle se hâte d'aller chercher son père, pour le ramener au milieu de sa famille, redevenue riche et heureuse par les soins de cette fille sublime.

Trois mariages réclament la présence de Balthazar. Félicie doit épouser Pierquin, qu'elle aime et dont elle est aimée. Gabriel va s'unir à sa cousine, fille unique de M. Conyncks; et Marguerite s'apprête enfin à couronner le dévouement d'Emmanuel.

Le père prodigue, rentre dans sa maison avec une émotion profonde. Tous les désastres sont réparés : il ne tient plus qu'à lui de vivre heureux.

Pendant quelques mois, Marguerite put jouir avec délices du fruit de toutes ses peines. Mais, malheureusement, deux ans après son mariage, Emmanuel est forcé de partir pour l'Espagne, où l'appellent des affaires de succession. Il emmène Marguerite.

Balthazar, resté seul, s'abandonne de nouveau à sa folie. En quelques mois, tableaux, meubles, argenterie, tout est encore une fois évaporé en fumée. Félicie l'écrit à sa sœur, qui revient en toute hâte. Quelles tristes scènes l'attendent à son retour ! Balthazar, pour satisfaire sa passion, s'est privé du plus strict nécessaire. Il poursuit obstinément sa chimère ; il a usé son corps comme son esprit : il n'est plus que l'ombre de lui-même. Son état n'est plus un secret pour personne. Personne ne veut reconnaître en lui l'homme de génie. On le prend pour un alchimiste : on le croit fou, et les enfants courent après lui dans les rues, en l'appelant *sorcier* et en le couvrant de boue.

Balthazar ne peut supporter cette honte. On le rapporte chez lui frappé d'une attaque de paralysie. Un moment, on a l'espoir de le guérir, et Marguerite emploie sa nouvelle fortune à réparer encore une fois cette maison, dévastée à trois époques différentes par suite des dépenses extravagantes de son père.

Hélas ! ses efforts sont inutiles !

C'est en vain qu'elle s'établit au chevet du lit de Balthazar. « Pendant quelques mois, le temps s'écoula dans les alternatives « de bien et de mal si communes chez les vieillards. » Vers le commencement de 1832, une crise violente, pendant laquelle le moribond crut avoir découvert l'Absolu, mit fin aux douleurs de Marguerite.

Si nous nous sommes étendue un peu longuement sur quelques

personnages de cette histoire, c'est que l'ensemble du roman pouvait seul donner l'idée du caractère de Marguerite ; et encore regrettons-nous d'avoir été forcée de passer sous silence une foule de détails, tels, par exemple, que l'amour du notaire Pierquin pour elle. La manière dont elle repousse ses offres, en le forçant toutefois à servir ses intérêts, fait éclater son bon jugement : là, elle prouve que sa droiture et son entente des affaires sont supérieures à l'esprit mercantile du notaire. Ainsi de plusieurs autres scènes ravissantes : celles, entre autres, avec Emmanuel, dans lesquelles se montrent toutes les délicatesses de l'amour le plus pur : là, Marguerite est femme, et trouve dans la conduite de son amant une douce compensation aux douleurs de la fille, si inutilement dévouée à son père.

Dans un siècle où tant d'individus se plaisent à dénigrer tout ce qui tient à l'honneur et aux affections du foyer domestique, cela fait du bien au cœur de voir cette jeune fille tout sacrifier à l'intérêt de ses frères et sœur; de la voir, par son énergie, remplacer près d'eux ce père, qu'une passion désordonnée pour la science a fait leur bourreau; de la suivre dans cette route inusitée, dans laquelle elle s'engage pour le protéger malgré lui; ne reculant devant aucun sacrifice, faisant taire, pendant de longues années, jusqu'à la voix d'un amour légitime, pour se consacrer tout entière à sa noble tâche, et mériter ainsi le nom d'Ange de la famille.

VÉRONIQUE

« Es Sauviat, vieux marchands de ferraille, établis dans
« le vieux Limoges, ne mangeaient de la viande
« qu'aux fêtes carillonnées. La plupart du temps, ils
« se contentaient de harengs, de pois rouges, de
« fromage, d'œufs durs mêlés dans une salade, de
« légumes accommodés de la manière la moins coû-
« teuse. Jamais ils ne firent de provisions, excepté
« quelques bottes d'ail ou d'oignon qui ne craignaient
« rien et ne coûtaient pas grand'chose ; le peu de bois
« qu'ils consommaient en hiver, la Sauviat l'achetait
« aux fagoteurs qui passaient, et au jour le jour. A
« sept heures en hiver, à neuf heures en été, le mé-
« nage était couché ; il n'usait pas pour trois francs de
« chandelle par an. »

La vie sobre et travailleuse de ces gens fut animée par une joie, mais une joie naturelle, et pour laquelle ils firent leurs seules dépenses connues. En mai 1802, la Sauviat eut une fille ; elle vaquait aux soins du ménage cinq jours après l'avoir mise au monde. Elle nourrit elle-même son enfant sur sa chaise, en plein vent, continuant à vendre la ferraille, pendant que la petite tétait. Son lait ne coûtant rien, elle laissa téter pendant deux ans sa fille, qui ne s'en trouva pas mal. Véronique devint le plus bel enfant de la basse ville : les passants s'arrêtaient pour la voir.

Véronique Sauviat fut élevée chrétiennement. Dès l'âge de sept ans elle eut pour institutrice une sœur grise, Auvergnate, à qui les Sauviat avaient rendu quelques légers services. Elle enseigna la lecture et l'écriture à Véronique, lui apprit l'Histoire du peuple de Dieu, le Catéchisme, l'Ancien et le Nouveau-Testament, quelque peu de calcul. Ce fut tout; la sœur crut que ce serait assez : c'était déjà trop. A neuf ans, Véronique étonna le quartier par sa beauté. Surnommée *la petite Vierge*, elle promettait d'être bien faite et blanche. Sa figure de madone, car la voix du peuple l'avait bien nommée, fut complétée par une riche et abondante chevelure blonde, qui fit ressortir la pureté de ses traits. Quiconque a vu la sublime petite Vierge de Titien, dans son grand tableau de *la Présentation au Temple*, saura ce que fut Véronique en son enfance : même candeur ingénue, même étonnement séraphique dans les yeux, même attitude noble et simple, même port d'infante.

A onze ans, elle eut la petite vérole, et ne dut la vie qu'aux soins de la sœur Marthe. Elle fut sauvée, mais sa beauté périt. La maladie ne respecta que ce qu'elle ne pouvait atteindre, les yeux et les dents. Véronique ne perdit pas non plus l'élégance et la beauté de son corps, ni la plénitude de ses lignes, ni la grâce de sa taille. Elle fut à quinze ans une belle personne, et ce qui consola les Sauviat, une sainte et bonne fille, occupée, travailleuse, sédentaire.

Sauviat, si rude pour lui et pour sa femme, eut alors quelques soupçons du bien-être; il lui vint une vague idée de consoler sa fille d'une perte qu'elle ignorait encore. Il lui décora deux chambres, situées au second étage de sa maison,

avec de vieux meubles qu'il brocanta. « Si Véronique eût pu faire
« des comparaisons et connaître le caractère, les mœurs, l'igno-
« rance de ses parents, elle aurait su combien il y avait d'affec-
« tion dans ces petites choses; mais elle les aimait avec un
« naturel exquis et sans réflexion. Véronique eut le plus beau
« linge que sa mère put trouver chez les marchands. La Sauviat
« laissa sa fille libre d'acheter pour vêtements les étoffes qu'elle
« désirait. Le père et la mère furent heureux qu'elle n'eût aucun
« goût ruineux. Le dimanche, elle allait avec eux aux offices, à la
« promenade, après vêpres, le long de la Vienne ou aux alentours.
« Les jours ordinaires, elle demeurait chez elle, occupée à remplir
« de la tapisserie, dont le prix appartenait aux pauvres, ayant
« ainsi les mœurs les plus simples, les plus chastes, les plus
« exemplaires. Elle ouvrait parfois du linge pour les hospices.
« Elle entremêla ses travaux de lecture, et ne lut pas d'autres
« livres que ceux que lui prêtait le vicaire de Saint-Étienne, un
« prêtre de qui la sœur Marthe avait fait faire la connaissance
aux Sauviat.

« Quand Véronique eut quinze ans, il se fit un changement
« dans les mœurs intérieures de la maison. Le père et la mère
« montèrent, à la nuit, chez leur fille, qui, pendant la soirée, leur
« lisait, à la lueur d'une lampe placée derrière un globe de verre
« plein d'eau, la *Vie des Saints*, les *Lettres édifiantes*, enfin tous
« les livres prêtés par le vicaire. La vieille Sauviat tricotait, en
« calculant qu'elle regagnait ainsi le prix de l'huile. Les voisins
« pouvaient voir de chez eux ces deux vieilles gens, immobiles
« sur leurs fauteuils, écoutant et admirant leur fille, de toutes les
« forces d'une intelligence obtuse pour tout ce qui n'était pas
« commerce ou foi religieuse. Il s'est rencontré sans doute dans
« le monde des jeunes filles aussi pures que l'était Véronique ;
« mais aucune ne fut ni plus pure, ni plus modeste. Sa confes-
« sion devait étonner les anges et réjouir la Sainte-Vierge. A
« seize ans, elle fut entièrement développée, et se montra comme
« elle devait être. Elle avait une taille moyenne ; mais ses formes

« se recommandaient par une souplesse gracieuse, par ces lignes
« serpentines si heureuses, et dont les moelleux contours se révè-
« lent malgré les linges et l'épaisseur des vêtements. Vraie,
« simple, naturelle, Véronique mettait en relief cette beauté par
« des mouvements sans aucune affectation. Il se passait en elle
« un phénomène ravissant et merveilleux, qui promettait à
« l'amour une femme cachée à tous les yeux. Ce phénomène
« était peut-être une des causes de l'admiration que son père et
« sa mère manifestèrent pour sa beauté, qu'ils disaient être divine
« au grand étonnement des voisins. Les premiers qui remarquè-
« rent ce fait furent les prêtres de la cathédrale et les fidèles qui
« s'approchaient de la Sainte-Table. Quand un sentiment violent
« éclatait chez Véronique, et l'exaltation religieuse à laquelle
« elle était livrée, alors qu'elle se présentait pour communier, doit
« se compter parmi les vives émotions d'une jeune fille si can-
« dide, il semblait qu'une lumière intérieure effaçât par ses
« rayons les marques de la petite vérole. Le pur et radieux
« visage de son enfance reparaissait dans sa beauté première.
« La prunelle de ses yeux, douée d'une grande contractilité,
« semblait alors s'épanouir et repoussait le bleu de l'iris, qui ne
« formait plus qu'un léger cercle. Ainsi cette métamorphose de
« l'œil, devenu aussi vif que celui de l'aigle, complétait le chan-
« gement étrange du visage. Était-ce l'orage des passions conte-
« nues, était-ce une force venue des profondeurs de l'âme, qui
« agrandissait la prunelle en plein jour, comme elle s'agrandit
« ordinairement, chez tout le monde, dans les ténèbres, en brunis-
« sant ainsi l'azur de ces yeux célestes ? Quoi que ce fût, il était
« impossible de voir froidement Véronique, alors qu'elle revenait
« de l'autel à sa place, après s'être unie à Dieu, et qu'elle se
« montrait à la paroisse dans sa primitive splendeur. Sa beauté
« eût alors éclipsé celle des plus belles femmes. »

En passant un jour devant l'étalage d'un libraire, elle vit le livre de *Paul et Virginie*. Elle l'acheta. — Ne ferais-tu pas bien de le montrer à monsieur le vicaire ? lui dit sa mère, pour qui tout livre imprimé sentait toujours un peu le grimoire.—J'y pensais, répondit Véronique ; et elle montra le livre au bon prêtre, qui en approuva l'acquisition, tant la renommée de *Paul et Virginie* est enfantine, innocente et pure.

« L'enfant passa la nuit à lire ce roman. La peinture de ce
« mutuel amour, à demi biblique et digne des premiers âges du
« monde, ravagea le cœur de Véronique. Une main, doit-on dire
« divine ou diabolique? enleva le voile qui jusqu'alors lui avait
« couvert la nature. La petite vierge enfouie dans la belle fille
« trouva, le lendemain, ses fleurs plus belles qu'elles ne l'étaient
« la veille ; elle entendit leur langage symbolique; elle examina
« l'azur du ciel avec une fixité pleine d'exaltation, et ses larmes
« roulèrent alors, sans cause, dans ses yeux. Dans la vie de toutes
« les femmes, il est un moment où elles comprennent leur des-
« tinée, où leur organisation, jusque-là muette, parle avec auto-
« rité : ce n'est pas toujours un homme, choisi par quelque regard
« involontaire et furtif, qui réveille leur sixième sens endormi,
« mais plus souvent, peut-être, un spectacle imprévu, l'aspect
« d'une fête, une lecture, le coup d'œil d'une pompe religieuse,
« un concert de parfums naturels, une délicieuse matinée voilée
« de ses fines vapeurs, une divine musique aux notes cares-
« santes, enfin quelque mouvement inattendu dans l'âme ou dans
« le corps. Chez cette fille solitaire, confinée dans cette noire
« maison, élevée par des parents simples, quasi-rustiques, et
« qui n'avait jamais entendu de mot impropre, dont la candide
« intelligence n'avait jamais reçu la moindre idée mauvaise ;
« chez l'angélique élève de la sœur Marthe et du bon vicaire de
« Saint-Étienne, la révélation de l'amour, qui est la vie de la
« femme, lui fut faite par un livre suave, par la main du génie.
« Pour toute autre, cette lecture eût été sans danger ; pour elle,
« ce livre fut pire qu'un livre obscène : la corruption est relative.
« Il est des natures vierges et sublimes qu'une seule pensée
« corrompt. Elle y fait d'autant plus de dégâts que la nécessité
« d'une résistance n'a pas été prévue.

« La candeur presque puérile d'un amour presque saint avait
« agi sur Véronique. Elle fut amenée par les douces et nobles
« figures de cet ouvrage vers le culte de l'idéal, cette fatale religion
« humaine. Elle rêva d'avoir pour amant un jeune homme sem-
« blable à Paul. Sa pensée caressa de voluptueux tableaux dans
« une île embaumée. Elle nomma, par enfantillage, une île de la
« Vienne, sise au-dessous de Limoges, presque en face le faubourg
« Saint-Martial, *l'Ile-de-France*. Sa pensée y habita le monde
« fantastique que se construisent toutes les jeunes filles, et
« qu'elles enrichissent de leurs propres perfections. Elle passa
« de plus longues heures à sa croisée, en regardant passer les
« artisans, les seuls hommes auxquels, d'après la modeste condi-
« tion de ses parents, il lui était permis d'aspirer. Habituée sans
« doute à l'idée d'épouser un homme du peuple, elle trouvait en
« elle-même des instincts qui repoussaient toute grossièreté.
« Dans cette situation, elle dut se plaire à composer quelques-uns
« de ces romans que toutes les jeunes filles se font pour elles
« seules. Elle embrassa peut-être, avec l'ardeur naturelle à une
« imagination élégante et vierge, la belle idée d'ennoblir un de
« ces hommes, de l'élever à la hauteur où la mettaient ses rêves;
« elle fit peut-être un Paul de quelque jeune homme choisi par
« ses regards, seulement pour attacher ses folles idées sur un
« être, comme les vapeurs de l'atmosphère humide, saisies par
« la gelée, se cristallisent à une branche d'arbre au bord du
« chemin. Son esprit exhala dès lors un parfum de poésie natu-
« relle, et sa toilette connut quelques recherches. »

Ce fut au milieu de ses aspirations vers un monde idéal, que le
père Sauviat, plus riche qu'on ne le supposait, et aux yeux de qui
la fortune semblait constituer tout le bonheur, maria sa fille à
M. Graslin, le plus riche banquier de Limoges, mais aussi le plus
disgracié des habitants de cette ville. « A son apparition, le cœur
« de Véronique se contracta violemment; il lui passa du noir de-
« vant les yeux; elle crut avoir crié, mais elle était restée muette,
« le regard fixe.

« —Véronique, voici M. Graslin! lui dit alors le vieux Sauviat.
« Véronique se leva, salua, retomba sur sa chaise, et regarda sa
« mère qui souriait au millionnaire, et qui paraissait si heureuse,
« mais si heureuse, que la pauvre fille trouva la force de cacher
« sa surprise et sa violente répulsion. »

Peu de temps après ce mariage, Sauviat mourut. « La vieille
« mère, ayant remarqué l'avarice de son gendre, se refusa long-
« temps à se dépouiller du reste de sa fortune, pour en conserver
« la disposition à sa fille ; mais Véronique, incapable de prévoir
« un seul des cas où les femmes désirent la jouissance de leur
« bien, insista, par des raisons pleines de noblesse, pour que
« sa mère en fît l'abandon à M. Graslin ; elle voulut ainsi le
« remercier de ce qu'il lui avait rendu sa liberté de jeune
« fille.

« Pendant la première année de son mariage, elle avait
« éprouvé une espèce de torpeur qui ressemblait au manque
« d'esprit. Le mariage, ce dur métier, disait-elle, pour lequel l'É-
« glise, le Code et sa mère, recommandaient la plus grande rési-
« gnation, la plus parfaite obéissance, sous peine de faillir à
« toutes les lois humaines et de causer d'irréparables malheurs,
« la jeta dans un étourdissement qui atteignit parfois à un délire
« vertigineux. La nature regimba sous les ordres de l'âme, et le
« corps méconnut la volonté. La pauvre créature, prise au piége,
« pleura sur le sein de la grande mère des pauvres et des affligés :
« elle eut recours à l'Église ; elle redoubla de ferveur ; elle confia
« les embûches du démon à son vertueux directeur ; elle pria.
« Le désespoir de ne pas aimer son mari la précipitait avec
« violence au pied des autels, où des voix divines et consolatrices
« lui recommandèrent la patience. Elle fut patiente et douce ; elle
« continua de vivre, en attendant les bonheurs de la maternité.

« Bientôt elle chercha des distractions dans la lecture ; elle
« rechercha avec ardeur toutes les ressources que les femmes
« opposent aux ennuis de la solitude. Elle observa le monde.
« Elle sentit une horrible répugnance à tomber dans le gouffre

« de petitesses où tournaient les femmes parmi lesquelles elle
« était forcée de vivre.

« Puis, elle rentra avec amour dans les bras de l'Église. Éclairée
« par une triste expérience, soutenue par sa foi religieuse, elle
« vécut dans les ruines de ses châteaux en Espagne, occupée des
« pauvres de la ville, qu'elle combla de bienfaits. » Elle se créa
quelques amitiés précieuses.

« Au commencement de 1828, Véronique avait retrouvé la
« santé florissante qui rendit si belle l'innocente jeune fille, assise
« à sa fenêtre dans la vieille maison de ses parents. Elle arriva
« en quelques mois, sous les yeux de ses amis, à un point de
« beauté extraordinaire, et dont les raisons ne furent jamais bien
« expliquées. Le bleu de l'iris s'agrandit comme une fleur, et
« diminua le cercle brun des prunelles, en paraissant trempé
« d'une lueur morte et languissante pleine d'amour. On vit
« blanchir, comme un faîte à l'aurore, son front illuminé par des
« souvenirs, par des pensées de bonheur, et ses lignes se puri-
« fièrent à quelque feu intérieur. Son visage perdit ces ardents
« tons bruns qui annonçaient un commencement d'hépatite, la
« maladie des tempéraments vigoureux ou des personnes dont
« l'âme est souffrante, dont les affections sont contrariées. Ses
« tempes devinrent d'une adorable fraîcheur. On voyait enfin, par
« souvenir, par échappées, le visage céleste, digne de Raphaël,
« que la maladie avait encroûté comme le temps encrasse une
« toile de ce grand maître. Ses mains semblaient plus blanches,
« et ses épaules prirent une délicieuse plénitude. »

Véronique devait bientôt être mère.

Par une triste coïncidence, qui eut une fatale influence sur sa
santé, Véronique accoucha le jour même où fut exécuté, sur la place
publique de Limoges, un ouvrier porcelainier, nommé Jean-François Tascheron, qui lui avait été recommandé lorsqu'il travaillait
à l'ancienne manufacture de son mari, et dont la conduite excellente, irréprochable, rendait incompréhensibles le vol qu'il avait
commis, et le meurtre qui en avait été la conséquence. Ce

malheureux était né à Montégnac, chef-lieu de canton de la Haute-Vienne, qui se recommandait jadis par ses mauvaises mœurs, mais qui avait, depuis vingt ans, perdu sa triste réputation, grâce à l'influence salutaire qu'exerçait dans cette commune le curé Bonnet, qui obtint que le corps du supplicié fût enseveli dans le cimetière du village où il était né.

Quand, après la longue maladie qui suivit ses couches, et qui la força de rester dans une retraite absolue et au lit, Véronique put se lever, elle entendit son mari parler de la vente de la forêt de Montégnac et des domaines incultes qui l'entouraient. Graslin n'avait pas encore exécuté la clause de son contrat de mariage par laquelle il était tenu de placer la dot de sa femme en terres ; il avait préféré faire valoir la somme en banque, et l'avait déjà doublée. A ce sujet, Véronique pria son mari de faire honneur à cet engagement en acquérant cette terre de Montégnac pour elle.

« Véronique arriva ainsi à la troisième phase de sa vie, à celle
« où elle devait grandir par l'exercice des plus hautes vertus, et
« pendant laquelle elle fut une tout autre femme. A la madone de
« Raphaël, ensevelie à onze ans sous le manteau troué de la petite
« vérole, avait succédé la femme belle, noble, passionnée ; et de
« cette femme, frappée par d'intimes malheurs, il sortait une sainte.
« Son visage avait alors une teinte jaune, semblable à celle qui
« colore les austères figures des abbesses célèbres par leurs macé-
« rations. Les tempes attendries s'étaient dorées. Les lèvres
« avaient pâli. Dans le coin des yeux, à la naissance du nez, les
« douleurs avaient tracé deux places nacrées par où bien des
« larmes secrètes avaient cheminé. Ces larmes avaient effacé les
« traces de la petite vérole. Le tour des yeux seul conservait
« des teintes brunes, devenues noires au-dessous et bistrées aux
« paupières horriblement ridées. Les joues étaient creuses, et
« leurs plis accusaient de graves pensées. Sa maigreur effrayait. »

En août 1830, Graslin surpris par les désastres du commerce et de la banque, y fut enveloppé malgré sa prudence. Il tomba malade. Véronique essaya de sauver son mari par la vigilance de ses soins; mais elle ne réussit qu'à prolonger pendant quelques mois le supplice de cet homme. La liquidation laissa à Mme Graslin la terre de Montégnac, qu'elle avait choisie, et où elle voulut aller vivre.

Le jour de son départ, ses nombreux amis l'accompagnèrent. Quand elle passa sur la place des exécutions, « elle éprouva une
« sensation violente et serra, par un mouvement convulsif, son
« enfant sur elle. »

Lorsque le procureur général, le même qui avait porté la parole dans le procès de Jean-François Tascheron, lui baisa la main, pour prendre congé d'elle, son directeur remarqua qu'une violente révolution intérieure s'opérait en elle.

« — Je ne le verrai donc plus! dit-elle à l'oreille de sa mère,
« qui reçut cette confidence sans que son vieux visage révélât le
« moindre sentiment.

« — Je devrais, lui dit-elle encore, en montant une côte à pied,
« monter cette côte à genoux et cheminer en deuil sur cette route.

« La vieille au visage âpre et ridé se mit un doigt sur les
« lèvres en montrant le directeur, qui regardait l'enfant avec une
« terrible attention. Ce geste, mais surtout le regard lumineux
« du prêtre, causa un frémissement à Mme Graslin.

« A l'aspect des vastes plaines qui étendaient leurs nappes
« grises en avant de Montégnac, les yeux de Véronique perdi-
« rent leur feu, elle fut prise de mélancolie. Elle aperçut alors le
« curé qui venait à sa rencontre: elle le fit monter dans sa voiture.

« — Voilà vos domaines! lui dit-il, en lui montrant la plaine
« inculte.

« — C'est un avenir, pour ma vie, pensa Véronique. »

Et, en effet, la plaine inculte, grâce à ses soins, à son intelligence, grâce aux hommes capables qu'elle sut appeler pour la seconder dans sa vaste et sainte entreprise, se couvrit de cultures, de fermes, de moissons. La vie, la joie, le mouvement, se répan-
« dirent là où régnait autrefois le silence, là où le regard s'attris-
« tait de l'infécondité. »

Malgré la persévérance qu'elle déploya dans son œuvre, qui, plus d'une fois, lui fit sentir une sorte de bonheur et sembla la rattacher à la vie, Véronique était trop profondément atteinte pour vivre longtemps! Un profond désespoir s'était emparé d'elle et la livrait aux austérités les plus cruelles. Elle portait un cilice, depuis qu'elle avait sevré son enfant. Personne ne la voyait jamais manger. « Sa femme de chambre lui servait, trois fois par jour,
« un morceau de pain sec sur une grande terrine de cendres, et
« des légumes cuits à l'eau, sans sel, dans un plat de terre rouge,
« semblable à ceux qui servent à donner la pâtée aux chiens.
« Voilà comment se nourrissait celle qui avait donné la vie à ce can-
« ton. Elle faisait ses prières à genoux sur le bord de son cilice :
« c'est par ces rigueurs qu'elle pouvait sourire à la mort qui s'a-
« vançait vers elle.

« Elle combattait l'âme par le corps, et réciproquement. Elle
« était si complétement détruite, qu'elle ne ressemblait plus à
« elle-même que comme une vieille femme ressemble à son por-
« trait de jeune fille. L'expression ardente de ses yeux annonçait
« l'empire despotique exercé par une volonté chrétienne sur le
« corps réduit à ce que la religion veut qu'il soit. Chez cette
« femme, l'âme entraînait la chair, comme Achille de la poésie
« profane avait traîné Hector ; elle la roulait victorieusement
« dans les chemins pierreux de la vie ; elle l'avait fait tourner
« pendant quinze années autour de la Jérusalem céleste, où elle
« espérait entrer, non par supercherie, mais au milieu d'acclama-
« tions triomphales. Jamais aucun des solitaires qui vécurent dans
« les secs et arides déserts africains ne fut plus maître de ses
« sens que ne l'était Véronique au milieu de son magnifique châ-
« teau, dans ce pays opulent, aux vues molles et voluptueuses,
« sous le manteau protecteur de cette immense forêt dont la
« science, héritière du bâton de Moïse, avait fait jaillir l'abon-
« dance, la prospérité, le bonheur pour toute une contrée. »

Un soir qu'elle était assise sur la terrasse, d'où l'on voyait tout Montégnac et les terres qui l'environnaient. « Mon fils,

« dit-elle, ce sera bientôt à toi à continuer l'œuvre de ta
« mère!...

« Quant à moi, ajouta-t-elle en s'adressant au curé, et mon-
« trant le cimetière que l'on apercevait aussi de la terrasse, je
« n'aurai la paix et le pardon que lorsque je serai là... »

Elle n'en avait jamais autant dit depuis le jour de son arrivée
à Montégnac, où, fatiguée du regard profond par lequel son
ancien directeur surprenait le secret caché dans une des fosses
de ce cimetière, elle lui avait crié : « Eh bien, oui! »

En apprenant qu'elle était en danger de mort, tous ses amis,
parmi lesquels étaient cet ancien directeur, devenu archevêque, et
le procureur-général, accoururent. Elle entendit tranquillement
l'arrêt prononcé par la science.

« — Voilà le médecin qui va me guérir! dit-elle, en voyant
« entrer l'archevêque.

« Monseigneur, et vous, Monsieur le curé, je ne vous apprendrai rien
« que vous ne sachiez. Vous, le premier, Monseigneur, vous avez
« jeté votre coup d'œil dans ma conscience, vous y avez lu pres-
« que tout mon passé, et ce que vous y avez entrevu vous a suffi.
« Mon confesseur, cet ange que le ciel a mis près de moi, sait
« quelque chose de plus : j'ai dû tout lui avouer. Vous, de qui
« l'intelligence est éclairée par l'esprit de l'Église, je veux vous
« consulter sur la manière dont, en vraie chrétienne, je dois
« quitter la vie. Vous, austères et saints esprits, croyez-vous que
« le ciel daigne pardonner au plus entier, au plus profond
« repentir qui jamais ait agité une âme coupable, pensez-vous
« que j'aie satisfait à tous mes devoirs ici-bas?

« — Oui, dit l'archevêque ; oui, ma fille.

« — Non, mon père ; non, dit-elle en se drapant et en jetant
« des éclairs par les yeux. Il est, à quelques pas d'ici, une tombe
« où gît un malheureux qui porte le poids d'un horrible crime.
« Il est, dans cette somptueuse demeure, une femme que couronne
« une renommée de bienfaisance et de vertus. Cette femme, on la
« bénit! Ce pauvre jeune homme, on le maudit! Le criminel est

« accablé de réprobation, et je jouis de l'estime générale. Je suis
« pour la plus grande partie dans le forfait : il est pour beaucoup
« dans le bien qui me vaut tant de gloire et de reconnaissance ;
« fourbe que je suis, j'ai les mérites, et, martyr de sa discré-
« tion, il est couvert de honte. Je mourrai dans quelques heures,
« voyant tout un canton me pleurer, tout un département célé-
« brer mes bienfaits, mes vertus ; tandis qu'il est mort au
« milieu des injures, au milieu de toute une population accourue
« en haine des meurtriers. Vous, mes juges, vous êtes indulgents :
« mais j'entends en moi-même une voix impérieuse qui ne me
« laisse aucun repos. Ah ! la main de Dieu, moins douce que la
« vôtre, m'a frappée de jour en jour, comme pour m'avertir que
« tout n'était pas expié. Mes fautes ne me seront rachetées que
« par un aveu public. Il est heureux, lui ! Criminel, il a donné
« sa vie avec ignominie, à la face du ciel et de la terre. Et moi,
« je trompe encore le monde comme j'ai trompé la justice humaine.
« Il n'est pas un hommage qui ne m'ait insultée, pas un éloge qui
« n'ait été brûlant pour mon cœur. Ne voyez-vous pas dans
« l'arrivée du procureur-général ici un commandement du ciel,
« d'accord avec la voix qui me crie : Avoue !... Laissez-moi con-
« fesser publiquement ma honte à genoux : ce sera le redresse-
« ment de mes torts envers le monde, envers une famille
« proscrite et presque éteinte par ma faute. Le monde doit
« apprendre que mes bienfaits ne sont pas une offrande, mais
« une dette. »

Devant un nombreux clergé, devant tous ses amis, ses serviteurs, Véronique, à genoux sur un coussin, les mains jointes,
après s'être recueillie un instant, dit d'une voix altérée :

« — Je ne serais pas morte en paix si j'avais laissé de moi la fausse
« image que chacun de vous a pu s'en faire. Vous voyez en moi
« une grande criminelle qui se recommande à vos prières, et qui
« cherche à se rendre digne de pardon par l'aveu public de ses
« fautes. Mon père, qui avait tant de confiance en moi, recom-
« manda, voilà bientôt vingt ans, à mes soins, un enfant de cette

« paroisse, chez lequel il avait reconnu l'envie de se bien con-
« duire, une aptitude à l'instruction et d'excellentes qualités. Cet
« enfant est le malheureux Jean-François Tascheron, qui s'attacha
« dès-lors à moi comme à sa bienfaitrice. Comment l'affection
« que je lui portais devint-elle coupable? C'est ce que je crois être
« dispensée d'expliquer.

« Peut-être verrait-on les sentiments les plus purs, qui nous
« font agir ici-bas, détournés insensiblement de leur pente par des
« sacrifices inouïs, par des raisons tirées de notre fragilité, par
« une foule de causes qui paraîtraient diminuer l'étendue de ma
« faute. Que les plus nobles affections aient été mes complices,
« en suis-je moins coupable? J'aime mieux avouer que, moi qui,
« par l'éducation, par ma situation dans le monde, pouvais me
« croire supérieure à l'enfant que me confiait mon père, et de
« qui j'étais séparée par la délicatesse naturelle à mon sexe,
« j'ai fatalement écouté la voix du démon. Je me suis bientôt
« trouvée trop la mère de ce jeune homme pour être insensible à
« sa muette et délicate admiration. Lui seul, le premier, m'appré-
« ciait à ma valeur. Peut-être ai-je moi-même été séduite par
« d'horribles calculs : j'ai songé combien serait discret un enfant
« qui me devait tout, et que le hasard avait placé si loin de moi,
« quoique nous fussions égaux par notre naissance. Enfin, j'ai
« trouvé dans ma renommée de bienfaisance et dans mes pieuses
« occupations un manteau pour protéger ma conduite. Hélas! et
« ceci sans doute est l'une de mes plus grandes fautes, j'ai caché
« ma passion à l'ombre des autels. Les plus vertueuses actions,
« l'amour que j'ai pour ma mère, les actes d'une dévotion véri-
« table et sincère, au milieu de tant d'égarements, j'ai tout fait
« servir au misérable triomphe d'une passion insensée ; et ce
« furent autant de liens qui m'enchaînèrent. Ma pauvre mère
« adorée, qui m'entend, a été, sans en rien savoir, pendant
« longtemps, l'innocente complice du mal. Quand elle a ouvert les
« yeux, il y avait trop de faits dangereux accomplis pour qu'elle
« ne cherchât pas dans son cœur de mère la force de se taire.

« Chez elle, le silence est ainsi devenu la plus haute des vertus :
« son amour pour sa fille a triomphé de son amour pour Dieu !
« Ah ! je la décharge solennellement du voile pesant qu'elle a
« porté ; elle achèvera ses derniers jours sans faire mentir ni
« ses yeux ni son front. Que sa maternité soit pure de blâme ;
« que cette noble et sainte vieillesse, couronnée de vertus,
« brille de tout son éclat, et soit dégagée de cet anneau par
« lequel elle touchait indirectement à tant d'infortunes !...

« Ici les pleurs coupèrent, pendant un moment, la pa-
« role à Véronique. Sa femme de chambre lui fit respirer des
« sels.

« — Il n'y a pas jusqu'à la dévouée servante qui me rend ce
« dernier service, qui n'ait été meilleure pour moi que je ne le
« méritais, et qui du moins a feint d'ignorer ce qu'elle savait ;
« mais elle a été dans le secret des austérités par lesquelles j'ai
« brisé cette chair qui avait failli. Je demande donc pardon au
« monde de l'avoir trompé.

« Jean-François Tascheron n'est pas aussi coupable que
« la société a pu le croire. Ah ! vous tous qui m'écoutez, je vous
« en supplie, tenez compte de sa jeunesse et d'une ivresse excitée
« autant par les remords qui m'ont saisie que par d'involontaires
« séductions. Bien plus, ce fut la probité, mais la probité mal
« entendue, qui causa le plus grand de tous ses malheurs. Nous
« ne supportâmes ni l'un ni l'autre ces tromperies continuelles,
« auxquelles il nous fallait recourir ; il en appelait, l'infortuné,
« à ma propre grandeur, il voulait rendre le moins blessant pos-
« sible pour autrui ce fatal amour. Nous avions résolu de fuir.
« J'ai donc été la cause de son crime. Pour rendre notre fuite
« possible, le malheureux, poussé par la nécessité, et coupable
« de trop de dévouement, recourut à celui de tous les actes répré-
« hensibles, dont les dommages étaient au moins réparables. Je
« n'ai rien su de ses intentions qu'au moment même de leur
« exécution. La main de Dieu a renversé tout cet échafaudage
« de combinaisons fausses. J'ai entendu des cris qui retentissent

« encore à mes oreilles. J'ai deviné des luttes sanglantes, qu'il
« n'a pas été en mon pouvoir d'arrêter : Tascheron était devenu
« fou, je vous l'atteste.

« Ici Véronique regarda le procureur-général.

« — Il n'avait plus sa raison. En voyant ce qu'il croyait être
« son bonheur, détruit par des circonstances imprévues, ce mal-
« heureux, égaré par son cœur, a marché fatalement d'une folie
« dans un crime et d'un crime dans un double meurtre. Certes, il
« est parti de chez ma mère innocent de l'intention du meurtre :
« il y est revenu coupable. Moi, seule au monde, je savais qu'il
« n'y avait ni préméditation ni aucune des circonstances aggra-
« vantes qui lui ont valu son arrêt de mort. Cent fois j'ai voulu
« me livrer pour le sauver, et cent fois un horrible héroïsme, né-
« cessaire et supérieur, a fait expirer la parole sur mes lèvres.
« J'allais devenir mère!... Certes, ma présence à quelques pas
« de lui a contribué sans doute à lui donner l'odieux, l'infâme,
« l'ignoble courage des assassins : seul, il aurait fui. J'avais
« formé cette âme, élevé cet esprit, agrandi ce cœur; je le con-
« naissais : il était incapable de lâcheté et de bassesse. Rendez
« donc justice à celui que Dieu, dans sa clémence, a mis jeune
« dans ce tombeau que vous avez arrosé de vos larmes, devinant
« sans doute la vérité. Punissez, maudissez la coupable que voici.
« J'avais été chargée par mon père, moi privée d'enfant, d'en
« conduire un à Dieu : je l'ai conduit à l'échafaud. Ah! versez
« sur moi tous les reproches, accablez-moi, voici l'heure !

« En disant ces paroles, ses yeux étincelèrent d'une joie sauvage.

« — Vous le savez maintenant, reprit-elle, je ne mérite ni louan-
« ges ni bénédictions pour ma conduite ici. J'ai mené pour le ciel
« une vie secrète de pénitences aiguës, que le ciel appréciera.
« Ma vie connue a été une immense réparation des maux que j'ai
« causés. J'ai marqué mon repentir en traits ineffaçables sur cette
« terre : il subsistera éternellement. Il est écrit dans les champs
« fertiles, dans le bourg agrandi, dans les ruisseaux dirigés de la
« montagne vers cette plaine, autrefois inculte et sauvage, mainte-

« nant verte et productive. Il ne se coupera pas un arbre d'ici à
« cent ans dans ce pays, que les habitants ne se disent à quels
« remords ils ont dû son ombrage. Cette âme repentante, qui
« aurait animé une longue vie utile à ce pays, respirera longtemps
« parmi vous. Ce que vous auriez dû à ses talents, à une fortune
« dignement acquise, est accompli par l'héritière de son repentir,
« par celle qui causa le crime. Tout a été réparé de ce qui revient
« à la société. Moi seule suis chargée de cette vie arrêtée dans
« sa fleur, qui m'avait été confiée, et dont il va m'être demandé
« compte!... »

Véronique, après avoir reçu les derniers sacrements, eut une expression d'espérance et de joie : « Elle fit signe à sa mère de
« lui amener son fils. Quand elle le vit, elle se crut le droit
« d'imposer les mains à cette tête pour la bénir et rendre le
« dernier soupir.

« La confession de cette femme, si grande dans son repentir,
« n'avait pas dépassé le seuil du salon et n'avait eu que des oreilles
« amies pour auditoire ; et quand les paysans des environs, mêlés
« à ceux de Montégnac, vinrent, un à un, jeter à leur bienfaitrice,
« avec un rameau vert, un adieu suprême mêlé de prières et de
« larmes, ils disaient tous : « C'était une sainte! » — « C'était une
« sainte! » répétaient-ils en s'en retournant par les chemins faits
« par elle dans le canton qu'elle avait enrichi !... »

EUGÉNIE GRANDET

Eugénie n'est pas une héroïne, c'est une simple femme, vous ne la placez pas, dans vos souvenirs, à côté des Mignon, des Antonia, des Gulnare, des Séraphita ; mais auprès de vos amies d'enfance. Vous croyez l'avoir connue, vous croyez avoir pressé sa main un peu rude et admiré la suave expression que le repos de l'âme, la pureté du cœur, l'ignorance du monde, ont imprimée sur ce visage qui paraît vulgaire à ceux qui ne savent pas voir l'âme sur les traits ; et vous vous demandez si Eugénie existe encore et si vous ne la reverrez pas quelque jour ?

Sa mère l'éleva à la rude école de la soumission et presque de la misère, sans lui rien apprendre des choses de la vie, car la pauvre femme les ignorait elle-même. « Mᵐᵉ Grandet, sèche et maigre, jaune comme un
« coing, gauche et lente, était une de ces créatures qui
« semblent faites pour être tyrannisées. Elle avait un gros
« front, une grosse tête, un gros nez, de gros yeux, de
« gros os : elle offrait au premier aspect une vague ressem-
« blance avec ces fruits cotonneux qui n'ont plus ni saveur ni suc.

« Une douceur angélique, une résignation d'insecte tourmenté
« par des enfants, une piété rare, une inaltérable égalité d'âme,
« un bon cœur, la faisaient universellement plaindre et respecter.
« Cette femme qui, sans le savoir, avait apporté à son mari plus
« de trois cent mille francs par sa dot et par des héritages succes-
« sifs, ne recevait jamais plus de six livres à la fois pour ses
« dépenses particulières ; encore son mari lui reprenait-il souvent
« cet argent par des emprunts qu'il oubliait de lui rendre et que
« Mme Grandet n'osait redemander. Elle se sentait si profondé-
« ment humiliée de la dépendance et de l'ilotisme où la tenait
« son mari, contre lequel la douceur de son âme lui interdisait
« de se révolter, qu'elle ne se plaignait jamais et qu'elle signait
« aveuglément tous les actes que Me Cruchot, notaire, ou
« M. Desgrassins, banquier, lui présentaient. Cette fierté secrète,
« cette noblesse d'âme, constamment blessée et méconnue par
« son mari, dominait toute sa conduite. »

Placée sous un joug de fer, privée de toutes les joies de la femme, misérable au milieu d'immenses richesses, Mme Grandet n'avait qu'un bonheur en ce monde : sa fille ; sa fille était sa vie, l'infortune avait tout détruit en elle, excepté le sentiment maternel. Ces deux pauvres créatures ne voyaient d'autre horizon que le ciel gris sous lequel elles vivaient et marchaient dans la vie sans chagrins comme sans joies !...

Nous connaissons leur demeure, *la maison à M. Grandet*, comme on dit dans Saumur. Vous avez marché dans « cette petite
« rue montueuse, peu fréquentée, qui mène au château. Chaude
« en été, froide en hiver, obscure en quelques endroits, remar-
« quable par son petit pavé caillouteux, toujours propre et sec,
« par l'étroitesse de sa voie tortueuse et par la paix de ses maisons
« qui appartiennent à la vieille ville et que dominent les rem-
« parts... »

Le logis des Grandet inspire une mélancolie égale à celle que provoquent les cloîtres les plus sombres, les landes les plus ternes ou les ruines les plus désolées : c'est qu'il y a dans ce logis le silence du cloître, l'aridité des landes et la désolation des ruines, ces ossements des palais!... La vie et le mouvement y sont si calmes qu'un étranger pourrait croire cette maison inhabitée, s'il n'y rencontrait le regard pâle et froid d'une personne immobile, dont la figure à demi monastique dépasse l'appui de la croisée au bruit de ses pas; et la pensée qu'une femme y a passé sa jeunesse, qu'une jeune fille y a effeuillé jour à jour son enfance, cette fleur de la vie, cette pensée glace déjà le cœur.

Cette maison a l'aspect d'une geôle; cependant, entre les fentes de quelques sculptures rongées, Dieu permit que des giroflées sauvages et des pariétaires y jetassent leurs sourires et leurs parfums, comme il a donné à la femme qui l'habite l'enfant qui vint égayer, pour sa mère, l'intérieur austère de cette triste maison!

« La petite porte est en chêne massif, brune, desséchée, fendue
« de toutes parts, solidement maintenue par un système de bou-
« lons qui figurent des dessins symétriques. Une grille carrée, à
« barreaux serrés et rouillés, occupe le milieu de cette porte et
« sert, pour ainsi dire, de motif à un marteau qui, sous la forme
« d'un point d'admiration, s'y rattache par un anneau et frappe
« sur un maître-clou. Par cette grille destinée à reconnaître jadis
« les amis, au temps des guerres civiles, vous apercevez, au fond
« d'une voûte sombre et verdâtre, quelques marches dégradées
« conduisant à un jardin borné de murs épais, humides, pleins
« de suintement et de touffes d'herbes malingres. Ces murs sont
« ceux du rempart sur lequel s'élèvent les jardins des maisons
« voisines. »

C'est dans ce jardin qu'Eugénie soigne des fleurs, pâles comme sa vie; là, qu'elle a fait ses premiers pas; là, qu'elle a dit à sa mère ses premières paroles de tendresse; là, qu'elle a prié en regardant le petit coin du ciel qu'il lui est permis d'apercevoir; là, qu'elle a réfléchi à ce monde qu'elle devait toujours ignorer; là, enfin, que se passeront des scènes d'amour qui décideront du sort de toute sa vie...

« Au rez-de-chaussée, sous la voûte sombre, est l'entrée de la

« pièce que, dans les provinces de l'Anjou, de la Touraine et du
« Berry, l'on nomme la *salle*. Cette pièce, qui sert à la fois de
« salon, de cabinet, de salle à manger, est le théâtre de la vie
« domestique, le foyer commun : là, le coiffeur du quartier venait,
« deux fois l'an, couper les cheveux à M. Grandet; là, entraient les
« fermiers, le curé, le sous-préfet, le garçon-meunier. Et dans
« l'embrasure d'une des deux fenêtres donnant sur la rue, se
« trouve une chaise en paille, montée sur des patins, qui permet
« à Mme Grandet de voir les passants ; devant elle, est sa petite
« travailleuse en bois de merisier déteint, et la chaise d'Eugénie.

« Depuis quinze ans, toutes les journées de la mère et de la fille
« se sont écoulées à cette place, dans un travail constant, à compter
« du 1er avril jusqu'au mois de novembre. Le premier de ce mois,
« elles prenaient leur station d'hiver à la cheminée; M. Grandet
« permettait qu'on y allumât du feu et le faisait éteindre au
« 31 mars, sans avoir égard aux derniers froids du printemps, ni
« aux premiers froids de l'automne. » Tout se faisait mécaniquement dans cette maison où la voix s'élevait à peine, où l'on n'avait jamais chanté, où il n'y avait rien de gai, rien de frais, si ce n'est le visage de la jeune fille, qui, les yeux attachés sur sa mère, devinant peu à peu son malheur, cherchait sans cesse à le lui faire oublier par ses tendresses et par ses soins. Aussi, brillaient pour elles, dans cette triste salle, les souvenirs mélancoliques de cette sainte affection maternelle et filiale que Dieu leur avait donnée pour toute joie...

« Mme et Mlle Grandet entretenaient le linge de la maison et
« employaient si consciencieusement leurs journées à ce véritable
« labeur d'ouvrière, que si Eugénie voulait broder une collerette
« à sa mère, elle prenait ce travail sur ses heures de sommeil, en
« trompant son père pour avoir de la lumière : depuis long-
« temps l'avare distribuait la chandelle à la grande Nanon, la
« servante, comme il donnait, chaque matin, le pain et les den-
« rées nécessaires à la consommation journalière.

« La grande Nanon était peut-être la seule créature humaine

« capable d'accepter le despotisme de son maître. Toute la ville
« l'enviait aux Grandet. La grande Nanon, ainsi nommée à cause
« de ses cinq pieds sept pouces, appartenait à Grandet depuis
« trente-cinq ans. Nanon faisait les buées, allait laver le linge à la
« Loire, le rapportait sur ses épaules, se levait au jour, se cou-
« chait tard, défendait le bien de son maître comme un chien
« fidèle, et se soumettait, sans murmurer, à ses fantaisies les plus
« saugrenues. Le cœur simple, la tête étroite de Nanon ne pou-
« vaient contenir qu'un sentiment, qu'une idée. Depuis trente-cinq
« ans elle se voyait toujours, arrivant devant le chantier du père
« Grandet, pieds nus, en haillons, acceptée par lui, quand tout
« le monde l'avait repoussée ; et sa reconnaissance était toujours
« jeune.

« La nécessité rendit cette pauvre fille si avare, que M. Grandet
« avait fini par l'aimer. Si Grandet coupait le pain avec un peu
« trop de parcimonie, elle ne s'en plaignait pas. Nanon d'ail-
« leurs faisait partie de la famille ; elle s'attristait, se gelait, se
« chauffait avec ses maîtres. Jamais Grandet n'avait reproché à
« sa servante ni l'halleberge ou la pêche de vigne, ni les prunes
« ou les brugnons mangés sous l'arbre. »

Pauvre Nanon !... comme Eugénie l'aimait ! comme elles se devinaient et venaient mutuellement au secours l'une de l'autre, dans les mauvais jours où le maître grondait ; c'était une des joies d'Eugénie de voir sa bonne Nanon filant du chanvre, le soir, auprès d'elle et de sa mère, à la lueur de l'unique chandelle qui suffisait à la famille !...

M. Grandet est si connu qu'on n'a besoin que de le nommer pour le voir se dresser en pied devant soi. Cet homme redouté, impassible, tyrannique, froid, méthodique, qui augmentait tous les jours son immense fortune par son avarice sordide, était de mœurs simples, parlait peu, sans jamais dire ni *oui* ni *non*, n'écrivait jamais, n'allait jamais chez personne, ne donnait jamais à dîner, ne faisait jamais de bruit, économisait tout, même le mouvement, même la parole !...

Le soir du 15 novembre 1819, jour où commence cette histoire, M. Grandet dit :

—Puisque c'est la fête d'Eugénie, faisons du feu !

C'était l'anniversaire de sa naissance, Eugénie avait vingt-trois ans.

La grande Nanon alluma aussitôt le feu, et Grandet, toujours entraîné par la générosité, envoya chercher à Nanon le cassis serré précieusement dans sa chambre pour les jours solennels ; la grande Nanon, en le rapportant, butta sur une marche de l'escalier qui ne tenait pas, et manqua de se tuer.

—Tiens, dit Grandet à Nanon, en la voyant toute pâle, puisque c'est la naissance d'Eugénie et que tu as manqué de tomber, prends un petit verre de cassis pour te remettre.

—Ma foi, je l'ai bien gagné !... dit la Nanon : à ma place, il y a bien des gens qui auraient cassé la bouteille ; mais je l'ai toujours tenue en l'air, tout en me fichant sur mes reins !...

—Vous ne savez pas, vous autres, mettre le pied dans le coin où la marche est solide ; mais puisque c'est la naissance d'Eugénie, je vais vous raccommoder cette marche qui vous fait choir toutes ; et, prenant la chandelle et laissant sa femme, sa fille et sa servante sans autre lumière que celle du foyer qui jetait de vives flammes, Grandet alla dans le fournil, chercha ses outils, des planches et des clous, et se mit à travailler en sifflant comme aux jours de sa jeunesse.

Les trois Cruchot frappèrent.

—C'est-y vous, monsieur Cruchot ? demanda la Nanon...

—Oui, répondit le président.

—Ah ! vous êtes des fêteux, car je sens vos fleurs sans les voir...

Les Cruchot furent bientôt suivis des Desgrassins ; ils n'avaient garde d'oublier ce jour !... Ces deux familles étaient les seules qui eussent le droit de venir chez M. Grandet. M⁶ Cruchot, notaire, M. Desgrassins, banquier, espéraient, chacun pour leur fils, la main de la riche héritière que toutes les familles de Saumur convoitaient, et pour arriver à nommer Eugénie leur fille, et voir tomber ses millions dans leur famille, ils rendaient journellement d'immenses services à M. Grandet, sans jamais lui demander d'émoluments pour les actes ou pour les mutations d'argent qu'ils faisaient pour lui.

M. Grandet devinait leurs motifs et acceptait leurs services, bien décidé à profiter longtemps de leur dévouement intéressé, sans se choisir un gendre, car il n'aimait sa fille qu'après son or, et n'en aurait pas sacrifié la moindre partie, même pour assurer le bonheur d'Eugénie.

Pas plus que sa mère, Eugénie ne devinait les comédies qui se jouaient pour elle, autour de cette table de loto où les Cruchot et les Desgrassins venaient s'asseoir aux jours fériés, jours où leur présence était tolérée.

Eugénie ne songeait ni à M. Cruchot le fils, transformé en Cruchot de Bonfonds, et devenu président du tribunal de Saumur, ni au jeune Desgrassins, banquier en herbe. M. Grandet, charmé de cette indifférence favorable à sa tranquillité, ne faisait rien pour la changer, car le *bonhomme*, autre mot de ces provinces qui n'implique rien pour la bonté de celui que l'on appelle ainsi, était aussi égoïste qu'avare.

Après les souhaits et les douces paroles dites à Eugénie à l'occasion de sa fête, les Desgrassins avaient, ce jour-là, vaincu les Cruchot, en offrant un joli nécessaire à ouvrage, tandis que ceux-ci n'avaient pensé qu'à des fleurs. Les vainqueurs et les vaincus prirent place autour de la table de loto... Au moment où Mme Grandet gagnait un lot de seize sous, le plus considérable de tous ceux qui eussent été jamais faits sur ce tapis, et où la grande Nanon, tout en travaillant, riait d'aise en voyant madame empocher cette grosse somme, un violent coup de marteau retentit...

C'était Charles Grandet, cousin d'Eugénie, envoyé par son père chez son oncle, auquel le jeune homme présenta une lettre...

Son arrivée fut un moment suprême.

Les Cruchot et les Desgrassins, regardant tristement ce beau jeune homme, se disaient : Voilà le mari d'Eugénie... il vient pour l'épouser... Ils savaient que M. Grandet de Paris avait gagné une grosse fortune dans le commerce des vins.

Eugénie et sa mère contemplaient le jeune Charles avec admiration : rien n'échappait à leurs regards féminins, ni l'élégance de sa taille, ni celle de ses manières parisiennes tout à-la-fois, aisées et polies, ni son air doux, ni son charmant sourire ; et de ce jour, jour à jamais terrible et grave pour Eugénie, elle voua à ce jeune homme beau, opulent, heureux, un amour sacré, immense, qu'elle comprit au moment où commença pour lui le malheur. Cet amour sera unique dans le cœur d'Eugénie, et l'absence, l'oubli même ne pourront l'effacer.

Il faut fermer le livre pour ne pas copier tous les détails charmants et délicats qui accompagnent cette passion si vraie, ces tourments d'enfants qui font sentir si amèrement à cette *pauvre millionnaire* le dénûment complet de sa maison, où elle ne peut offrir à ce cousin le bien-être de la vie, auquel elle songe pour la première fois. Point de sucre, point de bougie, point de feu dans cette chambre démeublée où il va coucher. A-t-elle jamais songé pour elle à toutes ces nécessités?...

Nanon, tout effarée, croit que sa jeune maîtresse est folle. Mme Grandet est stupéfaite. Eugénie a plus de vivacité et d'idées depuis un quart-d'heure que son cousin est arrivé, qu'elle n'en a eu depuis qu'elle est née!...

—Nanon, fais du feu! Nanon, va chercher du sucre, de la bougie!...

—Sainte-Vierge! Mademoiselle, et de l'argent pour acheter tout cela?...

Eugénie se souvient qu'elle a un trésor, un trésor auquel elle ne pense jamais. Elle va chercher de l'or.—Tiens, prends, Nanon! mais va donc, puisque c'est aujourd'hui ma fête ! ajoute-t-elle en riant.

Nanon laisse échapper un gros rire en entendant la première plaisanterie qu'Eugénie ait faite de sa vie, et lui obéit.

—Que dira ton père? dit Mme Grandet effrayée!...

—Il n'en verra rien.

—Il voit tout, reprit la mère en hochant la tête et tremblant de l'audace de sa fille.

Elles rentrèrent dans la salle après avoir arrangé la chambre. M. Grandet lisait la lettre de son frère à la lueur de la seule chandelle de la salle, sans s'inquiéter de ses hôtes; il tâchait, à cette lecture, de maintenir l'impassibilité sur son visage, et ne pouvait s'empêcher de froncer le sourcil. Son frère lui annonçait sa ruine et le suicide qu'il allait accomplir pour ne pas voir son irrémédiable déshonneur. La fuite de son notaire et de son agent-de-change le perdait à jamais. Avant de mourir, il recommandait son fils au seul protecteur qui lui restât.

Le bonhomme, sans articuler un mot, replia la lettre exactement dans les mêmes plis en la mettant dans la poche de son gilet...

—Sainte-Vierge! que mon cousin est beau! pensait Eugénie, qui, ce soir-là, n'acheva pas ses prières.

Mme Grandet, en s'endormant, s'inquiétait du froncement de sourcil de son mari.

—Mon frère a eu là une belle idée de me léguer son enfant! disait Grandet, pour toute oraison funèbre : jolie succession, ma foi! Et que pourrais-je faire d'un mirliflor qui regardait mon baromètre comme s'il en voulait faire du feu! Et le bonhomme s'endormit tout agité, en cherchant comment il se tirerait de ce mauvais pas, sans rien donner...

—Que diable mon père m'envoie-t-il faire ici? se demandait le jeune homme : mon père n'est pas un niais; mon voyage doit avoir un but...

« Le lendemain de ce jour, Eugénie se leva encore plus tôt qu'à
« l'ordinaire; après avoir prié Dieu, elle commença l'œuvre de
« sa toilette : occupation qui allait maintenant avoir un sens pour
« elle. Elle lissa ses beaux cheveux châtains, tordit leurs grosses
« nattes avec le plus grand soin; enfin elle souhaita, pour la
« première fois de sa vie, de paraître à son avantage. » Puis elle

regarda cette cour, ce jardin étroit et les hautes terrasses qui le dominent, tout étonnée de trouver à cette vue des charmes qu'elle n'avait jamais soupçonnés. Les pâles rayons de ce soleil d'automne, les feuilles jaunies que le vent détachait des arbres et qui jonchaient le jardin, ne lui donnaient que des pensées joyeuses... Heure délicieuse, dans la pure et monotone existence de la jeune fille, où elle sourit au sentiment, comme elle souriait jadis au jour quand elle était enfant! C'est que la lumière est le premier amour de la vie, et que l'amour est la lumière de l'âme!...

« De tumultueuses pensées l'agitèrent ensuite. Je ne suis pas
« assez belle pour lui : et ce doute terrible était déjà plein de tour-
« ment : la pauvre fille ne se rendait pas justice, mais la modestie
« et la crainte sont les premières vertus de l'amour. La robuste
« beauté d'Eugénie était ennoblie par cette suavité du sentiment
« chrétien qui donnait aux lignes de son visage une distinction
« inconnue aux sculpteurs anciens; sous son front calme était
« tout un monde d'amour, et dans la coupe de ses yeux, dans
« l'habitude de ses paupières, il y avait je ne sais quoi de
« céleste. »

Les doutes et les espérances d'Eugénie furent interrompus par la nouvelle du désastre et de la mort du père de Charles; l'horrible chagrin que ressentit le jeune homme mit pour ainsi dire son âme à nu, et fit connaître ses sentiments aussi tendres que profonds et sa bonté juvénile. La tendre compassion d'Eugénie fit voir également à l'affligé tous les trésors de tendresse que renfermait l'âme de sa jeune cousine. C'était le commencement de leur amour : les jours de douleur font naître les affections plus vite que les années de prospérité!...

M. Grandet a pris toutes ses décisions à l'égard de Charles; il partira aux Indes pour y refaire sa fortune, tandis que lui se mettra à la tête de la liquidation de son frère. M. Grandet entrevoit déjà des bénéfices à faire et la possibilité de sauver son nom d'une faillite. Tout à ses combinaisons, M. Desgrassins part secrètement pour Paris, chargé de ses instructions et de ses pouvoirs. Quant aux deux enfants, c'est ainsi qu'il nomme Charles et Eugénie, il les laisse libres, sous l'œil de Mᵐᵉ Grandet, en laquelle il a toute confiance pour ce qui concerne la morale.

« Dès lors commence pour Eugénie le primevère de l'amour.
« La parenté n'autorisait-elle pas une certaine douceur dans l'ac-
« cent, une certaine tendresse dans les regards ? aussi Eugénie
« se plut-elle à endormir les souffrances de son cousin dans les
« joies enfantines d'un naissant amour. N'est-il pas de gracieuses
« similitudes entre les commencements de l'amour et ceux de la
« vie? Ne berce-t-on pas l'enfant par de doux chants et de doux
« regards? Ne verse-t-il pas tour-à-tour des larmes de joie et de
« douleur ? Ne se querelle-t-il pas pour des riens, pour des
« bouquets, aussitôt oubliés que coupés? l'amour est notre seconde
« transformation. L'enfance et l'amour furent même chose entre
« Eugénie et Charles ; ce fut la passion première avec tous ses
« enfantillages d'autant plus caressants pour leur cœur qu'ils
« étaient enveloppés de mélancolie. En échangeant quelques mots
« avec sa cousine, au bord du puits, dans cette cour muette ; en
« restant dans ce jardinet, assis sur un banc mousseux, jusqu'à
« l'heure où le soleil se couchait, occupés à se dire de grands
« riens ou recueillis dans le calme qui régnait entre le rempart
« et la maison, comme sous les arcades d'une église, Charles
« comprit la sainteté de l'amour. Il descendait, dès le matin, afin
« de pouvoir causer avec Eugénie quelques moments, avant que
« Grandet ne vînt donner les provisions ; et, quand les pas du
« bonhomme retentissaient dans les escaliers, il se sauvait au
« jardin. La petite criminalité de ce rendez-vous matinal, que
« Nanon faisait semblant de ne pas apercevoir, imprimait à
« l'amour le plus innocent du monde la vivacité des plaisirs
« défendus. Puis, quand, après le déjeuner, le père Grandet était
« parti pour voir ses propriétés et ses exploitations, Charles
« demeurait entre la mère et la fille, éprouvant des délices incon-
« nues à leur prêter les mains pour dévider du fil, à les voir
« travaillant, à les entendre jaser. La simplicité de cette vie

« presque monastique lui révéla les beautés de ces âmes, et le
« toucha vivement. Il avait cru ces mœurs impossibles en France,
« et n'avait admis leur existence qu'en Allemagne. Bientôt, pour
« lui, Eugénie fut l'idéal de la Marguerite de Goëthe, moins la
« faute. Enfin, de jour en jour, ses regards, ses paroles, ravirent
« la pauvre fille, qui s'abandonna délicieusement au courant de
« l'amour. »

Eugénie surprend les secrets de son cousin ; elle connaît sa détresse ; elle lui offre secrètement son trésor composé de pièces de tous les pays et de tous les temps, portugaises, ducats de Hollande, souverains à la rose, sequins, et autres monnaies de grande valeur, montant environ à six mille francs. Mue par le sentiment, elle a trouvé les plus délicates, les plus adorables paroles pour lui faire accepter ce prêt ou ce don qui lui portera bonheur, dit-elle, se gardant bien de parler du danger auquel son dévouement l'expose vis-à-vis de son père.

Charles part regrettant cette triste maison où il laisse un cœur tendre, si dévoué pour lui. Eugénie lui a juré qu'elle l'attendrait, quel que fût le temps de son absence.

« En toute situation, les femmes ont plus de causes de douleur
« que n'en a l'homme, et souffrent plus que lui. L'homme a sa
« force et l'exercice de sa puissance ; il agit, il va, il s'occupe, il
« embrasse l'avenir et y trouve des consolations. Ainsi faisait
« Charles. Mais la femme demeure; elle reste face à face avec le
« chagrin dont rien ne la distrait ; elle descend jusqu'au fond de
« l'abîme qu'il a ouvert, le mesure, et souvent le comble de ses
« vœux et de ses larmes. Ainsi faisait Eugénie ; elle s'initiait à sa
« destinée. Sentir, aimer, souffrir, se dévouer, sera toujours le
« texte de la vie des femmes. Eugénie devait être toute la femme,
« moins ce qui la console. Son bonheur, amassé comme les clous
« semés sur la muraille, suivant la sublime expression de Bossuet,
« ne devait pas un jour lui remplir le creux de la main. Les chagrins
« ne se font jamais attendre, et pour elle ils arrivèrent bientôt.
« Le lendemain du départ de Charles, la maison Grandet reprit

« sa physionomie pour tout le monde, excepté pour Eugénie, qui
« la trouva tout-à-coup bien vide. A l'insu de son père, elle voulut
« que la chambre de Charles restât dans l'état où il l'avait
« laissée. Mme Grandet et Nanon furent volontiers complices de ce
« statu quo.

« —Qui sait s'il ne reviendra pas plus tôt que nous ne le
« croyons! dit Eugénie.

« —Ah! je le voudrais voir ici! répondit Nanon. Je m'accoutu-
« merais ben à lui!... C'était un ben doux, un ben parfait
« monsieur, quasiment joli et moutonné comme une fille.

« Eugénie regarda Nanon.

« —Sainte-Vierge! mademoiselle, vous avez les yeux à la perdi-
« tion de votre âme! Ne regardez donc pas le monde comme
« ça!... »

Le jour de l'an approche, jour redoutable où Grandet, en ajou-
tant une pièce d'or au trésor de sa fille, se donne la joie de revoir
et de remanier cet or. La terreur de Mme Grandet est au comble,
car elle connaît tous les secrets de sa fille; elle veut s'offrir en
holocauste à la fureur de son mari en prenant le don du trésor
sous sa responsabilité. Mais Eugénie n'acceptera pas un sacrifice
qui peut tuer sa faible mère; elle exige au contraire que la femme
ignore tout, vis-à-vis de son mari.

Il faut lire cette scène où Eugénie, par sa fermeté, fait comprendre, pour la première fois, à ce terrible maître, qu'elle est
une Grandet et non une Labertellière comme sa mère. Cet or lui
appartenait, elle était majeure, elle avait le droit d'en disposer. Le
bonhomme ne peut comprendre que, dans sa maison, il se trouve
quelqu'un qui ose lui résister. Sa fureur est au comble : Eugénie
restera enfermée dans sa chambre, sans feu, au pain et à l'eau
jusqu'à ce qu'elle ait nommé celui qui a le trésor. Elle se soumet
sans murmure. Tout Saumur parle de cette réclusion et de cette
rigueur qui frappent mortellement Mme Grandet. Plusieurs mois
se passent sans vaincre la fermeté du père ni celle de la fille.

—A quoi pensez-vous? dit un jour le notaire Cruchot à Grandet, votre femme se meurt, et non-seulement vous ne voyez pas son danger, mais vous ne comprenez pas les conséquences de sa mort. Votre fille est son héritière : vous lui devrez des comptes et toute la fortune de sa mère, le jour où Mme Grandet fermera les yeux.

—Déclarer ma fortune à ma fille, inventorier mes biens, ce serait à se couper la gorge! dit le père Grandet au milieu d'un clos, en examinant des ceps. Mais sa femme ne mourra pas, il ne le veut pas. Pris aussitôt de tendresse pour elle, il va chercher des médecins, il lui montre de l'or.—Tiens, ma bonne femme, cette vue te ranimera, prends (il ne peut inventer de meilleur remède); il donne ce qui le fait vivre! Mais la pauvre femme a horreur de cet or qui a fait sa misère; fatiguée de la vie, elle voit sa fin avec joie, sans autre regret que de laisser son seul trésor, son seul amour, son Eugénie, sur cette terre où l'on souffre tant, où l'on est si malheureux!.. Et la pauvre martyre meurt en plaignant sa fille d'avoir encore à vivre.

Voici maintenant la fille face à face avec son père. Le vieillard considère Eugénie sous un nouveau jour. Elle aura tous ses biens : il la regarde avec respect, avec crainte et tremblement; il lui apprendra à gérer ces biens, à les conserver, à en connaître toute la valeur et toute la puissance. Mais il ne veut pas se dépouiller, avant l'heure, d'une seule partie de cet or qui est sa vie; seul il veut mener ses millions à grandes guides: Eugénie lui abandonne la succession de sa mère. Il faut voir l'affreuse joie de l'avare, quand sa fille a signé cet acte et quand elle refuse la main de tous ceux qui la demandent. Il n'en cherche pas les raisons; que lui importe que sa fille soit heureuse ou malheureuse, pourvu qu'elle n'emporte pas son or et reste là, près de lui, pour garder cet or.

Plusieurs années s'écoulent, années bien tristes pour Eugénie, car on n'a aucune nouvelle de Charles. Qu'est-il devenu? est-il mort? est-il riche? pauvre? marié? nul ne connaît sa destinée; personne ne s'en inquiète, sauf Eugénie et Nanon, qui en parlent souvent......

Vers la fin de 1827, le père Grandet, qui avait atteint l'âge de quatre-vingt-deux ans, fut pris d'une paralysie qui fit de rapides progrès. Sa fille soigne son vieux père avec autant de sollicitude et d'amour que s'il eût vraiment été un père pour elle. Il meurt en voulant emporter le crucifix d'or que le prêtre lui fait embrasser.

Voici maintenant Eugénie seule avec Nanon, stupéfaite de se trouver si riche et si pauvre dans l'avenir. Le seul lien qui l'attache à la terre est encore pour elle un principe de mélancolie. Cet amour lui avait coûté la vie de sa mère : il ne lui causait que des douleurs, mêlées de pâles espérances. Pour elle, la fortune n'était ni un pouvoir, ni une consolation; Eugénie n'existait maintenant que par l'amour, la religion et la foi dans l'avenir : l'amour lui expliquait l'éternité; son cœur et l'Évangile lui signalaient deux mondes à attendre.

—Comment! dit un soir Eugénie en se couchant, il n'écrira pas une seule fois en sept ans!

Charles avait refait sa fortune; à force de rouler à travers les hommes et les pays, d'en observer les coutumes contraires, ses idées se modifièrent; au contact perpétuel des intérêts, son cœur se refroidit et se dessécha. Si la noble et pure figure d'Eugénie l'accompagna dans ses premiers voyages comme cette image de Vierge que mettent sur leurs vaisseaux les matelots espagnols, plus tard, des négresses, des mulâtresses, des blanches, des Javanaises, des Almées effacèrent le souvenir de sa cousine de Saumur; s'il se rappelait encore le petit jardin, encadré de vieux murs, où sa destinée hasardeuse avait commencé, c'était pour renier sa famille, et cet oncle qui ne l'avait pas aidé! Quant à Eugénie, elle n'occupait de place dans ses affaires que comme créancière d'une somme de 6,000 fr.

Au commencement de l'année 1828, huit ans après le départ de son cousin, Eugénie en recevait une lettre. Que d'émotions à l'instant où elle reconnut l'écriture! mais cette lettre était un coup de foudre. Charles ne parlait que de sa fortune, il avait oublié son amour; il lui rendait avec exactitude la somme prêtée avec les intérêts, ignorant tout ce que ce prêt lui avait coûté de douleurs, et terminait en lui annonçant son prochain mariage avec une jeune fille de la noblesse parisienne.

« Épouvantable désastre! le vaisseau sombrait sans laisser ni
« une planche, ni un cordage, ni une voile sur le vaste océan de
« ses espérances! Ma mère avait raison, dit Eugénie en essuyant
« des larmes brûlantes : souffrir et mourir! »

Comme Eugénie est noble et fière à cette nouvelle : elle apprend que le mariage de son cousin va manquer, par la découverte de nombreux créanciers de son père qui restent encore à satisfaire; elle fait venir M. de Bonfonds, fils du notaire Cruchot, et lui dit :

—Mon fiancé seul peut me rendre le service que je vous demande, mais je ne peux lui donner que ma main et ma fortune, jamais mon amour ni ma personne. Si vous acceptez ces conditions, partez pour Paris, payez tout ce que mon oncle redoit, portez toutes ces quittances à M. Charles Grandet et revenez ici : notre mariage se célébrera à votre retour.

M. de Bonfonds part pour Paris, exécute les ordres de sa fiancée. Charles, écrasé sous cette générosité, apprend trop tard quel cœur et quels millions il a méconnus !...

Mme la présidente de Bonfonds fut veuve à trente-sept ans, immensément riche et encore belle. « Son visage est blanc,
« calme, reposé; elle a toutes les noblesses de la douleur,
« mais aussi toutes les raideurs de la vieille fille et les habi-
« tudes que donne l'existence étroite de la province. Malgré sa
« richesse, elle vit comme avait vécu la pauvre Eugénie Grandet;
« elle n'a de feu dans sa chambre qu'aux jours où son père
« permettait d'allumer le foyer de la salle. Elle suit encore le
« programme en vigueur dans ses jeunes années; elle accumule
« ses revenus et semblerait parcimonieuse, si elle ne démentait
« la médisance par un noble emploi de sa fortune. De pieuses
« fondations, un hospice pour la vieillesse, des écoles pour les
« enfants, une bibliothèque publique richement dotée, témoi-
« gnent chaque année contre l'avarice dont quelques personnes

« l'accusent. Sa main panse les plaies de toutes les familles ;
« elle va vers le ciel accompagnée d'un cortége de bienfaits.

« Telle est l'histoire de cette femme qui n'est pas du monde
« au milieu du monde, et qui, faite pour être magnifiquement
« épouse et mère, n'a ni mari, ni enfants, ni famille.

« Parmi les femmes, Eugénie Grandet sera peut-être un type :
« celui des dévouements jetés à travers les orages du monde et
« qui s'engloutissent, comme une belle statue enlevée à la Grèce,
« qui tombe à la mer pendant le transport, où elle demeurera
« toujours ignorée. »

Telle est cette œuvre, une des plus aimées, une des plus populaires de celles de M. de Balzac. Nous voudrions avoir fait comprendre, dans cette rapide esquisse, sa juste renommée.......

ARMANDE D'ESGRIGNON

>>>———<>———<<<

JE ne me souviens pas d'avoir rencontré de femme qui ait autant frappé mon imagination que Mlle Armande. J'étais à la vérité fort jeune, et peut-être les images qu'elle a laissées dans ma mémoire doivent-elles la vivacité de leurs teintes à la disposition qui nous entraîne alors vers les choses merveilleuses? Quand je la voyais venant de loin sur le cours, où je jouais avec d'autres enfants, et qu'elle y amenait Victurnien, son neveu, j'éprouvais une émotion qui tenait beaucoup des sensations produites par le galvanisme sur les êtres morts; je me sentais comme doué d'une nouvelle vie. Mlle Armande d'Esgrignon avait les cheveux d'un blond fauve; je me laissais aller aux fascinations de ces yeux d'émeraudes qui rêvaient et me jetaient du feu, quand ils tombaient sur moi. Je feignais de me rouler sur l'herbe devant elle en jouant, et je tâchais d'arriver à ses pieds mignons pour les admirer de plus près. La molle blancheur de son teint, la finesse de ses traits, la pureté des lignes de son front, l'élégance de sa taille mince me surprenaient sans que je m'aperçusse de l'élégance de cette taille, ni de la beauté de ce front, ni de l'ovale parfait de ce visage. Je l'admirais comme on prie à cet âge, sans savoir pourquoi. Quand mes regards perçants avaient attiré les siens, et qu'elle me disait de sa voix mélodieuse : — Que fais-tu là, petit? pourquoi me regardes-tu? je venais à elle, je me tortillais, je me mordais les doigts, je rougissais, et je disais : — *Je ne sais pas.* Si, par hasard, elle passait sa main blanche dans mes cheveux en me demandant mon âge, je m'en allais en courant et en lui répondant de loin :—Onze ans. Quand, en lisant les *Mille et une Nuits*, je voyais apparaître une reine ou une fée, je leur prêtais les traits de Mlle d'Esgrignon. Quand mon maître de dessin me fit copier des têtes d'après l'antique, je remarquais que ces têtes étaient coiffées comme l'était Mlle d'Esgrignon. Plus tard, quand ces folles idées s'en allèrent une à une, Mlle Armande, pour laquelle les hommes se dérangeaient respectueusement sur le cours afin de lui faire place, et qui contemplaient les plis de sa longue robe brune jusqu'à ce qu'ils l'eussent perdue de vue, Mlle Armande resta vaguement dans ma mémoire comme un type. Ses formes exquises, dont la rondeur était parfois révélée par un coup de vent, et que je savais retrouver malgré l'ampleur de sa robe, ses formes revinrent dans mes rêves de jeune homme. Puis, encore plus tard, je crus me souvenir que mon respect m'était inspiré par les sentiments exprimés sur la figure et dans l'attitude de Mlle d'Esgrignon. L'admirable calme de cette tête, la dignité de ses mouvements, la sainteté des devoirs accomplis me touchaient et m'imposaient. Les enfants sont plus pénétrables qu'on ne le croit par les invisibles effets des idées ; ils ne se moquent jamais d'une personne vraiment imposante ; la véritable grâce les touche, la beauté les attire, parce qu'ils sont beaux et qu'il existe des liens mystérieux entre les choses de même nature. Mlle d'Esgrignon fut une de mes religions. Aujourd'hui, jamais ma folle imagination ne grimpe l'escalier en colimaçon d'un antique manoir, sans s'y peindre

M¹¹ᵉ Armande comme le génie de la Féodalité. Quand je lis les vieilles chroniques, elle paraît à mes yeux sous les traits des femmes célèbres ; elle est tour à tour Agnès, Marie Touchet, Gabrielle ; je lui prête tout l'amour perdu dans son cœur, et qu'elle n'exprimera jamais. Cette céleste figure, entrevue à travers les illusions nuageuses de l'enfance, vient maintenant au milieu des nuées de mes rêves.

Elle est sœur du marquis d'Esgrignon et tante (ou plutôt *mère*) du jeune comte Victurnien d'Esgrignon, qu'elle a élevé avec toutes les faiblesses d'une mère, sans en avoir les sévérités opportunes.

« *La maternité factice d'une fille comporte d'ailleurs des adorations « trop aveugles pour qu'elle puisse réprimander un beau garçon.* »

Ce beau garçon fait des sottises dans Alençon, ville habitée par sa famille ; pour l'en corriger, cette famille, qui ne sait rien du monde nouveau, où son salon est appelé *le Cabinet des Antiques*, l'envoie à Paris pour le dépayser ; mais Paris est justement le pays où ces beaux garçons, jeunes, spirituels, nobles, généreux, pleins d'imagination, de cœur et de folie, se perdent le mieux.

Victurnien ne manque pas à son étoile. Il avait fait vingt mille francs de dettes en Bretagne ; il en fait deux cent mille à Paris, tantôt en soupirant aux pieds de la belle duchesse de Maufrigneuse, tantôt en la conduisant dans les mansardes qu'il a paradisées pour elle, tantôt jouant et perdant avec tous les mauvais sujets de l'époque.

Chesnel, fils de l'ancien intendant du comte, aujourd'hui notaire, dévoué à cette antique *famille*, Chesnel, qui a déjà jeté silencieusement dans le gouffre de ces dissipations sa fortune acquise par trente ans d'honnêtes travaux, Chesnel apprend que le jeune comte va être arrêté pour dettes. Il court à l'hôtel d'Esgrignon ; il y trouve M¹¹ᵉ Armande lisant une lettre dans laquelle son neveu lui raconte le voyage qu'il vient de faire en Italie avec la duchesse de Maufrigneuse.

M¹¹ᵉ Armande savourait cette lettre à longs traits, comme le devait une fille sage mûrie au feu des passions comprimées, victime des désirs offerts en holocauste sur l'autel domestique avec une joie constante. Elle n'avait pas l'air ange comme la duchesse; elle ressemblait alors à ces statuettes, droites, minces, élancées, de couleur jaune, que les merveilleux artistes des cathédrales ont mises dans quelques angles, au pied desquelles l'humidité permet au liseron de croître et de se couronner par un beau jour d'une belle cloche bleue. En ce moment, la clochette s'épanouissait aux yeux de cette sainte. M¹¹ᵉ Armande aimait fantastiquement ce beau couple : elle ne trouvait pas condamnable l'amour d'une femme mariée pour Victurnien; elle l'eût blâmé dans une autre; mais le crime ici aurait été de ne pas aimer son neveu. Les tantes, les mères, les sœurs ont une jurisprudence particulière pour leurs neveux, leurs fils et leurs frères. Elle se voyait donc au milieu des palais bâtis par les fées sur les deux lignes du grand canal à Venise; elle y était dans la gondole de Victurnien, qui lui disait combien il était heureux de sentir dans sa main la belle main de la duchesse, et d'être aimé en voyageant sur le sein de cette amoureuse reine des mers italiennes. En ce moment d'angélique béatitude, apparut, au bout de l'allée, Chesnel! Hélas! le sable criait sous ses pas comme celui qui tombe du sablier de la Mort, et qu'elle broie avec ses pieds sans chaussure. Ce bruit et la vue de Chesnel dans un état d'horrible désolation, donnèrent à M¹¹ᵉ Armande la cruelle émotion que cause le rappel des sens envoyés par l'âme dans les pays imaginaires.

—Qu'y a-t-il? s'écria-t-elle, frappée d'un coup au cœur.

—Tout est perdu! dit Chesnel; M. le comte déshonorera la maison, si nous n'y mettons ordre.

Il montre les lettres de change; il peint les tortures qu'il a subies depuis quelques jours, en peu de mots, simples, mais énergiques et touchants.

—Le malheureux! il nous trompe s'écria M¹¹ᵉ Armande, dont le cœur se dilatait sous l'affluence du sang qui y abondait par grosses vagues.

—Disons notre *meâ culpâ!* mademoiselle, reprit d'une voix forte le vieillard : nous l'avons habitué à faire ses volontés; il lui fallait un guide sévère ; et ce ne pouvait être ni vous, qui êtes une fille, ni moi, qu'il n'écoutait pas : il n'a pas eu de mère!

—Il y a d'horribles fatalités pour les races nobles qui tombent! dit Mlle Armande les yeux en pleurs. »

. . . .

Seuls, assis sur le même banc, réunis dans une même pensée, les deux affligés se dirent pendant longtemps l'un et l'autre des paroles vagues, insignifiantes.

—Que va-t-il devenir? disait Mlle Armande.

—Du Croisier a donné l'ordre à MM. Keller de ne plus lui remettre de sommes sans titres, répondit Chesnel.

—Il a des dettes? reprit Mlle Armande.

—Je le crains.

—S'il n'a plus de ressources, que fera-t-il?

—Je n'ose me répondre à moi-même.

—Mais il faut l'arracher à cette vie, l'amener ici, car il arrivera à manquer de tout.

—Et à manquer à tout ! répéta lugubrement Chesnel.

Mlle Armande ne comprit pas encore ; elle ne pouvait pas comprendre le sens de cette parole.

—Comment le soustraire à cette femme, à cette duchesse, qui peut-être l'entraîne? reprit-elle.

—Il fera des crimes pour rester auprès d'elle, dit Chesnel en essayant d'arriver, par des transitions supportables, à une idée insupportable.

—Des crimes! répéta Mlle Armande. Ah! Chesnel, cette idée ne peut venir qu'à vous, ajouta-t-elle en lui jetant un regard accablant, le regard par lequel la femme peut foudroyer les dieux. Les gentilshommes ne commettent d'autres crimes que ceux dits de haute-trahison, et on leur coupe la tête sur un drap noir comme aux rois.

—Les temps sont bien changés, dit Chesnel en branlant la tête de laquelle Victurnien avait fait tomber les derniers cheveux : notre roi martyr n'est pas mort comme Charles d'Angleterre.

Cette réflexion calma le magnifique courroux de la fille noble ; elle eut le frisson, sans croire encore à l'idée de Chesnel.

—Nous prendrons un parti demain, dit-elle ; il y faut réfléchir. Nous avons nos biens en cas de malheur.

—Oui, reprit Chesnel, vous êtes indivis avec M. le marquis ; la plus forte part vous appartient : vous pouvez l'hypothéquer sans lui rien dire.

Pendant la soirée qui suivit cet entretien, les joueurs et les joueuses de whist, de reversis, de boston, de tric-trac remarquèrent quelque agitation dans les traits ordinairement si calmes, si purs de Mlle Armande.

—Pauvre enfant sublime ! dit la vieille marquise de Casterau, qu'elle doit souffrir ! Une femme ne sait jamais à quoi elle s'engage en faisant les sacrifices qu'elle a faits à sa maison.

Il fut décidé, le lendemain, avec Chesnel, que Mlle Armande irait à Paris arracher son neveu à sa perdition. Si quelqu'un pouvait opérer l'enlèvement de Victurnien, n'était-ce pas celle qui avait pour lui des entrailles maternelles ? Mlle Armande, décidée à aller trouver la duchesse de Maufrigneuse, voulait tout déclarer à cette femme ; mais il fallait un prétexte pour justifier ce voyage aux yeux du marquis et de la ville.

Mlle Armande risqua toutes ses pudeurs de fille vertueuse, en laissant croire à une maladie qui exigeait une consultation de médecins habiles et renommés. Dieu sait si on en causa ! Mlle Armande voyait un bien autre honneur que le sien en jeu ! Elle partit. Chesnel lui apporta son dernier sac de louis ; elle le prit sans même y faire attention, comme elle prenait sa capote blanche et ses mitaines de filet.

—Généreuse fille ! quelle grâce ! dit Chesnel en la mettant en voiture, elle et sa femme de chambre, qui ressemblait à une sœur grise.

Mlle Armande arrive à Paris au moment où son neveu allait être arrêté pour une fausse lettre de change de 300,000 fr. Elle le jette dans une chaise de poste, et l'emmène.

—Vous savez tout, ma tante! lui dit-il.

—Oui, mon pauvre enfant; mais nous sommes là. Dans ce moment-ci, je ne te gronderai pas : reprends courage...

Elle n'en savait pas la moitié, la pauvre innocente!

—Il faudra me cacher.

—Peut-être.

—Si je pouvais entrer chez Chesnel en arrivant au milieu de la nuit.

—Ce sera mieux ; nous serons plus libres de tout cacher à mon frère. Pauvre ange! comme il souffre! dit-elle en caressant cet indigne enfant.

—Oh! maintenant je comprends le déshonneur : il a refroidi mon amour.

—Malheureux enfant! tant de bonheur et tant de misère!

Mlle Armande tenait la tête brûlante de son neveu sur sa poitrine; elle baisait ce front en sueur, malgré le froid, comme les saintes femmes durent baiser le front du Christ en le mettant dans son suaire.

Le jeune comte est arrêté, malgré les efforts de sa tante et le dévouement de Chesnel.

Celui-ci part pour Paris, et revient avec la duchesse de Maufrigneuse, qui veut l'aider à sauver Victurnien. La duchesse pénètre chez Mlle Armande.

—Vous deviez bien votre secours au pauvre enfant qui s'est perdu pour vous, madame, lui dit la noble fille; un enfant à qui tout le monde ici se sacrifie.

La duchesse avait déjà jeté son coup d'œil de femme sur la chambre de Mlle d'Esgrignon, et y avait vu l'image de la vie de cette sublime fille : vous eussiez dit de la cellule d'une religieuse, à voir cette pièce nue, froide et sans luxe. La duchesse, émue en contemplant le passé, le présent et l'avenir de cette existence, en reconnaissant le contraste inouï qu'y produisait sa présence, ne put retenir des larmes qui roulèrent sur ses joues et lui servirent de réponse.

—Ah! j'ai tort; pardonnez-moi, madame la duchesse, reprit la chrétienne, qui l'emporta sur la tante. Vous ignoriez notre misère: mon neveu était incapable de vous l'avouer. D'ailleurs, en vous voyant, tout se conçoit, même le crime.

Mlle Armande, sèche, maigre, pâle, mais belle comme une de ces figures effilées et sévères que les peintres allemands ont su faire, eut aussi les yeux mouillés.

—Rassurez-vous, cher ange, dit enfin la duchesse, il est sauvé.

Il était sauvé à peu près, sauvé dans son honneur, mais ruiné et perdu pour le monde.

Son père mourut sans avoir rien appris. Mlle Armande, ange de dévouement, de pieuse résignation, victime volontaire du culte de l'honneur et de la famille, veilla à ses côtés jusqu'au dernier moment. S'il eût connu la vérité, il fût mort désespéré: il mourut tranquille, grâce à elle.

Victurnien rétablit ses affaires en compromettant son antique blason. Il épousa une fille appartenant à la roture, et, qui plus est, à l'ennemi acharné de sa famille. Mlle Armande s'immola de nouveau en silence et dans ses affections les plus intimes.

Elle reste seule dans sa petite ville........

Si elle ne ressemble plus à la céleste figure entrevue dans mon enfance, elle est certes, à soixante-sept ans, la plus douloureuse et la plus intéressante figure du Cabinet des Antiques, où elle trône encore........

En revenant dans ma ville natale, je rencontrai Mlle Armande, qui m'apparut plus grande que jamais. Il m'a semblé voir *Marius* assis sur les ruines de Carthage. Ne survit-elle pas à ses religions, à ses croyances détruites? Elle ne croit plus qu'en Dieu. Habituellement triste, muette, elle ne conserve de son ancienne beauté que des yeux d'un éclat surnaturel. Quand je l'ai vue allant à la messe, son livre d'Heures à la main, je n'ai pu m'empêcher de penser qu'elle demande à Dieu de la retirer de ce monde.

SERAPHITA

Dans la première année du dix-neuvième siècle, vers le milieu du mois de mai, par une matinée où le soleil éclatait au sein d'un âpre paysage de la Norwége et y allumait les feux de tous les diamants éphémères produits par la cristallisation de la neige et des glaces, deux personnes passèrent sur le golfe glacé du Stromfiord et glissèrent le long des bases du *Falberg*, vers le sommet duquel elles s'élevèrent de frise en frise.

Était-ce deux créatures? Qui les eût vues, à cette hauteur, les eût prises pour deux *Eiders* volant de conserve à travers les nuées. Ni le pêcheur le plus superstitieux, ni le chasseur le plus intrépide, n'eût attribué à des créatures humaines le pouvoir de se tenir le long des faibles lignes tracées sur les flancs de granit, où ce couple marchait néanmoins avec l'effrayante dextérité que possèdent les somnambules, quand, ayant oublié toutes les conditions de la pesanteur et les dangers de la moindre déviation, ils courent au bord des abîmes, en gardant leur équilibre, sous l'empire d'une force inconnue.

— Arrêtons-nous, dit Minna à l'être extraordinaire qui la conduisait et qu'on nommait Séraphita; laisse-moi respirer : je n'ai voulu regarder que toi en côtoyant les bords de ce gouffre ; autrement, que serais-je devenue, moi, faible créature ? Minna, fille du pasteur de Jarvis, petit village situé au pied du Falberg, étonnée de la force surhumaine et de la puissance morale de Séraphita, la croyait d'une autre nature que la sienne et ressentait pour cette créature, qu'elle était tentée de croire un ange descendu du ciel, l'amour que les femmes portent aux esprits supérieurs.

— Oui, ne regarde que moi! répondit Séraphita, d'une voix dont l'accent paternel, avait quelque chose de charmant chez un être encore adolescent.

Minna, en écoutant Séraphita, avait abaissé son regard. Elle cria soudain, comme l'enfant qui aurait rencontré un tigre ; l'horrible sentiment des abîmes l'envahit, et, prête à s'y précipiter, elle cria :

— Séraphitüs, je meurs, n'ayant aimé que toi!

L'être étrange retint sa compagne, et soufflant sur le front et sur les yeux de Minna, ce souffle bienfaisant ôta aussitôt à la jeune fille tout sentiment de frayeur et pénétra son corps de balsamiques effluves, aussi rapidement que le souffle avait traversé l'air.

— Maintenant, repose-toi ! tu es en sûreté ici.

Séraphita fit asseoir sa compagne auprès du granit, et portant la main sur le cœur de Minna, encore tremblante, elle sentit ses palpitations sonores, aussi précipitées que celles du cœur d'une colombe prise dans les serres de l'aigle.

— Mon cœur bat souvent aussi vite sans que j'aie couru! dit Minna avec mélancolie.

Séraphita inclina la tête sans dédain ni froideur. Malgré la grâce qui rendit ce mouvement presque suave, il n'en trahit pas moins une négation qui, chez une femme, eût été d'une enivrante coquetterie. Séraphita rejeta en arrière les boucles dorées de sa chevelure, afin de se découvrir le front, et apercevant une tendresse enivrante dans les yeux de sa compagne, elle s'éloigna d'elle aussitôt et laissant Minna auprès du rocher, elle alla se poser sur le bord de la plinthe; ses yeux plongèrent au fond du gouffre en défiant sa profondeur; son corps ne vacilla point, son front resta blanc et impassible comme celui d'une statue de marbre : abîme contre abîme !...

—O Séraphitüs! s'écria la jeune fille, si tu m'aimes, reviens près de moi; ton danger me rend toutes mes terreurs. Comment peux-tu contempler ce gouffre sans mourir?

— Tu regardes sans effroi des espaces encore plus immenses. Et, de son doigt levé, Séraphita lui montra l'azur.

— Quelle différence! répond Minna.

— Tu as raison, nous sommes nées pour tendre au ciel : la patrie, comme le visage d'une mère, n'effraie jamais un enfant.

Elles reprennent leur course, s'élancent de nouveau dans les faibles sentiers, le long de la montagne, en dévorant les distances et volant, pour ainsi dire, d'étage en étage, de ligne en ligne, avec la rapidité de la gazelle : en quelques moments, elles atteignent un tapis de mousse sur lequel personne ne s'est jamais assis.

Séraphita arrache une fleur hybride que ses yeux ont aperçue au milieu de jolies saxifrages.

— Garde cette suave création née sous le souffle des anges et qu'aucun œil humain n'a vue encore; garde-la comme un souvenir de cette matinée, qui sera unique dans ta vie : après moi, Minna, tu ne trouveras plus de guide pour t'amener ici.

— Je rêve, sans doute! répond la jeune fille. Nous ne sommes pas venues là par la seule force humaine?

— Vous appelez surnaturels les faits dont les causes vous échappent, dit Séraphita avec un imperceptible mouvement de dédain pour la faible jeune fille. Regarde maintenant à tes pieds : à cette hauteur, tu ne trembleras plus : les abîmes sont si loin de toi, que tu n'en distingues plus la profondeur; ils ont acquis le vague des nuages, la couleur de ce ciel qui ne t'épouvante pas. Le golfe fait d'ici l'effet d'une jolie turquoise, les forêts ne sont plus que des lignes de bistre. Pour vous, enfants de la terre, les abîmes doivent être parés ainsi!

Séraphita, en disant ces paroles, agenouillée devant Minna, lui déliait ses patins, afin de défatiguer les pieds de la jeune fille.

— C'est moi qui devrais me mettre à genoux devant toi, reprit Minna d'une voix tendre.

— Garde ces douces paroles pour Wilfrid.

— Wilfrid! s'écria Minna avec colère.

Et prenant les mains de sa compagne, dont le visage resta calme :

— Hélas! tu ne t'emportes jamais, toi; tu es d'une perfection désespérante...

— Et tu en conclus que je suis insensible...

Minna fut effrayée de cette lucidité qui voyait sa pensée.

— Tu me prouves que nous nous entendons, au moins? reprend-elle avec la grâce de la femme qui aime.

Jamais Séraphita n'avait brillé d'un si vif éclat, seule expression qui puisse rendre l'animation de son visage et l'aspect de sa personne. A voir la fierté de ce front pur et l'éclair de ces yeux, on croyait à la présence d'une lumière intérieure, éclairant ce visage à la manière des lueurs contenues en des coupes d'albâtre : les feux jaillissant de son regard d'or semblaient ne pas recevoir, mais donner la lumière. Son corps mince et grêle attestait une de ces natures faibles en apparence, mais dont la puissance égale le désir et qui sont fortes à temps. De taille ordinaire, Séraphita, qui paraissait âgée de dix-sept à dix-huit ans, se grandissait en présentant son front, comme si elle eût voulu s'élancer aux cieux. Ses cheveux, bouclés comme par les mains d'une fée et soulevés par le vent, ajoutaient encore à l'illusion que produisait son attitude aérienne... A moins de contempler Séraphita, quel peintre eût inventé la tristesse mêlée d'espérance qui voilait à demi les sentiments ineffables empreints sur tous ses traits? Quel peintre eût imprimé sur ce beau front cette superbe intelligence qui semblait interroger les cieux et plaindre la terre? Tout, dans cette majestueuse figure, exprimait le calme et la force.

Minna admirait Séraphita dans une espèce d'énivrement, lorsqu'un regard de celle-ci vint encore une fois la glacer.

— Pourquoi cette sévérité, Séraphitüs? T'ai-je déplu? Je voudrais que la lumière ne m'arrivât que par tes yeux, que ma pensée dérivât de ta pensée ; je ne craindrais plus de t'offenser alors, car je te renverrais les reflets de ton âme et les mots de ton cœur. Mais tu ne m'aimeras jamais : tu me dédaignes...

Et Minna pleura.

— La violette cachée au pied du chêne se dit : « Le soleil ne m'aime pas, il ne vient pas ! » Le soleil se dit : « Si je l'éclairais, elle périrait, la pauvre fleur !... » Minna, si je pouvais te communiquer la flamme de ma foi, nous nous retrouverions un jour dans ce monde où l'amour ne périt pas !

— Pourquoi ne pas aimer maintenant et toujours? répondit doucement la jeune fille.

— Rien n'est stable ici-bas, fit dédaigneusement Séraphita. Vos joies sont petites et passagères ; je les ai trop bien comprises pour ne pas être arrivée au dégoût de toute chose. L'homme, quoique le plus grand ouvrage de Dieu sur la terre, n'est pas une création finie ; c'est là-haut qu'il s'achève ! Ici, Dieu nous a donné la faculté de réfléchir la nature, de la concentrer en nous par la pensée, et de nous en faire un marche-pied pour nous élever vers lui. Nous aimons, ici-bas, en raison du plus ou moins *de ciel* que contiennent nos âmes, et ces passagères félicités des amours terrestres sont les lueurs qui trahissent à certaines âmes l'aurore des félicités durables. Un instant, j'ai souhaité un compagnon pour aller avec lui vers la lumière, mais je n'en trouverai pas.... Abandonne-moi, Minna, car moi, qui ai reçu le don de vision, je ne veux que le ciel et n'aime que Dieu.

Puis, elle se posa sur un quartier de roche, en laissant tomber sa tête sur son sein.

— Pourquoi me désespérer ainsi? dit Minna.

— Aime Wilfrid, reprit-elle : Wilfrid a des yeux pleins de pensées humaines, un cœur qui verse des torrents de feu dans ses paroles. Wilfrid est un homme ; ce sera ton bien-aimé, ton époux. Obéis à la nature : joue avec les enfants, ris avec les heureux, pleure avec les infortunés : tu peux donner et recevoir. Tu n'as que l'espérance, qui est le commencement de la foi ; moi j'ai la foi vive, qui est l'espérance réalisée : aussi suis-je comme un proscrit loin du ciel, comme un monstre loin de la terre ; je ne puis aimer ni pleurer ; je sens par l'esprit, je respire par le front, je vois par la pensée. Je meurs d'impatience et de désir ; mais personne ici-bas n'a le pouvoir d'exaucer mes souhaits ni de calmer mon impatience : je suis seule, je me résigne, je prie, j'espère, j'attends !...

Et Séraphita s'agenouilla et pria.

—Mêle toujours l'idée du Tout-Puissant aux affections d'ici-bas, et ton âme atteindra un jour les cieux, dit-elle à Minna quand elle eut prié... Mais il est temps de retourner auprès de ton père ; il serait inquiet.

Elles redescendirent le Falberg par des pentes rapides ; une intelligence miraculeuse présidait à leur course, ou pour mieux dire, à leur vol ; Séraphita guidait sa compagne et lui faisait éviter les dangers.

—Tu ne me parles plus, ma douce Minna?...

—Je respecte vos pensées; elles sont au-dessus de moi !...

Les deux voyageuses arrivèrent en peu de temps au petit village de Jarvis ; elles furent bientôt devant le porche de l'humble maison du pasteur Becker.

Il lisait, en attendant sa fille pour le repas du soir.

—Je vous ramène Minna saine et sauve. Et saluant le pasteur, Séraphita retourna au *Château suédois,* sa demeure, ainsi nommée parce que c'était la seule maison du pays qui fût construite en pierre ; elle y fut reçue par son vieux serviteur.

—Que vous faut-il? lui demanda David.

—Rien, je suis fatiguée. Je n'ai besoin que de repos.

Elle entra dans le salon, se coucha sur un divan, s'entoura de pelleteries, et s'endormit.

Séraphita était pâle.

—Elle souffre, et ne veut pas le dire, pensa le vieillard ; elle se meurt comme une fleur, frappée par un trop vif rayon de soleil!... Et il pleura, le pauvre vieillard... .

Pendant la soirée, David rentra dans le salon.

—Je sais qui vous m'annoncez, dit Séraphita : Wilfrid peut entrer. En entendant ces mots, un homme se présente soudain, et vient s'asseoir auprès d'elle.

—Ma chère Séraphita, vous souffrez, je le vois?...

—J'ai fait, dit-elle, la folie de traverser le fiord avec Minna, et nous avons monté sur le Falberg.

—Vous voulez donc vous tuer? dit-il avec l'effroi d'un amant.

—N'ayez pas peur, bon Wilfrid, j'ai eu bien soin de votre Minna. Wilfrid laissa échapper une exclamation pleine de douleur.

—Vous prenez Minna comme une hache, et m'en frappez à coups redoublés. Oh!... mon amour éternel! dit Wilfrid. . . .

. . . .

—Savez-vous ce que c'est que l'éternité? Taisez-vous, Wilfrid, vous m'aimez pour vous et non pour moi ; vous me désirez, vous ne m'aimez pas !... J'ai pour vous et pour Minna une affection céleste, croyez-le, mais je vous confonds en un seul être ; réunis ainsi, vous êtes un frère, une sœur pour moi ; mariez-vous : que je vous voie heureux, avant de quitter pour toujours cette sphère d'épreuves et de douleurs !

Puis imposant les mains sur cet homme et soufflant sur son front, il s'endormit d'un sommeil extatique, et il entendit, dans cette espèce de songe, des paroles semblables à une musique céleste, toutes différentes d'accent, mais toutes mélodieuses et empreintes d'une divine bonté : elles ressemblaient aux lueurs que la déesse profane verse chastement sur le berger bien-aimé, pendant son sommeil...

« L'heure est venue, l'heure où les brillantes lumières de
« l'avenir jettent leurs reflets sur les âmes, l'heure où l'âme
« dégagée de ses liens corporels s'agite dans la liberté.

«—Maintenant il m'est permis de te dire combien je t'aime. Vois

« quel est cet amour ! un sentiment désintéressé, plein de toi seul,
« qui te précède dans l'avenir, et qui voudrait t'en ouvrir le
« chemin !...

« Ce sentiment est la vraie lumière ; je voudrais avoir de la
« force à te donner, pour te faire entrer comme moi, par avance,
« dans ce monde où l'amour de la terre ferait une ombre dans
« ce beau jour divin !...

« N'est-ce pas souffrir que d'aimer seulement pour la vie ter-
« restre ? je voudrais te voir dégagé de tes liens ! je voudrais te
« voir dans ce monde où l'on aime toujours, et où je vais aller...
« A quels ravissements une créature s'élève, quand elle comprend
« celui qui ne trahit jamais l'amour !...

« Que mes paroles revêtent ces brillantes formes des rêves,
« qu'elles se parent d'images, qu'elles flamboient, qu'elles descen-
« dent sur toi et t'enveloppent. Viens avec moi dans cette sphère
« où tous les hommes se voient distinctement, quoique pressés
« comme les grains de sable au bord des mers !... Regarde les
« diverses nuances de ces fleurs des jardins célestes : voici les
« hommes auxquels manque l'intelligence, ceux qui commen-
« cent à s'en colorer, ceux qui sont éprouvés, ceux qui sont dans
« l'amour, ceux qui sont dans la sagesse, et qui aspirent seule-
« ment à la lumière !...

« C'est la sphère que j'habite, Wilfrid ; comprends la destinée
« de l'humanité, d'où elle vient, où elle va ; cours, vole dans
« ces sphères brillantes : ton corps est aboli, tu marches sans
« fatigue, tu parles par la pensée ; jouis un moment de ce ciel
« que tu conquerras quand l'amour divin sera si complet en toi
« que tu n'auras plus de sens et seras tout intelligence ! Plus
« haut tu montes, et moins tu conçois les abîmes ; il n'existe pas
« de précipices dans les cieux !... Que le ciel est beau ! et qu'il
« est pâle, ce soleil de la terre !...

« Sans les voiles de l'extase, de tels spectacles déchireraient
« ton intelligence et ébranleraient ta raison ! L'âme élevée à sa
« toute-puissance résiste à peine aux dévorantes communica-

« tions de l'esprit! Quand l'amour divin sera complet en toi,
« les cieux te seront aussi révélés!... »

—Oui, chère, dit Wilfrid en s'éveillant, et comme s'il répondait à une question faite par Séraphita dans son sommeil, nous sommes séparés par des mondes, je le vois, je me résigne, et je ne puis que vous adorer ; mais que vais-je devenir seul, ici-bas?...

—Vous avez Minna. Marchez ensemble dans la voie du Seigneur, et nous nous retrouverons un jour!...

Wilfrid baissa la tête.

—Oh! ne soyez pas si dédaigneux! la femme comprend tout par l'amour ; quand elle n'entend pas, elle sent; quand elle ne sent pas, elle voit; quand elle ne voit, ne sent, ni n'entend, cet ange de la terre vous devine, et cache ses soins, ses dévouements, ses protections même, sous la grâce de l'amour!...

Wilfrid, en sortant de chez Séraphita, courut au presbytère ; il y arriva terrifié, éperdu de ce qu'il venait d'entendre !...

—Séraphita n'est pas une simple créature, dit-il ; elle est le lien entre les hommes et les anges! Ses facultés bouleversent ma raison, ses lucidités m'épouvantent. Je sors de chez elle, brisé comme un enfant qui se serait épuisé à suivre la course d'un géant!... Auprès d'elle, sont des enchantements dont je veux trouver le secret. Qui est-elle? d'où vient-elle? pourquoi reste-t-elle ici? l'avez-vous vue enfant? est-elle née jamais?... a-t-elle des parents? est-elle enfantée par la conjonction du soleil et de la glace? Elle me brûle et me glace tour-à-tour ; elle me donne tour-à-tour et la vie et la mort; enfin, je l'aime et la hais, je la redoute et la désire...

—Vous m'avez tout bonnement l'air d'un homme amoureux... répondit le pasteur.

—Vous ne connaissez pas cet être extraordinaire, mon père! reprit Minna, il ne s'est jamais révélé à vous!... Ah! si vous l'aviez vu comme moi, sur le haut du Falberg, vous seriez, comme nous, fasciné par cette âme sublime.

—Sur le haut du Falberg! dites-vous, ma fille; vous n'avez pu parvenir sur son sommet, vous avez rêvé cette promenade !...

—Son souvenir est effectivement pour moi comme un songe maintenant, et sans ce témoignage matériel, dit Minna, en tirant de son sein la fleur que Séraphita avait cueillie pour elle, je n'y croirais pas non plus.

Tous les trois regardèrent cette fleur avec étonnement ; il n'en existait pas de semblables dans la vallée.

—Voilà qui est étrange! reprit M. Becker; par quelle puissance auriez-vous été portées là?...

—Ses secrets ne sont pas les miens, répondit Minna rêveuse; près de cet esprit, je sais tout; loin de lui, je ne sais plus rien, et j'oublie ou me souviens selon sa volonté.

—Séraphita n'a rien de commun avec les créatures qui s'agitent dans les trous de notre globe, reprit Wilfrid.

—Vous aurez gravi seulement les premières collines; croyez-le, ma fille, il est impossible d'atteindre au sommet de la montagne...

—Mon père, dit Minna d'une voix émue, je vous le jure, j'ai été ce matin sur le sommet du Falberg.

—Cette assertion est grave, répliqua M. Becker pensif, car ma fille n'a jamais menti !

—Et moi, je vous affirme, ajouta Wilfrid, que Séraphita a sur moi des pouvoirs si extraordinaires, que je ne sais pas d'expression pour en donner l'idée.

—Somnambulisme, reprit Becker : je ne nie point ces effets qui sont extraordinaires, inexplicables, mais connus... Pour moi, Séraphita est une jeune fille exaltée, un peu folle même, à qui ses parents ont tourné la tête avec des idées religieuses.

—Elle a donc eu des parents? demanda Wilfrid. Ah! cher monsieur Becker, racontez-moi tout ce que vous savez de sa vie...

—Son père, le baron de Séraphitüs, reprit M. Becker, parent et le plus ardent de tous les disciples de notre prophète suédois, Swedenborg, prétendait que son maître avait *ouvert en lui les yeux de l'homme intérieur,* pour parler son langage. Swedenborg lui trouva dans une vision, parmi les femmes, un esprit évangélique. Il disait qu'elle commençait la vie du ciel, et que toutes ses épreuves antérieures étaient accomplies. Moi, monsieur, qui ne suis point *un voyant*, je n'ai cru qu'aux œuvres terrestres de ce couple : leur existence a été celle des saints, dont les vertus sont la gloire de l'Église Romaine. Tous deux, ils adoucissaient la misère des habitants et leur donnaient le bien-être qui ne va pas sans le travail. Les gens qui les connurent ne surprirent jamais en eux ni un mouvement d'impatience, ni un mouvement de colère. Ils étaient constamment doux et bienfaisants, pleins de grâce et de vraie bonté. Leur mariage a été l'harmonie de deux âmes constamment unies. Deux Eiders volant du même vol, le son dans l'écho, la pensée dans la parole. Ici, chacun les aimait d'une affection qui ne peut s'exprimer qu'en la comparant à l'amour de la plante pour le soleil. La femme était simple dans ses manières, belle de forme et de visage, et d'une noblesse semblable à celle des personnes les plus augustes. Cette femme eut une enfant. Ce fut une joie grave pour les deux époux. Ce fut Séraphita. Ils eurent le pressentiment de ce que serait cette enfant.

— Elle restera fleur, me disait son père ; vous ne la verrez pas vieillir ; elle ne fera que passer ici-bas ; *vous avez l'exister, elle a la vie ; vous avez des sens extérieurs, elle n'en a pas : elle est tout intérieur.*

Je vous répète les propres paroles du baron : paroles que je ne comprends pas. L'aspect de cet homme, sur la fin de sa vie, réalisait les fantastiques images que nous concevons des inspirés, en lisant les prophéties de la Bible ; mais de tels effets ne sont pas rares au milieu de nos montagnes, où le nitre des neiges subsistantes produit dans notre organisation de singuliers phénomènes. Séraphitüs avait des visions : il le croyait du moins. Il me dit un jour que son maître lui était apparu et lui avait prédit qu'il allait bientôt être délivré des liens de ce monde !... Ses convictions étaient si grandes que je ne discutais jamais avec lui. Je savais que ni l'un ni l'autre ne pouvions changer d'opinion. Nous vivions donc en paix. Son fanatisme agitait parfois mon âme comme la colère d'autrui fait vibrer les nerfs, mais ma raison reprenait toujours le dessus et j'en remerciais Dieu! Les événements de la vie de Séraphita sont inconnus; sa mère et son père seuls l'élevèrent. La prière est sa vie. Personne ne connaît ses facultés et ses sensations : le vulgaire raconte des choses merveilleuses sur elle; le vieux David prétend qu'elle demeure, la plus grande partie du temps, dans un état de contemplation mystique, habituel aux premiers chrétiens solitaires, en qui demeuraient la tradition et la parole du Christ. Son entendement, son âme, son corps, tout en elle est vierge comme la neige de nos montagnes. Quand elle eut dix ans, son père et sa mère expirèrent ensemble, sans maladie visible, joyeux d'aller au ciel. Séraphita, debout à leurs pieds, priait avec eux, les regardant d'un œil calme, sans témoigner ni joie ni douleur. Quand nous vînmes prendre les deux corps, elle nous les laissa emporter sans montrer le moindre chagrin.

— Séraphita, lui dis-je, n'êtes-vous donc pas affectée de la mort de votre père et de votre mère? ils vous aimaient tant!...

—Morts! dit-elle avec un sentiment de foi qui illumina son visage d'un rayonnement divin; ils vivent au contraire, et ceci n'est plus rien! dit-elle en montrant les corps qu'on enlevait!

De tous les serviteurs de la maison, il ne resta que le vieux David : il suffit à servir sa maîtresse. Pour moi, Séraphita a hérité de l'exaltation de ses parents, exaltation funeste, qui égare les mystiques et les rend plus ou moins fous. Elle se soumet à des diètes qui désolent le pauvre David; il croit en elle comme en Dieu, et il a épousé toutes les idées de sa maîtresse, dont il parle le langage obscur...

Séraphita a, pour le bon vieillard, des pieds de diamant, le front parsemé d'étoiles; elle marche environnée de lumière; sa voix est accompagnée de la musique des anges; elle a le don de se rendre invisible, etc.

— Oui, dit Wilfrid, le serviteur est aussi extraordinaire que sa maîtresse.

— Où est Séraphita? lui demandai-je un jour. David agita ses doigts en l'air comme pour peindre le vol de l'oiseau.

— Souffre-t-elle? lui demandai-je.

— Les créatures promises au ciel souffrent, sans que la souffrance diminue leur amour : ceci est la marque de la vraie foi.

— Qui vous a dit ces choses?

— L'esprit.

— Que fait-elle?...

— Elle prie pour que l'intelligence triomphe de la matière, dit David, en cet instant réveillé comme d'un songe; elle a déjà vaincu tous les sentiments; quand elle a prié, et qu'elle lève les yeux, elle aperçoit les ailes des anges qui s'envolent après l'avoir secourue...

Le lendemain de ce jour où Séraphita avait vaincu *le désir*, déchaîné sur elle sous toutes les formes et sous toutes les espèces, selon le récit de David à Wilfrid, le pasteur, Minna et Wilfrid allèrent passer la soirée chez Séraphita : ils voulaient tous trois surprendre le secret des facultés de son âme.

Ils la trouvèrent d'une pâleur effrayante.

— Séraphita, vous souffrez encore? lui dit tendrement Wilfrid.

— Cette souffrance me plaît, car elle est nécessaire pour sortir de la vie.

— La mort ne vous effraie donc pas? lui demanda M. Becker.

— La mort est une victoire pour les uns, pour les autres une défaite.

— Et vous croyez avoir vaincu? reprit le pasteur.

— Je l'espère, répondit Séraphita, mais peut-être la mort ne sera-t-elle qu'un pas de plus. Et la splendeur lactée du front de Séraphita s'altéra, et ses yeux se voilèrent de tristesse à ce doute cruel.

— Chère fille, reprit M. Becker, vous êtes la candeur même et votre bonté est grande. Nous voudrions savoir ce que nous devons croire de ce que certaines personnes disent de vous...

— Oui, je marche sur les nuages, la mer est pour moi une monture à laquelle j'ai mis un frein ; je sais où croît la fleur qui chante, où rayonne la lumière qui parle ; j'ai l'anneau de Salomon et la baguette des fées. N'est-ce pas tout cela que le peuple de Jarvis dit de moi?...

Vous êtes venus ici avec une curiosité d'enfant, ajouta Séraphita, en jetant sur les trois auditeurs des regards lumineux qui les remplirent déjà de trouble. Vous vous êtes demandé comment une jeune fille de dix-sept ans, qui n'a lu aucun livre, qui n'a appris aucune science, peut savoir un des mille secrets que les hommes cherchent le nez en terre, au lieu de lever leurs yeux vers le ciel, qui révèle tout. Si je vous disais par où la plante communique à l'animal, l'animal à l'homme et l'homme à l'ange, vous commenceriez à douter de vos doutes, vous, M. Becker, le plus incrédule des hommes!...

Eh bien! je parlerai, car la parole est le bien de tous, et malheur à celui qui garderait le silence en croyant n'être entendu de personne! il se tromperait : Tout parle, tout écoute ici-bas, et la parole vivifie, enfante et meut les mondes!... Vous, Monsieur Becker, vous vivez dans le côté le plus obscur du doute. — Et la jeune inspirée formule un à un tous les doutes qui ravagent, qui attristent, qui obscurcissent l'âme du vieillard, et les réfute avec une éloquence qui brûle les cœurs de ses auditeurs! Dans cet admirable discours, qui résume tout ce qui s'est dit sur le spiritualisme et sur le matérialisme, la jeune fille a constamment plané sur toutes les sciences des hommes, comme l'aigle sur la terre.

« Vos sciences, dit-elle en terminant, qui vous font si grands
« à vos propres yeux, sont des misères, auprès des lueurs dont
« sont inondés les *voyants!...* Mais nos langages sont différents.
« Je me suis servie, un instant, de vos paroles, pour vous jeter un
« éclair de foi dans l'âme et pour vous entraîner dans les belles
« régions de la prière. Est-ce à Dieu de s'abaisser à vous?
« N'est-ce pas vous qui devez vous élever à lui? Si la raison
« humaine a sitôt épuisé l'échelle de ses forces en y étendant Dieu

« pour se le démontrer sans y parvenir, n'est-il pas évident qu'il
« faut chercher une autre voie pour le connaître? Cette voie est
« entre nos mains : *le voyant* et *le croyant* trouvent en eux des
« yeux plus perçants que ne le sont les yeux appliqués aux choses
« de la terre! Ils aperçoivent l'aurore céleste. Entendez cette
« vérité : Vos sciences les plus exactes, vos méditations les plus
« hardies, vos plus belles clartés, sont des nuages : au-dessus est
« le sanctuaire d'où jaillit la vraie lumière!... »

— Cette jeune fille a conquis les facultés dont jouissait Apollonius de Thyane et beaucoup d'autres êtres dont l'histoire fait mention, et qu'on brûla comme sorciers, se dit M. Becker, qui projeta de relire le traité des incantations.

— Cessez d'enfanter de mauvaises pensées, Wilfrid, dit Séraphita. Qui ne verrait vos désirs dans les étincelles de vos regards? Soyez bon, faites un pas dans le bien. N'est-ce pas aller au-delà de l'amour des hommes que de se sacrifier complétement au bonheur de celle qu'on aime? Obéissez-moi, et je vous mènerai dans une voie où vous obtiendrez toutes les grandeurs que vous rêvez, et où l'amour sera vraiment infini!...

— Minna, dit-elle à la fille du pasteur, les aigles volent sur les roches stériles; les colombes volent où sont les sources vives, sous les ombrages paisibles; l'aigle monte aux cieux, la colombe en descend : cesse de t'aventurer dans une région où tu ne trouverais ni sources ni ombrages. Garde tes forces pour celui qui t'aimera. Tu le sais, je ne désire que le ciel!...

Séraphita, consumée par le jeûne et la prière et par les luttes incessantes dans lesquelles l'âme triomphe du corps; Séraphita, céleste avant le temps, voit avec joie s'avancer sa dernière heure. Mais elle veut dire un dernier adieu à la nature. La terre est parée de tous ses trésors!

Accompagnée de Wilfrid et de Minna, pâle et se soutenant à peine, elle parvient à une roche d'où elle peut embrasser, fleuri, verdoyant et animé, ce grand, ce sublime paysage enseveli naguère sous une tunique de neige.

« Adieu, dit-elle, adieu à celui qui, courbé sur un sillon arrosé
« de ses sueurs, lève un instant la tête pour interroger le ciel! Adieu
« à celle qui veille les enfants et les nourrit de son lait! Adieu au
« marin qui noue les cordages au fort de la tempête ! à celle qui at-
« tend son père dans le creux d'un rocher et qui ne le verra pas
« revenir. Adieu à ceux qui tendent la main après une vie consumée
« en d'ingrats travaux! A tous, paix et courage !.. A tous, adieu!...

« Entendez-vous les cris du soldat mourant inconnu et les san-
« glots de l'homme trompé? A tous, paix et courage! à tous, adieu!...
« Adieu, vous qui mourez pour les rois de la terre! adieu, peuple
« sans patrie! adieu surtout à toi, proscrit sublime! adieu, chère
« innocente traînée par les cheveux pour avoir trop aimé ! adieu,
« mères assises auprès de vos fils mourants! adieu, saintes femmes
« blessées! adieu, *pauvres, petits, faibles, souffrants!* vous de qui
« j'ai si souvent épousé les douleurs, adieu !... paix et courage !...

« Adieu, vous qui gravitez dans la sphère de l'instinct en souf-
« frant pour autrui ! adieu, navigateurs qui cherchez l'orient à
« travers les ténèbres épaisses de vos abstractions, vastes comme
« vos principes ! adieu, martyrs de la pensée, menés par elle à
« la vraie lumière ! adieu, sphère studieuse où j'entends la plainte
« du génie insulté et le soupir du savant éclairé trop tard ! Adieu!
« à tous, paix et courage !...

« Adieu, granit, tu deviendras fleur ; adieu, fleur, tu deviendras
« colombe; adieu, colombe, tu deviendras femme; adieu, femme,
« tu seras souffrance; adieu, homme, tu seras croyance; adieu à
« vous tous qui serez amour et prière !... »

Séraphita va mourir; elle appelle près d'elle les deux seuls êtres
qu'elle a affectionnés sur la terre. Une dernière prière, prière
sublime de résignation et d'amour, a brisé ses liens corporels.
Maintenant ses idées ne sont plus esclaves des paroles humaines ;
son âme demeure un instant posée sur ce corps, dont les sub-
stances épuisées vont s'anéantir.

Minna et Wilfrid, tombés à genoux, la main de Séraphita dans
leurs mains, participent à sa dernière extase...

La foi, qui crée une seconde fois les hommes et qui les lave de leur limon, envahit leur cœur. Leurs yeux se voilent un instant aux choses de la terre et s'ouvrent un instant aux clartés du ciel. Quoique saisis par le tremblement de Dieu, comme le furent quelques-uns des voyants, nommés prophètes parmi les hommes, ils arrivent dans l'aurore qui les prépare à voir la vraie lumière et à entendre la parole vive sans mourir, et ils comprennent déjà les différences incommensurables qui séparent les choses de la terre de celles du ciel.

Ils virent Séraphita devenant *esprit* entrer dans l'infini : le temps et l'espace n'existent plus pour lui. Wilfrid et Minna eurent alors des perceptions confuses du ciel, appropriées à leur faiblesse : ils ne virent que ce que leur nature soutenue par la force de l'esprit leur permit de voir et n'entendirent que ce qu'ils pouvaient entendre. Malgré ces tempéraments, ils frissonnèrent quand éclata le chant de l'*esprit* qui attendait la vie céleste et l'implorait.

— Je veux aller à Dieu, disait l'esprit. J'ai vaincu la chair par l'abstinence, la fausse science par le silence, l'orgueil par l'humilité, l'amour de la terre par l'amour du ciel. J'ai payé mon tribut par la souffrance, je me suis purifié par la foi et la prière; j'attends en adorant, et je suis résigné.

Nulle réponse ne se fit entendre.

— Que Dieu soit béni! reprit l'esprit en croyant qu'il allait être rejeté.

Et ses pleurs coulèrent sur les deux témoins agenouillés à ses côtés, et qui frémirent de voir la justice de Dieu.

Tout à coup les trompettes des archanges retentirent pour cette dernière victoire remportée par l'esprit dans cette dernière épreuve, et l'univers, que Wilfrid et Minna sentaient plus petit sous leurs pieds, trembla à ces sons de victoire...

Un messager divin toucha l'*esprit* de sa palme de flamme, et l'*esprit* se transfigura : ses grandes ailes se déployèrent sans bruit, il les agita pour prendre son vol, sans se tourner vers la terre : il n'avait plus rien de commun avec elle.

Comme les trois apôtres aux yeux desquels Jésus se montra, Wilfrid et Minna sentirent le poids de leur corps qui s'opposait à une intuition complète de la parole et de la vraie vie.

Ils comprirent la nudité de leur âme et purent en mesurer le peu de clarté, par la comparaison qu'ils en firent avec l'auréole du séraphin dans laquelle ils se trouvaient comme une tache honteuse.

Ils furent saisis d'un ardent désir de se replonger dans la fange terrestre pour y souffrir les épreuves, afin de pouvoir proférer un jour les paroles dites par le brillant séraphin.

L'*esprit*, devenu séraphin, monta comme un soleil radieux qui sort du sein des ondes, mais plus majestueux que l'astre et promis à de plus belles destinées. Il ne devait pas être enchaîné comme les créations inférieures dans une vie circulaire. Il suivit la ligne de l'infini et tendit, sans déviation, vers le centre unique, pour s'y plonger dans la vie éternelle et pour y recevoir, dans ses facultés et dans son essence, le pouvoir de jouir par l'amour et le don de comprendre par la sagesse.

Et les deux voyants, arrivés, par une exaltation inouïe de leurs facultés, à un point sans nom dans le langage humain, purent apercevoir un instant le monde divin dans lequel le nouveau séraphin était reçu!...

Des myriades d'anges ensemencèrent soudain l'infini de leur présence, comme les étoiles brillent dans l'indiscernable éther. Ils étaient tous pareils et tous dissemblables; de leurs chevelures sortaient des ondes de lumières, et leurs mouvements onduleux ressemblaient aux flots d'une mer phosphorescente.

Un alleluia sublime retentit dans l'entendement de Wilfrid et de Minna; après quoi, les lueurs célestes s'abolirent comme les teintes d'un soleil qui se couche dans ses langes de pourpre.

L'impur et la mort ressaisirent leur proie. Ils rentrèrent dans les liens de la chair dont leur esprit avait été momentanément délivré.

Réveillés de ce sublime sommeil, les deux mortels se sentirent comme au matin d'une nuit remplie par de brillants rêves, dont le souvenir voltige en l'âme, mais dont la conscience est refusée au corps et que la parole ne saurait exprimer.

Tout à coup, ils se trouvèrent agenouillés devant un corps que le vieux David voulut ensevelir.

—Donne-moi la main, dit Wilfrid à Minna ; avec toi je pourrai traverser cette grande solitude du monde terrestre sans me permettre une plainte.

—Avec toi, répondit Minna, la voie me sera aussi moins rude et moins longue.

Au dehors éclatait, dans toute sa magnificence, le premier Été du XIX° siècle.

Wilfrid et Minna crurent entendre des voix divines dans les rayons du soleil et respirer des parfums célestes dans les fleurs nouvelles.

Ils se dirent :

—L'immense mer qui reluit là-bas est une image de ce que nous avons vu là-haut!.......

Telle est l'œuvre de Séraphita, œuvre mystique qu'aucun écrivain n'avait osé tenter jusqu'ici.

Séraphita est la personnification de la foi, de ce sentiment sublime qui, porté à sa plus grande expression, abolit les sens, s'élève au-dessus des sentiments terrestres, et conduit à un fanatisme puissant qui fait accomplir aux croyants, aux saints, aux martyrs, aux extatiques, aux inspirés, des actes si extraordinaires, que, bien que constatés par l'histoire, on leur donne le nom de *miracle*. Ce mot, aussi vague, aussi obscur que celui de *mystère*, confond la raison et fait rêver aussi bien le philosophe et l'incrédule, que l'homme religieux. Ces mots ne reçoivent de solution que dans le sanctuaire céleste où la foi conduit l'homme.

FIN

www.ingramcontent.com/pod-product-compliance
Lightning Source LLC
Chambersburg PA
CBHW070651170426
43200CB00010B/2198